THÉATRE COMPLET

DE

ALEX. DUMAS

I

COMMENT JE DEVINS AUTEUR DRAMATIQUE
LA CHASSE ET L'AMOUR
LA NOCE ET L'ENTERREMENT — HENRI III ET SA COUR
CHRISTINE

NOUVELLE ÉDITION

PARIS
CALMANN LÉVY, ÉDITEUR
ANCIENNE MAISON MICHEL LÉVY FRÈRES
3, RUE AUBER, 3
—
1883
Droits de reproduction et de traduction réservés

ŒUVRES COMPLÈTES

D'ALEXANDRE DUMAS

THÉATRE

I

ŒUVRES COMPLÈTES D'ALEXANDRE DUMAS
PUBLIÉES DANS LA COLLECTION MICHEL LÉVY

Titre	Vol.
Acté	1
Amaury	1
Ange Pitou	2
Ascanio	2
Une Aventure d'amour	1
Aventures de John Davys	2
Les Baleiniers	2
Le Bâtard de Mauléon	3
Black	1
Les Blancs et les Bleus	3
La Bouillie de la comtesse Berthe	1
La Boule de neige	1
Bric-à-Brac	1
Un Cadet de famille	3
Le Capitaine Pamphile	1
Le Capitaine Paul	1
Le Capitaine Rhino	1
Le Capitaine Richard	1
Catherine Blum	1
Causeries	2
Cécile	1
Charles le Téméraire	2
Le Chasseur de Sauvagine	1
Le Château d'Eppstein	2
Le Chevalier d'Harmental	2
Le Chevalier de Maison-Rouge	2
Le Collier de la reine	3
La Colombe. — Maître Adam le Calabrais	1
Les Compagnons de Jéhu	3
Le Comte de Monte-Cristo	6
La Comtesse de Charny	6
La Comtesse de Salisbury	2
Les Confessions de la marquise	2
Conscience l'Innocent	1
Création et Rédemption. — Le Docteur mystérieux	2
—La Fille du Marquis	2
La Dame de Monsoreau	3
La Dame de Volupté	2
Les Deux Diane	3
Les Deux Reines	2
Dieu dispose	2
Le Drame de 93	4
Les Drames de la mer	1
Les Drames galants	
La Marquise d'Escoman	2
Emma Lyonna	5
La Femme au collier de velours	1
Fernande	1
Une Fille du régent	1
Filles, Lorettes et Courtisanes	1
Le Fils du forçat	1
Les Frères corses	1
Gabriel Lambert	1
Les Garibaldiens	1
Gaule et France	1
Georges	1
Un Gil Blas en Californie	1
Les Grands Hommes en robe de chambre : César	1
— Henri IV, Louis XIII, Richelieu	2
La Guerre des femmes	2
Hist. de mes bêtes	1
Histoire d'un casse-noisette	1
L'Homme aux contes	1
Les Hommes de fer	1
L'Horoscope	1
L'Ile de Feu	1
Impressions de voyage : En Suisse	3
— Une Année à Florence	1
— L'Arabie Heureuse	3
— Les Bords du Rhin	2
— Le Capit. Arena	1
— Le Caucase	3
— Le Corricolo	1
— Le Midi de la France	2
— De Paris à Cadix	2
— Quinze jours au Sinaï	1
— En Russie	4
— Le Speronare	2
— Le Véloce	1
— La Villa Palmieri	1
Ingénue	2
Isaac Laquedem	1
Isabel de Bavière	2
Italiens et Flamands	1
Ivanhoe de Walter Scott (traduction)	2
Jacques Ortis	1
Jacquot sans Oreilles	1
Jane	1
Jehanne la Pucelle	1
Louis XIV et son Siècle	4
Louis XV et sa Cour	2
Louis XVI et la Révolution	2
Les Louves de Machecoul	3
Madame de Chamblay	2
La Maison de glace	2
Le Maître d'armes	1
Les Mariages du père Olifus	1
Les Médicis	1
Mes Mémoires	10
Mémoires de Garibaldi	2
Mém. d'une aveugle	2
Mémoires d'un médecin : Balsamo	5
Le Meneur de loups	1
Les Mille et un Fantômes	1
Les Mohicans de Paris	4
Les Morts vont vite	2
Napoléon	1
Une Nuit à Florence	1
Olympe de Clèves	3
Le Page du duc de Savoie	2
Parisiens et Provinciaux	2
Le Pasteur d'Ashbourn	2
Pauline et Pascal Bruno	1
Un Pays inconnu	2
Le Père Gigogne	1
Le Père la Ruine	1
Le Prince des Voleurs	2
Princesse de Monaco	2
La Princesse Flora	1
Propos d'Art et de Cuisine	1
Les Quarante-Cinq	3
La Régence	1
La Reine Margot	2
Robin Hood le Proscrit	2
La Route de Varennes	1
Le Saltéador	1
Salvator (suite des Mohicans de Paris)	5
La San-Felice	4
Souvenirs d'Antony	1
Souvenirs dramatiques	2
Souvenirs d'une Favorite	4
Les Stuarts	1
Sultanetta	1
Sylvandire	1
Terreur prussienne	1
Le Testament de M. Chauvelin	1
Théâtre complet	25
Trois Maîtres	1
Les Trois Mousquetaires	2
Le Trou de l'enfer	1
La Tulipe noire	1
Le Vicomte de Bragelonne	6
La Vie au Désert	2
Une Vie d'artiste	1
Vingt Ans après	3

COMMENT

JE DEVINS AUTEUR DRAMATIQUE

. . . .
Un jour, on connaîtra quelle lutte obstinée
A fait sous mon genou plier la destinée ;
A quelle source amère en mon âme j'ai pris
Tout ce qu'elle contient de haine et de mépris ;
Quel orage peut faire, en passant sur la tête,
Qu'on prenne pour le jour l'éclair d'une tempête ;
Et ce que l'homme souffre en ses convulsions,
Quand au volcan du cœur grondent les passions.
Je ne cacherai plus où ma plume fidèle
A trouvé d'Antony le type et le modèle ;
Et je dirai tout haut à quels foyers brûlants
Yaqoub et Saint-Mégrin puisèrent leurs élans.
. . . .

Je venais d'avoir vingt ans, lorsque ma mère entra un matin dans ma chambre, s'approcha de mon lit, m'embrassa en pleurant, et me dit :

— Mon ami, je viens de vendre tout ce que nous avions, pour payer nos dettes.

— Eh bien, ma mère ?

— Eh bien, mon pauvre enfant, nos dettes payées, il nous reste deux cent cinquante-trois francs.

— De rente?...

Ma mère sourit tristement.

— En tout?... repris-je.

— En tout.

— Eh bien, ma mère, je prendrai, ce soir, les cinquante-trois francs, et je partirai pour Paris.

— Qu'y feras-tu, mon pauvre ami?

— J'y verrai les amis de mon père: le duc de Bellune, qui est ministre de la guerre; Sébastiani, aussi puissant de son opposition que les autres le sont de leur faveur... Mon père, plus ancien qu'eux tous comme général, et qui a commandé en chef quatre armées, en a eu quelques-uns pour aides de camp, et les a vus passer presque tous sous ses ordres; nous avons là une lettre de Bellune, qui constate que c'est à l'influence de mon père qu'il doit d'être rentré en faveur près de Bonaparte; une lettre de Sébastiani, qui le remercie d'avoir obtenu que lui, Sébastiani, fît partie de l'armée d'Égypte; des lettres de Jourdan, de Kellermann, de Bernadotte même. Eh bien, j'irai jusqu'en Suède, s'il le faut, trouver le roi, et faire un appel à ses souvenirs de soldat.

— Et moi, pendant ce temps-là, que deviendrai-je?

— Tu as raison; mais, sois tranquille, je n'aurai besoin de faire d'autre voyage que celui de Paris. Ainsi, ce soir, je pars.

— Fais ce que tu voudras, me dit ma mère en m'embrassant une seconde fois; c'est peut-être une inspiration de Dieu.

Et elle sortit.

Je sautai à bas de mon lit, plus fier qu'attristé des nouvelles que je venais d'apprendre. J'allais donc à mon tour être bon à quelque chose; non pas rendre à ma mère les soins qu'elle avait pris de moi, c'était impossible, mais lui épargner ces tourments journaliers que la gêne traîne après elle, assurer par mon travail ses vieilles années, à elle qui avait veillé avec tant de soin sur mes jeunes ans; j'étais donc un homme, puisque l'existence d'une femme allait reposer sur moi! Mille projets, mille espoirs me traversaient l'esprit; j'avais à la fois de la joie et de l'orgueil dans le cœur, cette certitude du succès, qui est une des vertus de la jeunesse; car elle prouve que les autres pourraient compter sur vous comme vous pensez pouvoir compter sur eux. D'ailleurs, il était impossible que je n'obtinsse pas tout ce que je demanderais, quand je dirais à ces hommes dont dépendait mon avenir : « Ce que je réclame de vous, c'est pour ma mère, pour la veuve de votre ancien camarade d'armes, pour ma mère, ma bonne mère ! »

Oui, c'était une bonne mère que la mienne ; si bonne, que, grâce à son amour pour moi, j'étais incapable de tout, excepté de me jeter dans le feu pour elle.

Car, grâce à cet amour excessif, elle n'avait jamais voulu me quitter, et, lorsqu'on saura que je suis né à Villers-Cotterets, petite ville de deux mille âmes, à peu près, on devinera tout d'abord que les ressources n'y étaient pas grandes pour l'éducation : il est vrai que tout ce que la ville présentait de ressources sous ce rapport avait été mis à contribution. Un bon et brave abbé, que tout le monde aimait et respectait, plus encore à cause de sa dilection et de son indulgence pour ses paroissiens qu'à cause de son savoir, m'avait donné, pendant cinq à six ans, des leçons de latin, et m'avait fait faire quelques bouts-rimés français. Quant à l'arithmétique, trois maîtres d'école avaient successivement renoncé à me faire entrer dans la tête les quatre premières règles ; en échange, et sous beaucoup d'autres rapports, je possédais les avantages physiques que donne une éducation agreste, c'est-à-dire que je montais tous les chevaux, que je faisais douze lieues à pied pour aller danser à un bal, que je tirais assez habilement l'épée et le pistolet, que je jouais à la paume comme Saint-Georges, et qu'à trente pas je manquais très-rarement un lièvre ou un perdreau.

Ces avantages, qui m'avaient acquis une certaine célébrité à Villers-Cotterets, devaient me présenter bien peu de ressources à Paris ; en conséquence, après avoir gravement réfléchi, et m'être mûrement examiné, je tombai d'accord avec moi-même que je n'étais bon qu'à faire un employé. Tous mes soins devaient donc tendre à me procurer une place dans ce qu'on appelle génériquement les bureaux.

Mes préparatifs faits, et la chose ne fut pas longue, je sortis pour annoncer à toutes mes connaissances que je partais pour Paris.

Je rencontrai dans la rue l'entrepreneur des diligences ; il m'aimait beaucoup, parce qu'il m'avait donné les premiers éléments du jeu de billard, et que j'avais admirablement profité de ses leçons. Il me proposa de faire la partie d'adieu : nous entrâmes au café ; je lui gagnai ma place à la voiture ; c'était autant d'économisé sur mes cinquante-trois francs

Dans ce café se trouvait un ancien ami de mon père ; il avait, outre cette amitié, conservé pour notre famille quelque reconnaissance : blessé à la chasse, il s'était fait transporter un jour chez nous, et les soins qu'il avait reçus de ma mère et de ma sœur étaient restés dans sa mémoire.

C'était un homme fort influent dans le pays par sa fortune et sa réputation de probité. Quelques années auparavant, il avait enlevé d'assaut l'élection du général Foy, son camarade de collége. Il m'offrit une lettre pour l'honorable député ; je l'acceptai, l'embrassai, et me remis en course.

J'allai dire adieu à mon digne abbé. Je m'attendais à un long discours moral sur les dangers de Paris, sur les séductions du monde, etc., etc... Le brave homme approuva ma résolution, m'embrassa les larmes aux yeux, car j'étais son élève chéri, et, lorsque je lui demandai quelques conseils qu'il ne me donnait pas, il ouvrit l'Évangile, et me montra du doigt ces seules paroles : *Ne fais pas aux autres ce que tu ne voudrais pas qu'on te fît.*

Le soir même, je partis, au grand désespoir de ma mère, qui ne m'avait jamais perdu de vue, mais qui se consola en pensant que mes cinquante-trois francs ne me mèneraient pas loin, et que, par conséquent, elle ne tarderait pas à me revoir.

Du reste, j'entrais dans le monde avec des idées de morale et de religion complètement faussées ; j'étais matérialiste et voltairien jusque dans le bout des ongles ; je mettais *le Compère Mathieu* au rang des livres élémentaires ; je préférais Pigault-Lebrun à Walter Scott ; enfin je faisais des petits vers dans le style de ceux du cardinal de Bernis et d'Évariste

Parny. Mes opinions politiques seules étaient arrêtées dès cette époque : elles étaient en quelque sorte instinctives, mon père me les avait léguées en mourant; depuis lors, elles se sont rationalisées, mais n'ont subi aucun changement. Quant à mon goût pour la poésie légère, il venait peut-être de ce que j'étais né tout près de la maison où mourut Demoustiers.

C'est portant avec moi cette somme intrinsèque de qualités physiques et de connaissances morales que je descendis dans un modeste hôtel de la rue des Vieux-Augustins, convaincu que l'on calomniait la société, que le monde était un jardin à fleurs d'or, dont toutes les portes allaient s'ouvrir devant moi, et que je n'avais, comme Ali-Baba, qu'à prononcer le mot *sesame* pour fendre les rochers.

J'écrivis le même soir au ministre de la guerre pour lui demander une audience : je lui détaillais mes droits à cette faveur, je les appuyais du nom de mon père, qu'il ne pouvait avoir oublié; j'en appelais à l'ancienne amitié qui les avait unis, passant sous silence, et par délicatesse, les services rendus, mais dont une lettre du maréchal, qu'à tout hasard j'avais apportée avec moi, faisait preuve incontestable.

Je m'endormis là-dessus, et fis des songes des *Mille et une Nuits*.

Le lendemain, j'achetai un *Almanach des vingt-cinq mille adresses*, et je me mis en course.

La première visite que je fis fut au maréchal Jourdan. Il se souvenait vaguement qu'il avait existé un général Alexandre Dumas; mais il ne se rappelait pas avoir jamais entendu dire qu'il eût un fils. Malgré tout ce que je pus faire, je le quittai au bout de dix minutes, sans l'avoir parfaitement convaincu de mon existence.

Je me rendis chez le général Sébastiani. Il était dans son cabinet de travail; quatre ou cinq secrétaires écrivaient sous sa dictée; chacun d'eux avait sur son bureau, outre sa plume, son papier et ses canifs, une tabatière d'or, qu'il présentait tout ouverte au général, chaque fois qu'en se promenant celui-ci s'arrêtait devant lui. Le général y introduisait délicatement l'index et le pouce d'une main que son arrière-cousin

Napoléon eût enviée pour la blancheur et la coquetterie, savourait voluptueusement la poudre d'Espagne, et, comme le Malade imaginaire, se remettait à arpenter la chambre tantôt en long, tantôt en large. Ma visite fut courte; quelque considération que j'eusse pour le général, je me sentais peu de vocation pour devenir porte-tabatière.

Je rentrai à mon hôtel un peu désappointé; les deux premiers hommes que j'avais rencontrés avaient soufflé sur mes rêves d'or et les avaient ternis. Je repris mon *Almanach des vingt-cinq mille adresses*; mais déjà ma confiance joyeuse avait disparu; j'éprouvais ce serrement de cœur qui va toujours croissant au fur et à mesure que la désillusion arrive; je feuilletais le livre au hasard, regardant machinalement, lisant sans comprendre, lorsque je vis un nom que j'avais si souvent entendu prononcer par ma mère, et avec tant d'éloges, que je tressaillis de joie; c'était celui du général Verdier, qui avait servi en Égypte sous les ordres de mon père. Je me jetai dans un cabriolet, et je me fis conduire rue du Faubourg-Montmartre, n° 4; c'était là qu'il demeurait.

— Le général Verdier? demandai-je au concierge
— Au quatrième, la petite porte à gauche.

Je fis répéter; j'avais cependant bien entendu.

— Parbleu! me disais-je tout en montant l'escalier, voilà au moins quelque chose qui ne ressemble ni aux laquais à livrée du maréchal Jourdan, ni au suisse de l'hôtel Sébastiani. *Le général Verdier, au quatrième, la porte à gauche.* Cet homme-là doit se souvenir de mon père.

J'arrivai à ma destination. Un modeste cordonnet vert pendait près de la porte désignée : je sonnai avec un battement de cœur dont je n'étais pas le maître. J'attendais cette troisième épreuve pour savoir à quoi m'en tenir sur les hommes.

J'entendis des pas qui s'approchaient; la porte s'ouvrit; un homme d'une soixantaine d'années parut. Il était coiffé d'une casquette bordée d'astrakan, vêtu d'une veste à brandebourgs et d'un pantalon à pieds; il tenait d'une main une palette chargée de couleurs, et de l'autre un pinceau. Je crus m'être trompé, et je regardai les autres portes.

— Que désirez-vous, monsieur ? me dit-il.

— Présenter mes hommages au général Verdier. Mais il est probable que je me trompe ?

— Non, non, vous ne vous trompez pas ; c'est ici.

J'entrai dans un atelier.

— Vous permettez, monsieur ?... me dit l'homme à la casquette en se remettant à un tableau de bataille, dans la confection duquel je l'avais interrompu.

— Sans doute ; et si vous voulez seulement m'indiquer où je trouverai le général...

Le peintre se retourna.

— Eh bien, mais, pardieu ! c'est moi, me dit-il.

— Vous ?...

Je fixai mes yeux sur lui avec un air si marqué de surprise, qu'il se mit à rire.

— Cela vous étonne, de me voir manier le pinceau, n'est-ce pas, reprit-il, après avoir entendu dire que je maniais assez bien le sabre ? Que voulez-vous ! j'ai la main impatiente, et il faut que je l'occupe à quelque chose. Maintenant, que me voulez-vous ? Voyons !

— Général, lui dis-je, je suis le fils de votre ancien compagnon d'armes en Égypte, d'Alexandre Dumas.

Il se retourna vivement de mon côté, me regarda fixement ; puis, au bout d'un instant de silence :

— C'est sacredieu vrai, me dit-il, vous êtes tout son portrait.

Deux larmes lui vinrent en même temps aux yeux, et, jetant son pinceau, il me tendit une main que j'avais plus envie de baiser que de serrer.

— Et qui vous amène à Paris, mon pauvre garçon ? continua-t-il. Car, si j'ai bonne mémoire, vous demeuriez avec votre mère dans je ne sais plus quel village...

— C'est vrai, général ; mais ma mère vieillit, et nous sommes pauvres.

— Deux chansons dont je sais l'air, murmura-t-il.

— Alors je suis venu à Paris dans l'espoir d'obtenir une petite place pour la nourrir à mon tour, comme elle m'a nourri jusqu'à présent.

— C'est bien fait! mais une place n'est point chose facile à obtenir par le temps qui court; il y a un tas de nobles à placer, et tout leur est bon.

— Mais, général, j'ai compté sur votre protection.

— Hein?...

Je répétai.

— Ma protection!...

Il sourit amèrement.

— Mon pauvre enfant, si tu veux prendre des leçons de peinture, ma protection ira jusqu'à t'en donner, et encore tu ne seras jamais un grand artiste, si tu ne surpasses pas ton maître. Ma protection! Eh bien, je te suis très-reconnaissant de ce mot-là; car il n'y a peut-être que toi au monde qui puisse aujourd'hui s'aviser de me la demander.

— Comment cela?

— Est-ce que ces gredins-là ne m'ont pas mis à la retraite, sous prétexte de je ne sais quelle conspiration!... de sorte que, vois-tu, je fais des tableaux. Si tu veux en faire, voilà une palette, des pinceaux et une toile de 36.

— Merci, général, mais je n'ai jamais su faire que les yeux; d'ailleurs, l'apprentissage serait trop long, et ma mère ni moi ne pouvons attendre.

— Que veux-tu, mon ami! voilà tout ce que je puis t'offrir... Ah! et puis la moitié de ma bourse; je n'y pensais pas, car cela n'en vaut guère la peine.

Il ouvrit le tiroir d'un petit bureau dans lequel il y avait, je me rappelle, deux pièces d'or et une quarantaine de francs en argent

— Je vous remercie, général, je suis à peu près aussi riche que vous.

C'était moi qui avais à mon tour les larmes aux yeux.

— Je vous remercie; mais vous me donnerez des conseils sur les démarches que j'ai à faire.

— Oh! cela, tant que tu voudras. Voyons, où en es-tu?

Il reprit son pinceau, et se remit à peindre.

— J'ai écrit au maréchal duc de Bellune.

Le général, tout en glaçant une figure de Cosaque, fit une grimace qui pouvait se traduire par ces mots : « Si tu ne comptes que là-dessus, mon pauvre garçon !... »

— J'ai encore, ajoutai-je, répondant à sa pensée, une recommandation pour le général Foy, député de mon département.

— Ah! ceci, c'est autre chose. Eh bien, mon enfant, je te conseille de ne pas attendre la réponse du ministre; c'est demain dimanche, porte ta lettre au général, et, sois tranquille, il te recevra bien. Maintenant, veux-tu dîner avec moi? Nous causerons de ton père.

— Volontiers, général.

— Eh bien, laisse-moi travailler, et reviens à six heures.

Je pris aussitôt congé du général Verdier, et je descendis les quatre étages, avec un cœur plus léger que je ne les avais montés; les choses et les hommes commençaient à m'apparaître sous leur véritable point de vue, et ce monde qui m'avait été inconnu jusqu'alors, se déroulait à mes yeux tel que Dieu et le diable l'ont fait, brodé de bon et de mauvais, taché de pire.

Le lendemain, je me présentai chez l'honorable général. Je fus introduit dans son cabinet; il travaillait à son *Histoire de la Péninsule*. Au moment où j'entrai, il écrivait debout, sur une de ces tables qui se lèvent ou s'abaissent à volonté; autour de lui étaient épars, dans une confusion apparente, des discours, des cartes géographiques et des livres entr'ouverts.

En entendant ouvrir la porte de son sanctuaire, il se retourna avec la vivacité qui lui était habituelle, et arrêta sur moi ses yeux perçants. J'étais tout tremblant.

— M. Alexandre Dumas?... me dit-il.

— Oui, général.

— Êtes-vous le fils de celui qui commandait en chef l'armée des Alpes?

— Oui, général.

— C'était un brave. Puis-je vous être bon à quelque chose? J'en serais heureux.

— Je vous remercie de votre intérêt. J'ai à vous remettre une lettre de M. Danré (1).

— Oh! ce bon ami!... Que fait-il?

— Il est heureux et fier d'avoir été pour quelque chose dans votre élection.

— Pour quelque chose?

Et, décachetant la lettre :

— Dites pour tout Savez-vous, continua-t-il tenant la lettre ouverte sans la lire, savez-vous qu'il a répondu de moi aux électeurs, corps pour corps, honneur pour honneur? J'espère que ma nomination ne lui aura pas valu trop de reproches. Voyons ce qu'il me dit.

Il se mit à lire.

— Ah! il vous recommande à moi avec instance; il vous aime donc bien?

— Comme son fils.

— Eh bien, voyons alors.

Il vint à moi.

— Que ferons-nous de vous?

— Tout ce que vous voudrez, général.

— Il faut d'abord que je sache à quoi vous êtes bon.

— Oh! pas à grand'chose.

— Voyons, que savez-vous? un peu de mathématiques?

— Non, général.

— Vous avez au moins quelques notions d'algèbre, de géométrie, de physique?

Il s'arrêtait entre chaque mot, et, à chaque mot, je sentais la rougeur me monter au visage et la sueur me couler sur le front; c'était la première fois qu'on me mettait ainsi face à face avec mon ignorance.

— Non, général, répondis-je en balbutiant.

Il s'aperçut de mon embarras.

— Vous avez fait votre droit?

(1) C'est effectivement à M. Danré que je dois d'être ce que je suis, en supposant que je sois quelque chose; on m'excusera donc de le nommer; la reconnaissance est indiscrète.

— Non, général.
— Vous savez le latin et le grec?
— Un peu.
— Parlez-vous quelques langues vivantes?
— L'italien assez bien, l'allemand assez mal
— Je verrai à vous placer chez Laffitte alors. Vous vous entendez en comptabilité?
— Pas le moins du monde.

J'étais au supplice; lui-même souffrait visiblement pour moi.

— Oh! général, lui dis-je avec un accent qui parut l'impressionner, mon éducation est complétement faussée, et, chose honteuse! je m'en aperçois d'aujourd'hui seulement; mais je la referai, je vous en donne ma parole d'honneur.
— Bon! mais, en attendant, mon ami, avez-vous de quoi vivre?
— Oh! je n'ai rien, répondis-je, écrasé par le sentiment de mon impuissance.

Le général réfléchit un instant.

— Donnez-moi votre adresse, me dit-il; je réfléchirai à ce qu'on peut faire de vous.

Il me présenta de l'encre et du papier; je pris la plume avec laquelle cet homme venait d'écrire. Je la regardai, toute mouillée qu'elle était encore, et je la posai sur le bureau.

— Eh bien?...
— Je n'écrirai pas avec votre plume, général; ce serait une profanation.
— Que vous êtes enfant! Tenez, en voilà une neuve.
— Merci.

J'écrivis; le général me regardait faire. A peine eus-je écrit quelques mots, qu'il frappa dans ses deux mains.

— Nous sommes sauvés! s'écria-t-il.
— Pourquoi cela?
— Vous avez une belle écriture.

Je laissai tomber ma tête sur ma poitrine, je n'avais plus la force de la porter. Une belle écriture, voilà tout ce que j'avais! Ce brevet d'incapacité, oh! il était bien à moi. Une belle écriture!

Je pouvais donc arriver un jour à être expéditionnaire; c'était un avenir... Je me serais volontiers fait couper le bras droit.

Le général Foy continua, sans s'apercevoir de ce qui se passait en moi :

— Écoutez, je dîne aujourd'hui chez le duc d'Orléans, je lui parlerai de vous ; mettez-vous là.

Il m'indiqua un petit bureau.

— Faites une pétition, et écrivez-la du mieux que vous pourrez.

J'obéis avec une humilité ponctuelle, qui eût été pour moi une grande recommandation près de mon futur chef de bureau, s'il avait pu me voir.

Lorsque j'eus fini, le général Foy écrivit quelques lignes en marge. Son écriture jurait près de la mienne et m'humiliait cruellement ; puis il plia la pétition, la mit dans sa poche, et, me tendant la main en signe d'adieu, m'invita à venir déjeuner le lendemain avec lui.

Je rentrai à mon hôtel, et j'y trouvai une lettre timbrée du ministère de la guerre. Jusqu'à présent, la somme du mal et du bien s'était répartie sur moi d'une manière assez impartiale, la lettre que j'allais décacheter allait définitivemen, faire pencher la balance d'un côté ou de l'autre.

Le ministre me répondait que, n'ayant pas le temps de me recevoir, il m'invitait à lui exposer, par écrit, ce que j'avais à lui dire. Le plateau du mal l'emportait.

Je lui répondis que l'audience que je lui avais demandée n'avait pour but que de lui remettre l'original d'une lettre de remerciment qu'il avait autrefois écrite à mon père, son général en chef, mais que, ne pouvant avoir l'honneur de le voir, je me contentais de lui en envoyer la copie.

Je m'acheminai le lendemain vers l'hôtel du général Foyt qui était redevenu mon seul espoir. Il m'aborda avec une figure riante, qui me parut d'un bon augure.

— Eh bien, me dit-il, votre affaire est faite.

— Comment?

— Oui, vous entrez au secrétariat du duc d'Orléans comme

surnuméraire, aux appointements de douze cents francs : ce n'est pas grand'chose, mais c'est à vous de bien travailler.

— C'est une fortune ! Et quand serai-je installé ?

— Aujourd'hui même, si vous le voulez.

— Et comment se nomme mon chef ?

— M. Oudard ; vous vous présenterez chez lui de ma part.

— Permettez que j'annonce cette bonne nouvelle à ma mère ?

— Oui ; mettez-vous là, vous trouverez ce qu'il vous faut.

J'écrivis à ma mère de vendre tout ce qui nous restait et de venir me rejoindre. Douze cents francs par an me paraissaient une somme inépuisable. Lorsque j'eus fini, je me retournai vers le général ; il me regardait avec un air de bonté inexprimable. Cela me rappela que je ne l'avais pas même remercié. Je lui sautai au cou et je l'embrassai. Il se mit à rire.

— Il y a un fonds excellent chez vous, me dit-il ; mais rappelez-vous ce que vous m'avez promis, étudiez.

— Oui, général, je vais vivre de mon écriture ; mais je vous promets de vivre un jour de ma plume.

— En attendant, déjeunons ; il faut que j'aille à la Chambre.

Un domestique apporta dans le cabinet une petite table toute servie ; nous déjeunâmes en tête à tête. Aussitôt le déjeuner fini, je quittai le général. Je ne fis que deux bonds de la rue du Mont-Blanc au Palais-Royal. Décidément, la balance du bien reprenait le dessus.

M. Oudard me reçut avec une affabilité si grande, que je vis bien que ce n'était pas à mon mérite personnel que je le devais : il m'installa dans un bureau où travaillaient déjà deux autres jeunes gens qui devinrent dès lors mes camarades, et qui, aujourd'hui, sont mes amis.

Je songeai aussitôt à tenir ma promesse et à étudier sérieusement. Je savais assez de latin pour suivre seul les études de cette langue. J'achetai, avec ce qui me restait de mes cinquante-trois francs, un Juvénal, un Tacite et un Suétone. J'avais toujours eu beaucoup de goût pour la géographie, je me fis une récréation de son étude. Je connaissais un jeune médecin, je le priai de me conduire à la Charité pour y suivre un cours de physiologie ; lui-même était bon physicien et bon chimiste : il se fit aider par moi dans ses opérations, et j'appris bientôt de ces deux sciences ce qu'il est nécessaire à un homme du monde d'en savoir. Ma constitution de fer me permettait de suppléer, par le temps que je prenais sur la nuit, au temps qui me manquait le jour ; bref, un changement complet s'opéra dans mon existence matérielle et morale, et, lorsqu'au bout de deux mois ma mère arriva, elle me reconnut à peine, tant j'étais devenu sérieux.

Alors commença cette lutte obstinée de ma volonté, lutte d'autant plus bizarre qu'elle n'avait aucun but fixe, d'autant plus persévérante que j'avais tout à apprendre. Occupé huit heures par jour à mon bureau, forcé d'y revenir chaque soir de sept à dix heures, mes nuits seules étaient à moi. C'est pendant ces veilles fiévreuses que je pris l'habitude, conservée toujours, de ce travail nocturne qui rend la confection de mon œuvre incompréhensible à mes amis mêmes ; car ils ne peuvent deviner ni à quelle heure ni dans quel temps je l'accomplis.

Cette vie intérieure, qui échappait à tous les regards, dura trois ans, sans amener aucun résultat, sans que je produisisse rien, sans que j'éprouvasse même le besoin de produire. Je suivais bien, avec une certaine curiosité, les œuvres théâtrales du temps dans leur chute ou dans leur succès ; mais, comme je ne sympathisais ni avec la construction dramatique, ni avec l'exécution dialoguée de ces sortes d'ouvrages, je me sentais seulement incapable de produire rien de pareil, sans deviner qu'il existât autre chose que cela, m'étonnant seulement de l'admiration que l'on partageait entre l'auteur et l'acteur, admiration qu'il me semblait que Talma avait le droit de revendiquer pour lui tout seul.

Vers ce temps, les acteurs anglais arrivèrent à Paris. Je n'avais jamais lu une seule pièce du théâtre étranger. Ils annoncèrent *Hamlet*. Je ne connaissais que celui de Ducis. J'allai voir celui de Shakspeare.

Supposez un aveugle-né auquel on rend la vue, qui découvre un monde tout entier dont il n'avait aucune idée ; supposez Adam s'éveillant après sa création, et trouvant sous ses pieds la terre émaillée, sur sa tête le ciel flamboyant, autour de lui des arbres à fruits d'or, dans le lointain un fleuve, un beau et large fleuve d'argent, à ses côtés la femme jeune, chaste et nue, et vous aurez une idée de l'Éden enchanté dont cette représentation m'ouvrit la porte.

Oh! c'était donc cela que je cherchais, qui me manquait, qui me devait venir; c'étaient ces hommes de théâtre, oubliant qu'ils sont sur un théâtre; c'était cette vie factice, rentrant dans la vie positive à force d'art; c'était cette réalité de la parole et des gestes qui faisaient, des acteurs, des créatures de Dieu, avec leurs vertus, leurs passions, leurs faiblesses, et non pas des héros guindés, impassibles, déclamateurs et sentencieux. O Shakspeare, merci! O Kemble et Smithson, merci! Merci à mon dieu! merci à mes anges de poésie!

Je vis ainsi *Roméo*, *Virginius*, *Shylock*, *Guillaume Tell*, *Othello;* je vis Macready, Kean, Young. Je lus, je dévorai le répertoire étranger, et je reconnus que, dans le monde théâtral, tout émanait de Shakspeare, comme, dans le monde réel, tout émane du soleil; que nul ne pouvait lui être comparé, car il était aussi dramatique que Corneille, aussi comique que Molière, aussi original que Calderon, aussi penseur que Gœthe, aussi passionné que Schiller. Je reconnus que ses ouvrages, à lui seul, renfermaient autant de types que les ouvrages de tous les autres réunis. Je reconnus enfin que c'était l'homme qui avait le plus créé après Dieu.

Dès lors ma vocation fut décidée; je sentis que cette spécialité à laquelle chaque homme est appelé, m'était offerte; j'eus en moi une confiance qui m'avait manqué jusqu'alors, et je m'élançai hardiment vers l'avenir, contre lequel j'avais toujours craint de me briser.

Cependant je ne m'abusais pas sur les difficultés de la carrière que j'embrassais. Je savais que, plus que toute autre, elle exigeait des études profondes et spéciales, et que, pour expérimenter avec succès sur la nature vivante, il faut avoir longuement étudié la nature morte. Je pris donc, les uns après les autres, ces hommes de génie qui ont nom Shakspeare, Corneille, Molière, Calderon, Gœthe et Schiller. J'étendis leurs œuvres comme des cadavres sur la pierre d'un amphithéâtre, et, le scalpel à la main, pendant des nuits entières, j'allai jusqu'au cœur chercher les sources de la vie et le secret de la circulation du sang. Je devinai par quel mécanisme admirable ils mettaient en jeu les nerfs et les muscles, et je reconnus avec quel artifice ils modelaient ces chairs différentes, destinées à couvrir des ossements qui sont tous les mêmes.

Car ce sont les hommes, et non pas l'homme, qui inventent, chacun arrive à son tour et à son heure, s'empare des choses connues de ses pères, les met en œuvre par des combinaisons nouvelles, puis meurt après avoir ajouté quelques parcelles à la somme des connaissances humaines, qu'il lègue à ses fils; une étoile à la voie lactée. Quant à la création complète d'une chose, je la crois impossible. Dieu lui-même, lorsqu'il créa l'homme, ne put ou n'osa point l'inventer; il le fit à son image.

C'est ce qui faisait dire à Shakspeare, lorsqu'un critique stupide l'accusait d'avoir pris parfois une scène tout entière dans quelque auteur contemporain :

— C'est une fille que j'ai tirée de la mauvaise société pour la faire entrer dans la bonne.

C'est ce qui faisait répondre, plus naïvement encore, à Molière, lorsqu'on lui faisait le même reproche :

— Je prends mon bien où je le trouve.

Et Shakspeare et Molière avaient raison, car l'homme de génie ne vole pas, il conquiert; il fait de la province qu'il prend une annexe de son empire; il lui impose ses lois, il la peuple de ses sujets, il étend son sceptre d'or sur elle, et nul n'ose lui dire, en voyant son beau royaume : « Cette parcelle de terre ne fait point partie de ton patrimoine. » Sous Napoléon, la Belgique était France ; la Belgique est aujourd'hui un État séparé : Léopold en est-il plus grand, ou Napoléon plus petit?

Je me trouve entraîné à dire ces choses, parce que, génie à part, on me fait aujourd'hui la même guerre que l'on faisait à Shakspeare et à Molière; parce qu'on en vient à me reprocher jusqu'à mes longues et persévérantes études, parce que, loin de me savoir gré d'avoir fait connaître à notre public des beautés scéniques inconnues, on me les marque du doigt comme des vols, on me les signale comme des plagiats. Il est vrai, pour me consoler, que j'ai du moins cette ressemblance avec Shakspeare et Molière, que ceux qui les ont attaqués étaient si obscurs, qu'aucune mémoire n'a conservé leur nom ; cela vient de ce qu'un homme d'art qui sait, par expérience, ce que la plus petite œuvre coûte, n'appuiera jamais de l'autorité de sa signature qu'une attaque consciencieuse et mesurée.

Ces choses dites en passant et une fois pour toutes, abandonnons l'auteur dramatique en herbe, et revenons au surnuméraire qui fleurit.

Mon écriture avait fait merveille; pendant deux ans, le duc d'Orléans n'envoya pas une seule dépêche à une tête couronnée ou à un prince royal qu'elle ne fût lithographiée de ma main. Une autre chose m'avait servi encore : comme mon ambition bureaucratique n'était pas grande, j'abandonnais la rédaction à mes camarades, et je me chargeais purement et simplement de copier leur prose; occupation machinale, qui me laissait l'esprit libre et me permettait de poursuivre dans ma tête les idées les plus opposées au genre de travail qui m'occupait. De cette manière, je ne leur inspirais nul ombrage sur leur avenir; car il était évident que je n'avais pas la prétention de devenir autre chose que ce que j'étais, c'est-à-dire un expéditionnaire. J'avais donc, sans opposition aucune, fait mon premier pas dans la carrière administrative, c'est-à-dire que, de surnuméraire, j'étais devenu employé. Le rapport du directeur général, sur lequel cette promotion avait été faite, contenait même une péroraison très-flatteuse pour moi. La voici :

« En conséquence, je supplie monseigneur d'accorder le titre de commis à ce jeune homme, qui possède une fort belle écriture, et qui même ne manque pas d'intelligence. »

Ce qu'il y avait de plus clair dans tout cela, c'est que mes appointements étaient augmentés de cent écus, et qu'au lieu de douze cents francs par an, j'avais quinze cents francs, c'est-à-dire cent vingt-cinq francs par mois, pour vivre et faire vivre ma mère; outre cela, j'avais encore l'espoir de toucher, au bout de l'année, une gratification de deux cent cinquante francs. Mais cette somme, comme son titre le dénonce, ne devait m'être accordée que dans le cas de parfaite satisfaction de la part du directeur général; or, nous verrons plus tard comment il se fit que jamais le directeur général ne fut parfaitement satisfait.

Mon existence, à tout prendre, eût été assez tolérable, sans le travail du soir; car, après avoir étudié la littérature, il me fallait étudier la société. Ce n'était point assez de connaître les ressorts dramatiques, il fallait encore connaître les passions qui amollissent ou qui tendent ces ressorts; or, où chercher ces passions, si ce n'est dans le monde, et comment aller dans le monde, lorsqu'on sort de son bureau à dix heures et demie du soir, fatigué d'y avoir travaillé toute la journée?

En conséquence, je m'armai un beau jour de courage; j'allai trouver M. Oudard, et je le priai de me dispenser de mon travail du soir.

Il faut connaître la susceptibilité du despotisme bureaucratique, pour comprendre, malgré sa bonté parfaite pour nous tous en général, et son amitié pour moi en particulier, amitié si réelle et dont depuis il m'a donné tant de preuves, combien cette demande lui parut ambitieusement déplacée. Il me la fit répéter deux fois, me prit les mains dans les siennes, me regarda en face comme pour s'assurer que je n'étais pas devenu fou, puis me dit avec une voix encore mêlée de doute:

— Mais, mon enfant, c'est impossible.

— Vous êtes si excellent, lui répondis-je, que j'avais pensé que vous me laisseriez ces trois heures dont j'ai besoin.

— Et pour quoi faire?

— Pour étudier.

— Étudier?

— Oui, monsieur... La carrière administrative, je vous l'avouerai, ne m'offre ni grande chance ni grand attrait; mon avenir n'est point là, et, dussé-je parvenir à être ce que vous êtes, ce que je ne serais probablement jamais, eh bien, je ne serais encore ni content ni heureux...

— Mais que voulez-vous faire?
— De la littérature...

Le mot était lâché, il produisit son effet.

On saura qu'en général la bureaucratie n'a point d'ennemie plus mortelle que la littérature, *et vice versâ*; une vieille tradition veut qu'elles ne puissent vivre l'une avec l'autre; aussi se rendent-elles cordialement haine pour haine, mépris pour mépris.

Cependant Oudard, qui m'aimait, fut plus affligé que courroucé de cette confidence.

— Vous avez tort, me dit-il; cela ne vous mènera à rien.
— N'importe; laissez-moi tenter la fortune.
— Il n'y a qu'un moyen à ma disposition.
— Quel qu'il soit, je l'adopte.
— Je vous ferai passer dans un autre bureau où il n'y aura pas de travail le soir.
— M'aimerez-vous toujours bien?
— Comme si vous ne me quittiez pas.
— Eh bien, j'accepte.

Deux mois après, ma mutation était signée : je quittais le secrétariat du duc d'Orléans, et j'entrais à la direction des forêts; je perdais un brave chef de bureau et deux excellents camarades, mais je gagnais mes soirées, et c'était, j'en demande bien pardon à leur amitié d'alors et à leur amitié d'aujourd'hui, c'était, dis-je, dans mon égoïsme littéraire, une compensation suffisante.

Cependant j'entrai dans ma nouvelle famille bureaucratique sous de mauvais auspices; on avait voulu me colloquer dans une grande salle où travaillaient déjà trois ou quatre de mes collègues, et je m'étais révolté contre cette mesure; ils avaient eu beau m'expliquer qu'ils trouvaient, dans cette réunion, l'avantage de tuer, par la causerie, le temps, cet ennemi mortel des employés; je ne craignais rien tant que cette causerie, qui faisait leurs délices, à eux, et qui m'aurait distrait, moi, de ma pensée unique, croissante et éternelle. J'avais lorgné, au contraire, une espèce de niche, séparée, par une simple cloison, de la loge du garçon de bureau, et dans laquelle celui-ci enfermait les bouteilles qui avaient contenu de l'encre, et qui lui revenaient de droit, lorsqu'elles étaient vides. J'en demandai la mise en possession : j'aurais mieux fait, je crois, de demander l'archevêché de Cambrai, qui venait de vaquer.

Ce fut une clameur qui s'éleva depuis le garçon de bureau jusqu'au directeur général : le garçon de bureau demanda aux employés de la grande chambre où il mettrait désormais ses bouteilles vides; les employés de la grande chambre demandèrent au sous-chef si je me croirais déshonoré de travailler avec eux; le sous-chef demanda au chef si j'étais venu à la direction des forêts pour y donner des ordres ou bien pour en recevoir; le chef demanda au directeur général s'il était dans les usages administratifs qu'un employé à quinze cents francs eût un cabinet séparé, comme un chef de bureau à quatre mille francs; le directeur répondit que, non-seulement ce n'était point dans les usages administratifs, mais encore qu'aucun précédent ne militait en ma faveur, et que ma prétention était monstreuse.

J'étais en train de mesurer la longueur et la largeur du malheureux recoin dont l'usufruit faisait, en ce moment, toute mon ambition, lorsque le chef de bureau descendit fièrement de la direction générale, porteur de l'ordre verbal dont la signification devait faire rentrer dans les rangs l'employé indiscipliné qui avait eu un instant l'espoir ambitieux d'en sortir. Il le transmit aussitôt au sous-chef, qui le transmit aux employés de la grande chambre, qui le transmirent au garçon de bureau. Il y avait liesse générale dans la direction : un camarade allait être humilié.

Le garçon de bureau ouvrit la porte qui conduisait de sa loge dans la mienne; il venait de faire une tournée générale dans l'administration, et il en rapportait toutes les bouteilles vides qu'il avait pu déterrer.

— Mon cher Féresse, lui dis-je en le regardant avec inquiétude, comment diable voulez-vous que je tienne ici avec toutes ces bouteilles, ou que toutes ces bouteilles tiennent ici avec moi; à moins que je ne m'établisse dans l'une d'elles, comme l'avait fait le Diable boiteux?

— Voilà justement la chose, répondit Féresse en posant d'un air goguenard les nouvelles recrues près des anciennes; c'est que M. le directeur général n'écoute pas de cette oreille-là : il veut que je garde cette chambre pour moi seul, et il n'entend pas que le dernier venu fasse la loi.

Je me levai le sang au visage, et je marchai vers lui.

— Ce dernier venu, si peu de chose qu'il soit, lui dis-je, est encore votre supérieur; il a donc droit à ce que vous lui parliez la tête découverte. Chapeau bas, drôle!

En même temps, j'envoyai, du revers de ma main, le feutre du pauvre diable s'aplatir contre le mur, et je sortis.

J'allai trouver Oudard, ma grande ressource dans tous mes chagrins; je lui racontai ce qui venait de se passer, et le prévins que je me retirais chez moi comme Achille sous sa tente, et que, comme lui, j'attendrais qu'on vînt m'y chercher.

Trois jours se passèrent au milieu de graves inquiétudes de la part de ma mère, qui n'ignorait pas ma rébellion, et qui craignait qu'elle ne fût suivie de mon renvoi; au bout de ce temps, une lettre d'Oudard m'annonça que, grâce à son intervention, tout était arrangé, ma demande m'était accordée, et je pouvais revenir prendre possession du magasin de Féresse.

Cette victoire remportée était chose plus importante qu'on ne croit peut-être; hors de portée ainsi de l'investigation envieuse de mes collègues, éloigné de la surveillance méticuleuse de mon chef, je pouvais, grâce à la rapide facilité de mon écriture, escamoter deux heures à mon profit, tout en rendant, à la fin de la séance, autant, et même plus de besogne que les autres ne le faisaient; mais ce qui était inappréciable surtout, c'était le silence et l'isolement qui m'entouraient, et à la faveur desquels je pouvais suivre le fil de mes pensées, constamment dirigées vers un même but, le théâtre. Dans une chambre commune au contraire, et distrait par les causeries de mes camarades, il est probable que je n'eusse jamais rien entrepris, ou du moins jamais rien achevé.

Du moment que je me trouvai seul, mes idées prirent de l'unité, et commencèrent à se coaguler autour d'un sujet : je composai d'abord une tragédie des *Gracques*, de laquelle je fis justice, en la brûlant aussitôt sa naissance; puis une traduction du *Fiesque* de Schiller; mais je ne voulais débuter que par un ouvrage original; et puis, d'ailleurs, Ancelot venait d'obtenir un succès avec le même sujet : mon *Fiesque* alla donc rejoindre *les Gracques*, ses aînés, et je pensai sérieusement, ces deux études faites, à créer quelque chose.

Le moment était bon : il y avait dégoût dans le public littéraire; la mort de Talma lui avait fait déserter tout à fait le théâtre, où mademoiselle Mars seule avait la puissance de le rappeler de temps en temps; encore venait-il pour l'admirable talent de l'actrice, et non pour les pièces. Plusieurs essais, tout infructueux qu'ils avaient été, laissaient pressentir l'apparition d'une littérature plus vive, plus animée et plus vraie; une espèce d'agitation fébrile commençait à remplacer le dégoût; on se passionnait, lors de leur apparition, pour certains livres, qui contenaient des essais de drames, trop informes encore pour être reçus à la scène, mais qui indiquaient une tendance générale de l'esprit vers cette Amérique littéraire; enfin tout le monde était d'accord sur un point, c'est que, si l'on ne savait pas encore ce qu'on voulait, on savait au moins ce dont on ne voulait plus.

L'époque de l'exposition de la peinture arriva : plus avancée que la littérature, elle avait fait sa révolution, ou plutôt elle était en train de la faire; Delacroix par son *Massacre de Scio*, Boulanger par son *Mazeppa*, Saint-Èvre, par son *Job*, s'étaient complétement séparés de l'école de David, dont la queue était encore portée par quelques peintres de la Restauration ; comme ces malheureuses poules dont parle Delille, et auxquelles on fait couver des canards, leurs maîtres avaient été tout effrayés de les voir s'aventurer sur cette mer nouvelle, et ils s'étaient assis sur le bord, impuissants à les suivre, déplorant leur imprudence et prophétisant leur perte; ce qui n'empêchait pas mes trois gaillards de mettre toutes voiles dehors, et de voguer effrontément, avec un pavillon nouveau à leur vergue et des couronnes à leurs mâts.

La sculpture était en arrière : elle reposait tout entière sur

Pradier, Bosio et David, hommes de talent tous trois, mais qui, les pieds pris dans les traditions impériales, comme Daphné dans son écorce de laurier, ne pouvaient avancer, et étaient forcés de faire du grec et du nu sur place. Étex était encore enfant, Barye étudiait ses lions et ses tigres au Jardin des Plantes, faute d'argent pour louer un atelier et payer un modèle, et Antonin Moine, qui n'avait pas de pain, vendait pour du Jean Goujon, des médaillons gothiques d'un caractère et d'un fini si merveilleux, que, parmi les artistes, il ne s'éleva pas même, pendant deux ans, le moindre doute sur leur origine.

Cependant, au moment où je passai des salons de peinture à l'exposition de sculpture, un cercle s'était formé autour d'un petit bas-relief d'un pied de haut à peu près sur dix-huit pouces de large : il représentait Christine faisant assassiner Monaldeschi. C'était le coup d'essai de mademoiselle de Fauveau, qui commençait par lui l'immense réputation dont elle jouit aujourd'hui parmi les artistes.

Ce jour-là, comme la Françoise de Rimini du Dante, je n'allai pas plus avant : quatre mois après, j'avais sculpté aussi ma Christine faisant assassiner son Monaldeschi.

A peine en eus-je écrit le dernier vers, que je me trouvai aussi embarrassé qu'une pauvre fille qui vient d'accoucher; que faire de l'enfant bâtard qui était né hors du légitime mariage de l'Institut et de l'Académie? L'étouffer comme ses aînés? C'était bien cruel! d'ailleurs, la petite fille avait une apparence de force, qui lui donnait tout à fait l'air viable. L'exposer? C'était bien cela; mais il lui fallait un théâtre qui la recueillît, des acteurs qui l'allaitassent, un public qui l'adoptât.

J'avais toujours entendu vanter l'obligeance de Charles Nodier, et surtout sa bonté toute paternelle pour la jeunesse, dont il a conservé le cœur ardent. Je le savais très-lié avec le baron Taylor, commissaire royal près le Théâtre-Français; je lui écrivis, sans aucune recommandation, en le priant de solliciter pour moi une lecture.

Ce fut le baron Taylor qui me répondit : il m'accordait ma demande, fixait l'audition de ma pièce à sept ou huit jours de là; il me demandait pardon de l'heure qu'il choisissait; mais ses nombreuses occupations lui laissaient si peu de temps, que c'était à sept heures du matin seulement qu'il pouvait me recevoir.

Quoique je sois l'homme le moins matinal de Paris peut-être, je fus prêt à l'heure dite : je n'avais pas dormi de la nuit.

Je frappai à la porte de Taylor avec un battement de cœur effroyable ; la bonne ou la mauvaise disposition d'esprit d'un homme qui ne me connaissait pas, qui n'avait aucun motif d'être bienveillant pour moi, qui me recevait par pure complaisance, allait décider de mon avenir. Si ma pièce lui déplaisait, c'était une prévention contre tout ce que je pourrais lui apporter plus tard, et j'étais presque au bout de mon courage et de ma force.

Cependant on ne me répondait pas ; j'entendais même, en prêtant l'oreille, un bruit annonçant qu'il se passait quelque chose d'extraordinaire dans l'appartement ; c'étaient des sons confus et glapissants qui, tantôt avaient l'air d'accents de colère, et tantôt retombaient dans le mat, et formaient la basse d'une musique monotone et continue. Je ne pouvais deviner ce que c'était, je craignais de déranger Taylor en ce moment ; mais, néanmoins, c'était bien l'heure fixée par lui pour le rendez-vous ; je frappai plus fort ; j'entendis qu'on ouvrait une porte ; en même temps, ce bruit intérieur, inconnu, qui m'avait arrêté un instant, m'arriva plus mugissant que jamais. Enfin, une vieille bonne m'ouvrit.

— Ah! monsieur, me dit-elle d'un air consterné, vous rendez un fier service à monsieur en arrivant, et il vous désire bien!

— Comment cela?

— Oh! entrez, entrez, et ne perdez pas une minute.

Je me précipitai dans la chambre, et trouvai Taylor pris dans sa baignoire comme un tigre dans une fosse, et ayant près de lui un monsieur qui lui lisait une tragédie d'*Hécube*.

Ce monsieur avait forcé la porte, quelque chose qu'on eût pu lui dire ; il avait surpris Taylor, comme Charlotte Corday Marat, et il le poignardait dans le bain ; seulement, l'agonie du commissaire du roi était plus longue que ne l'avait été celle du tribun du peuple : la tragédie avait deux mille quatre cents vers.

Lorsque ce monsieur m'aperçut, il comprit qu'on venait lui arracher sa victime; il se cramponna à la baignoire, en criant :

— Il n'y a plus que deux actes, monsieur, il n'y a plus que deux actes!

— Deux coups d'épée, deux coups de couteau; choisissez parmi les armes qui sont ici, et il y en a de tous les pays; choisissez celle qui coupe le mieux et égorgez-moi tout de suite.

— Monsieur, le gouvernement vous a nommé commissaire du roi, c'est pour entendre ma pièce; il est dans vos attributions d'entendre ma pièce, et vous entendrez ma pièce.

— Eh! voilà mon malheur! Mais, vous et vos pareils, monsieur, vous serez cause que je partirai, que je quitterai la France; j'irai, s'il le faut, en Égypte, je remonterai les sources du Nil jusqu'à la Nubie, et je vais chercher mon passe-port.

En ce moment, Taylor fit un mouvement pour s'élancer hors du bain. Le monsieur lui mit la main sur l'épaule, et le força de reprendre la position horizontale qu'il occupait d'abord dans sa baignoire.

— Vous irez en Chine, si vous le voulez; mais vous irez après avoir entendu ma pièce.

Taylor poussa un profond gémissement, comme un athlète vaincu, me fit signe de passer dans la chambre à coucher, et pencha avec résignation sa tête sur sa poitrine; le monsieur continua.

La précaution qu'il avait prise de mettre une porte entre lui, son lecteur et moi, était inutile, et je ne perdis pas un mot des deux derniers actes d'*Hécube*. Dieu est grand et miséricordieux, qu'il fasse paix à son auteur!

Le bain avait profité de la lecture de la pièce pour refroidir, et Taylor rentra dans sa chambre à coucher tout grelottant; j'aurais donné un mois de mes appointements pour qu'il trouvât son lit bassiné.

Et cela est concevable; on conviendra qu'un homme à moitié gelé, et qui vient d'entendre cinq actes, ne se trouve naturellement pas dans une situation d'esprit bien favorable pour en écouter cinq autres : je jouais véritablement de malheur.

— Mon Dieu, monsieur, lui dis-je, je tombe dans un bien mauvais moment, et je crains que vous ne soyez guère disposé à m'entendre, du moins avec l'indulgence dont j'aurais besoin.

— Oh! monsieur, je ne dis pas cela pour vous, me répondit Taylor, car je ne connais pas encore votre ouvrage; mais comprenez-vous quel supplice cela est d'entendre, tous les jours que Dieu fait, de semblables choses?...

— Tous les jours?...

— Et plutôt deux fois qu'une. Tenez, voilà mon bulletin pour le comité d'aujourd'hui; voyez, on nous lit un *Épaminondas*.

Je poussai un profond soupir : ma pauvre *Christine* était prise entre deux feux croisés classiques.

— Monsieur le baron, repris-je, si vous voulez que je revienne un autre jour?

— Non, non; pendant que j'y suis, j'aime autant...

— Eh bien, je vais vous lire un acte seulement, et, si cela vous fatigue ou vous ennuie, vous m'arrêterez.

— Vous avez plus de compassion que vos confrères; c'est déjà bon signe... Allez, je vous écoute.

Je tirai, tremblant, ma pièce de ma poche : elle formait un volume effrayant; Taylor jeta les yeux dessus avec une espèce d'effroi instinctif.

— Ah! monsieur, me hâtai-je de lui dire allant ainsi au-devant de sa pensée, le manuscrit n'est écrit que d'un côté!...

Il respira.

Je commençai. J'avais la vue si troublée, que je ne voyais rien, la voix si tremblante, que je n'entendais pas moi-même ce que je disais. Taylor me rassura avec bonté; j'achevai tant bien que mal mon premier acte.

— Eh bien, continuerai-je, monsieur? lui dis-je d'une voix faible et sans oser lever les yeux.

— Oui, oui, allez, répondit-il; c'est bien, c'est très-bien.

Je me repris à la vie, et je lus mon deuxième acte avec plus de courage que l'autre. Lorsque j'eus fini, Taylor fut le premier à me demander le troisième, puis le quatrième, puis le cinquième. J'avais grande envie de l'embrasser. Il en fut quitte pour la peur.

La lecture achevée, Taylor sauta à bas de son lit.

— Vous allez venir au Théâtre-Français avec moi, me dit-il.

— Qu'y faire?

— Prendre votre tour de lecture. Il faut que le comité entende cela le plus tôt possible.

— Oh! mon Dieu, que vous êtes bon!

— Non, non, je suis juste.

Il sonna.

— Pierre, tout ce qu'il me faut pour m'habiller. Vous permettez?

— Si je le permets? Je crois bien!

Trois jours après, j'étais accoudé, mon manuscrit à la main, à une grande table verte, autour de laquelle étaient assises toutes les puissances du Théâtre-Français, ayant à ma droite un verre d'eau sucrée, que (soit dit entre parenthèses et sans reproche) Grandville but à ma place; ce qui me parut assez bizarre.

Peu de pièces ont eu un succès de lecture pareil à celui de *Christine :* on me fit répéter trois fois le monologue de Sentinelli, et la scène d'arrestation de Monaldeschi. J'étais dans l'ivresse; on me reçut par acclamations.

Je sortis du théâtre, léger et fier comme lorsque ma première maîtresse me dit : « Je t'aime. » Je pris ma course, toisant tous ceux qui passaient près de moi, et ayant l'air de leur dire : « Vous n'avez pas fait *Christine*, vous! vous ne sortez pas du Théâtre-Français, vous! vous n'êtes pas reçu par acclamations, vous! » Et, dans ma préoccupation joyeuse, je prenais mal mes mesures pour sauter un ruisseau, et je tombais au milieu; je ne voyais pas les voitures et je me jetais dans les chevaux; en arrivant chez moi, j'avais perdu mon manuscrit, mais cela m'était bien égal, je savais mon drame par cœur.

J'entrai d'un seul bond dans l'appartement.

— Reçu à l'unanimité, reçu par acclamations, ma mère!

Et je me mis à danser autour de la chambre.

Ma pauvre mère crut que j'étais devenu fou. Je ne lui avais pas dit que je dusse lire, de peur d'un échec.

— Et que va dire ton chef de bureau? fut sa première question.

— Ah! ma foi, il dira ce qu'il voudra; s'il n'est pas content, je l'enverrai promener.

— C'est toi, toi, mon pauvre garçon, qu'il enverra promener, et il faudra bien que tu y ailles.

— Eh bien, maman, cela me fera du temps pour mes répétitions.

— Et, si ta pièce tombe, et que ta place soit perdue, que deviendrons-nous?

— Diable!

— Crois-moi, mon ami, retourne à l'administration tout de suite, afin qu'on ne se doute de rien, et ne te vante à personne de ce qui t'est arrivé.

— Tiens, je crois que tu as raison, ma mère. Allons, embrasse-moi, et à six heures...

— Va, mon enfant.

Ce jour-là, tout se passa à merveille : je trouvai une pile de rapports qui m'attendaient; à quatre heures, tout était expédié. Jamais je n'avais écrit si vite ni si bien.

Je passai la soirée et la nuit à refaire un autre manuscrit.

Le lendemain, en arrivant à l'administration, je trouvai Féresse sur la porte de sa loge. Il m'y attendait depuis huit heures du matin, quoiqu'il sût bien que je n'arrivais jamais qu'à dix.

— Ah! vous voilà, me dit-il; vous avez donc fait une tragédie, vous?

— Qui vous a dit cela?

— Tiens, c'est sur le journal.

— Sur le journal?

— Lisez.

Effectivement, le journal annonçait que, fortement protégé par la maison d'Orléans, un jeune employé, nommé M. Alexandre Dumas, avait fait recevoir au Théâtre-Français un drame en cinq actes, en vers, intitulé *Christine*.

On voit avec quelle exactitude la presse quotidienne débutait sur mon compte. Depuis ce temps, la tradition ne s'est pas perdue.

Néanmoins, toute tronquée qu'elle était dans sa forme, la nouvelle était vraie au fond ; elle avait circulé de corridor en corridor et d'étage en étage ; c'étaient de bureau en bureau des allées et des venues, comme si la duchesse d'Orléans fût accouchée ; je reçus des compliments de tous mes collègues, les uns sincères, les autres goguenards ; il n'y eut que mon chef de bureau dont je n'aperçus pas même le bout du nez ; en revanche, il m'envoya de la besogne quatre fois comme d'habitude ; il était donc évident qu'il avait lu le journal.

A compter de ce jour, ce fut une guerre ouverte ; si je n'avais eu une constitution aussi robuste, j'aurais été étouffé sous les rapports et les ordonnances comme Clélie sous les bracelets d'or et les boucliers des chevaliers romains ; à compter de ce moment, les tracasseries se changèrent en persécution, et la malveillance en haine ; dix fois par jour, le chef venait lui-même à mon bureau, et si, par malheur, il ne m'y trouvait pas à chaque fois, un rapport en informait à l'instant même le directeur général.

Vers ce temps, nos gratifications devaient nous être payées : c'était un moment impatiemment attendu par chacun de nous ; car nos appointements étaient si faibles, qu'ils nous offraient à peine de quoi vivre ; aussi chacun avait-il recours à une industrie particulière pour améliorer son état de gêne continuel. Les uns avaient épousé des lingères qui tenaient de petites boutiques ; les autres avaient pris des intérêts dans des entreprises de cabriolets ; il y en avait enfin, — et, si tous n'étaient pas encore là pour l'affirmer au besoin, on ne me croirait point peut-être, — qui tenaient, dans le quartier latin, des restaurants à trente-deux sous, et qui déposaient à cinq heures la plume ducale pour prendre la serviette du maître de gargote. Eh bien, à ceux-là on ne disait rien, on ne leur reprochait point d'abaisser la majesté du prince dans les hommes qui étaient à sa solde. Non, on louait leur industrie, on la trouvait toute simple et toute naturelle; et moi qui ne me sentais pas de vocation pour épouser une boutique, qui ne possédais pas de fonds que je pusse placer dans une spéculation de carrosserie, qui avais l'habitude de mettre une serviette sur mes genoux, et non pas sur mon bras..., moi, on me faisait un crime de chercher dans la littérature une voie de salut; on essayait, par toutes les persécutions possibles, de lasser ma constance, qu'on appelait de l'entêtement; on me consignait dans ma loge, comme un soldat aux arrêts; on venait entr'ouvrir dix fois par jour la porte de ma niche, pour voir si le chien était bien à l'attache. Dieu me donna cependant la force de supporter tout cela; mais aussi Dieu seul sait ce que je souffris.

Nos gratifications devaient nous être payées vers ce temps, ai-je dit : le rapport revint enfin de la direction générale; chacun avait sa part dans la munificence administrative, excepté moi. Le duc d'Orléans s'était même donné la peine d'écrire, à la colonne des observations, de sa main sérénissime, que Charles X venait de faire royale : *Supprimer la gratification de M. Alexandre Dumas.*

Cependant cette gratification, ma mère attendait après. Il nous la fallait pour avoir du pain, et elle nous manquait. Je trouvai des manuscrits de vaudeville à copier; cela me rapportait cinq ou dix francs, selon qu'ils étaient en un ou deux actes. Moi aussi, j'avais mon industrie.

A force de transcrire ces sortes d'ouvrages, la contagion m'atteignit. J'en fis deux que je donnai sous un autre nom que le mien : ce sont ceux que le *Journal des Débats* m'a reproché d'avoir faits. Il est vrai qu'aucun gouvernement ne lui a jamais supprimé ses gratifications, à lui.

Cependant le temps s'écoulait, de petites intrigues de coulisses empêchaient *Christine* d'être jouée; Taylor était en Orient, et, quoique, avant de partir, ses dernières paroles eussent été une recommandation en ma faveur, je ne voyais pas approcher le jour si désiré de la mise en scène. Je me décidai alors à faire un second ouvrage : un hasard me jeta, en quelque sorte, à l'esprit le sujet que je devais traiter.

La seule armoire que j'eusse dans mon bureau était commune à Féresse et à moi ; j'y mettais mon papier, et Féresse y rangeait ses bouteilles. Un jour, soit par inadvertance, soit pour me faire une niche, soit enfin pour constater la supériorité de ses droits sur les miens, Féresse en emporta la clef en allant faire une course. J'usai, en son absence, le reste du papier qui se trouvait sur mon bureau, et, comme j'avais encore trois ou quatre rapports à expédier, je montai à la comptabilité pour en emprunter quelques feuilles.

Un volume d'Anquetil se trouvait fortuitement égaré sur un bureau ; il était ouvert, j'y jetai machinalement la vue, et j'y lus le passage relatif à l'assassinat de Saint-Mégrin.

Trois mois après, *Henri III* était reçu au Théâtre-Français.

Cette fois, je ne laissai pas le temps à l'enthousiasme de se refroidir ; je pressai la mise en répétition de l'un ou de l'autre de mes deux drames, et je l'obtins ; restait à savoir lequel des deux serait joué le premier : *Henri III* eut la préférence.

La réception d'*Henri III* avait, au reste, produit dans les bureaux la même révolution qu'avait faite celle de *Christine* ; seulement, cette fois, elle éclata plus vigoureuse contre moi, car mes répétitions allaient me prendre deux heures par jour, et mon chef de bureau avait un motif légal de se plaindre.

Aussi ne s'en fit-il pas faute : je reçus immédiatement du directeur général l'invitation d'opter entre ma place et ma pièce. Je lui répondis que je tenais ma place du duc d'Orléans, et que je ne reconnaissais qu'au duc d'Orléans le droit de me l'ôter ; que, quant à mes appointements, qui grevaient de cent vingt-cinq francs *par mois* le budget de l'administration, c'était autre chose : j'offrais d'y renoncer. Cette offre fut acceptée.

A partir de cette époque, je cessai de toucher mon *salaire* ; mais aussi je cessai d'aller à mon bureau, à la grande terreur de ma pauvre mère ; cette terreur, il est vrai, avait été éveillée et était entretenue par les avis officieux que lui donnaient charitablement certaines personnes, dont le refrain général était que ma pièce tomberait, et que je perdrais ma place; deux prophéties qu'on aurait dû épargner, ce me semble, si ce n'est à son cœur, du moins à son âge. Ces avis produisirent plus d'effet que n'en attendaient encore ceux qui, sous le masque de l'intérêt, s'en faisaient un moyen de vengeance. Trois jours avant la représentation d'*Henri III*, ma pauvre mère, écrasée de chagrin et d'inquiétude, fut atteinte d'une attaque d'apoplexie foudroyante, dont elle faillit mourir, et dont elle ne se tira qu'en perdant l'usage d'un bras et d'une jambe.

Qu'on juge de ma position, placé que j'étais entre ma mère à l'agonie et ma pièce prête à être jouée; là tout mon passé, ici tout mon avenir; d'un côté tout mon espoir, de l'autre tout mon cœur.

Le jour de la représentation arriva : j'allai chez le duc d'Orléans, pour le prier d'assister à cette lutte solennelle qui devait décider de ma vie, *to be, or not to be.*

Il me répondit que cela lui était impossible; il avait je ne sais combien de princes à dîner ce jour-là même.

— Monseigneur, lui dis-je, c'est une chose malheureuse pour moi que cette impossibilité; il y a quatre ans que je pousse péniblement les jours devant moi pour arriver à ce jour, et cela dans un but, c'est celui de vous prouver que j'avais seul raison contre tous, et même contre Votre Altesse; il n'y a donc pas de succès pour moi ce soir si vous n'êtes pas là quand je l'obtiendrai; c'est un duel où je joue ma vie; soyez mon témoin, cela ne se refuse pas.

— Je ne demande pas mieux, me répondit-il; je serais même bien curieux de voir votre ouvrage, dont Vatout m'a dit beaucoup de bien; mais comment faire?

— Avancez l'heure de votre dîner, monseigneur; je retarderai celle du lever du rideau.

— Le pouvez-vous jusqu'à huit heures?

— Je l'obtiendrai du théâtre.

— Eh bien, allez me retenir toute la première galerie. Je

vais, moi, faire prévenir mes convives d'arriver à cinq heures au lieu de six (1).

En quittant le duc, je rencontrai la duchesse; elle me demanda des nouvelles de ma mère; j'aurais donné la moitié du succès que j'espérais le soir même pour lui baiser la main.

Je passai la journée entière près du lit de ma mère, qui était encore sans connaissance. A huit heures moins un quart, je la quittai; j'entrai dans la salle comme on levait le rideau.

Le premier acte fut écouté avec bienveillance, quoique l'exposition en soit longue, froide et ennuyeuse; la toile tomba. je courus voir comment allait ma mère.

En revenant, j'eus le temps de jeter un coup d'œil sur la salle : ceux qui ont assisté à cette représentation se rappellent quel magnifique coup d'œil elle offrait; la première galerie était encombrée de princes chamarrés d'ordres de cinq ou six nations; l'aristocratie tout entière était entassée dans les loges. Les femmes ruisselaient de pierreries.

Le second acte commença; la scène de la sarbacane, que je craignais beaucoup, passa sans opposition. La toile tomba au milieu des applaudissements.

A partir du troisième acte jusqu'à la fin, ce ne fut plus un succès, ce fut un délire croissant : toutes les mains applaudissaient, même celles des femmes; madame Malibran, penchée tout entière en dehors de sa loge, se cramponnait de ses deux mains à une colonne pour ne pas tomber.

Puis, lorsque Firmin reparut pour nommer l'auteur, l'élan fut si unanime, que le duc d'Orléans se leva lui-même, et écouta debout et découvert le nom de son employé, qu'un des

(1) Voilà ce que fit pour moi le duc d'Orléans; j'ai dit le mal, j'ai dit le bien. J'ajouterai quelque chose encore, car il faut rendre toute justice à l'homme, même quand il devient roi. Chaque fois que personnellement j'ai pu parvenir jusqu'au duc d'Orléans, chaque fois que, par lettres, j'ai pu arriver jusqu'au roi, le duc d'Orléans ou le roi m'a accordé ce que je lui demandais, soit la grâce d'un condamné politique, soit un encouragement à un homme de lettres malheureux. Son premier mouvement est bon, le second mauvais. C'est que le premier vient de son cœur, et le second de son entourage.

succès, sinon les plus mérités, du moins les plus retentissants de l'époque, venait de baptiser poëte.

Le soir même, en rentrant chez moi, je trouvai une lettre de mon directeur général ; je la reproduis textuellement ici.

« Je ne veux pas me coucher, mon bon jeune ami, sans vous avoir dit combien je me sens heureux de votre beau succès, sans vous avoir félicité de tout mon cœur, et votre excellente mère surtout, pour qui je sais que vous éprouviez plus d'angoisses encore que pour vous-même. Nous les partagions vivement, nos camarades, ma sœur et moi ; et maintenant, nous jouissons de ce triomphe si justement acquis à la double énergie du talent le plus noble et de la piété filiale. Je me crois bien sûr que vos couronnes et cet avenir de gloire que vous ouvre l'inspiration, vous laissent sensible à l'amitié, et la mienne pour vous est bien heureuse.

» Ce 11 février 1829. »

C'était le même qui avait accepté la démission de mes appointements.

ALEX. DUMAS.

20 décembre 1833.

LA
CHASSE ET L'AMOUR

VAUDEVILLE EN UN ACTE

EN SOCIÉTÉ AVEC MM. ROUSSEAU ET DE LEUVEN

Ambigu-Comique. — 22 septembre 1825.

DISTRIBUTION

M. DELBEUF, marchand de draps.	M. Baron.
MADAME DELBEUF.	Mmes Palmyre.
ANGÉLINA, leur fille.	Javureck.
M. PAPILLON, marchand de coton.	MM. Dubourjal.
ERNEST SAINVILLE, amant d'Angélina.	{ Chéri. Dubiez.
GUILLAUME, son domestique.	Gilbert.
CANARD, traiteur.	Joly.
BLAISE, domestique de M. Delbeuf.	Boisselot.
UN PAYSAN.	Milbot.
UNE PAYSANNE.	Mlle Duménis.
CHASSEURS.	

— Dans la vallée de Montmorency. —

Un site agréable. A gauche, la maison de M. Delbeuf; à droite, l'auberge de Canard, avec cette inscription : *Au rendez-vous des Bons Chasseurs; Canard, fait noces et festins.* Devant la porte, quelques tables. Dans le fond un taillis.

SCÈNE PREMIÈRE
CANARD, PLUSIEURS CHASSEURS.

Ces derniers sont devant une table garnie de bouteilles et boivent debout.

CHŒUR
Air du *Méléagre champenois*.

Partons, amis, partons, le temps nous presse !
Que rien ne puisse échapper à nos coups.
Oui, j'en réponds, grâces à notre adresse,
Malheur à ceux qui viendront après nous !

UN CHASSEUR.

Diable de vin ! je sens que ma main tremble;
De mon fusil je redoute le poids :

Lorsque j'ai bu le matin, il me semble
Courir toujours deux lièvres à la fois.
TOUS.
Partons, amis, etc.
LE CHASSEUR.
Monsieur Canard, nous ne reviendrons qu'à la nuit, entendez-vous... Que notre dîner soit prêt... Nous nous chargeons de fournir le gibier.
CANARD.
Soyez tranquilles, messieurs... Je vous attends à la broche.

SCÈNE II

LES MÊMES, PAPILLON, en chasseur, portant des lunettes vertes.
PAPILLON.
Ah! ah! messieurs, vous voilà en bonnes dispositions... C'est comme moi .. (Les Chasseurs vont pour sortir.) Dites donc.. prenez garde!... là-bas, à gauche, j'ai aperçu un lièvre au gîte, et je viens chercher le beau-père pour le faire lever;... ainsi n'y allez pas...
LES CHASSEURS, riant.
Ah! ah! ah!... merci de l'avis.
REPRISE DU CHŒUR.
Partons, amis, etc.
(Les Chasseurs sortent; Canard rentre chez lui.)

SCÈNE III

PAPILLON, seul.
Eh bien, qu'est-ce qu'ils ont donc à rire?... Sont-ils bêtes!... ça ne m'a pas l'air de fameux chasseurs... Des fusils à pierre, ce n'est pas ça... A la bonne heure, moi!... le fusil à piston;... on voit tout de suite l'amateur de première force...

AIR *Vers le temple de l'hymen.*
La terreur de la perdrix
Et l'effroi de la bécasse,
Pour mon adresse à la chasse,
On me cite dans Paris.
Dangereux comme une bombe,
Sous mes coups rien qui ne tombe,
Le cerf comme la colombe...
A ma seule vue, enfin,
Tout le gibier a la fièvre;

Car, pour mettre à bas un lièvre,
Je suis un fameux lapin.

Mais entrons chez le beau-père... Tout est fermé!... est-ce qu'il ne serait pas éveillé?... Ce n'est pas pardonnable... (Il va pour frapper à la porte et s'arrête.) Eh bien, j'allais le réveiller comme un jour ordinaire... En chasseur, morbleu! en chasseur! (Il arme son fusil, tire en l'air; une hirondelle tombe.) Je dis que voilà un joli coup pour commencer... Ah! si je n'avais pas la vue basse!...

SCÈNE IV

PAPILLON, M. DELBEUF, sortant du bois, au fond. (Il est vêtu en chasseur, et il a de longues guêtres fauves.) Puis MADAME DELBEUF, ANGÉLINA et BLAISE, aux fenêtres.

M. DELBEUF.

Peste soit de l'imbécile!

PAPILLON.

Hein!... Tiens, c'est vous, beau-père?

M. DELBEUF.

Oui, c'est moi. Que le diable vous emporte!

PAPILLON.

Ah! c'est là le bonjour que vous me souhaitez? Faites donc trois lieues pour être reçu comme cela!

M. DELBEUF.

Mais aussi vous venez de me faire manquer le plus beau coup.

MADAME DELBEUF, ouvrant sa fenêtre.

Mon Dieu, monsieur Delbeuf, que vous êtes insupportable! Vous m'avez fait une peur!... je vais avoir mal aux nerfs toute la journée.

ANGÉLINA, de même.

Y est-il, mon papa?

BLAISE, de même.

Y est-il, not' bourgeois?

M. DELBEUF.

Eh! non, parbleu!

(Les fenêtres se referment.)

PAPILLON.

Ah çà! qu'y a-t-il donc de nouveau ici? Vous ne vous faites pas idée comme vous avez l'air drôle...

M. DELBEUF.

Ce qu'il y a de nouveau?... Un cerf dix cors... Les paysans l'ont vu, il y a quinze jours, et, depuis ce temps, je me mets à l'affût dans cette garenne... Je ne l'avais pas encore aperçu, lorsque, aujourd'hui...

PAPILLON.

Eh bien?...

M. DELBEUF.

Il allait certainement venir quand votre maudit coup de fusil l'aura effrayé.

PAPILLON.

Ah diable!... si j'avais su... Vous croyez qu'il allait venir?

M. DELBEUF.

Eh! sans doute.

PAPILLON.

Alors il ne doit pas être loin d'ici ; nous le rencontrerons... Je suis en train aujourd'hui... Tenez...

M. DELBEUF.

Qu'est-ce que c'est que ça?

PAPILLON.

Une hirondelle que j'ai tuée... au vol encore,... et dont je vais faire hommage à ma future... Justement, je l'aperçois...

SCÈNE V

PAPILLON, M. DELBEUF, ANGÉLINA.

PAPILLON.

Permettez-moi, belle Angélina, de déposer à vos pieds ce petit volatile, victime de mon adresse.

ANGÉLINA.

Fi, monsieur! que c'est mal de tuer mes pauvres hirondelles; j'ai tant de plaisir à les voir faire leur nid à ma fenêtre!

PAPILLON.

Diable! je ne suis pas chanceux aujourd'hui... Comme on me reçoit!... Croyez, mademoiselle...

M. DELBEUF.

Allons, allons, voilà assez d'excuses comme cela; nous devrions déjà être en chasse.

PAPILLON.

Mais, dites-donc, beau-père, c'est que je n'ai pas déjeuné, moi, et j'ai fait trois lieues.

M. DELBEUF.

Bah! bah! un chasseur penser à ces bagatelles!...

PAPILLON.

Oh! ce n'est pas que j'y pense, allez; mais l'estomac, voyez-vous...

M. DELBEUF.

Soyez tranquille, nous ne mourrons pas de faim. . Blaise, Blaise!...

SCÈNE VI

Les Mêmes, BLAISE.

BLAISE.

Me v'là, not' bourgeois.

M. DELBEUF.

Écoute: dans une heure, à peu près, tu nous apporteras à déjeuner sous le grand orme, tu sais,... qui fait la limite de la commune... Toi, Angélina, mon enfant, va nous cueillir quelques fruits. (Angélina sort.)

PAPILLON.

Ah! oui, en attendant, c'est toujours ça.

(Il se promène dans le fond, en arrangeant son fusil.)

BLAISE, à demi-voix.

Je n'irai donc pas aujourd'hui avec vous, not' bourgeois? Comment donc ferai-je pour attester les beaux coups que vous aurez faits?

M. DELBEUF.

Je te les raconterai.

BLAISE.

Ah! c'est ça, et je dirai toujours oui, comme d'habitude, n'est-ce pas?

M. DELBEUF.

Sans doute... Est-ce pour me contredire que je te donne cinquante écus par an?

BLAISE.

Ah! pardine! j'sais ben...

Air de *Voltaire chez Ninon.*
Par des contes faits à loisir,
Vous vous attirez des hommages;
Vous me payez pour bien mentir,
Et cert's je n'vole pas mes gages.
C' n'est pas que j'demand' rien de plus;

Mais, au mal que j'ai quand je songe,
Savez-vous que cinquante écus,
Ce n'est pas un sou par mensonge.

PAPILLON, redescendant la scène.

Je dis que voilà mon fusil joliment en état... Ah çà! beau-père, j'espère que vous vous en tirerez mieux que l'année passée; vous rapporterez quelque chose au moins, cette fois-ci?

M. DELBEUF.

L'année passée, l'année passée..., il m'est arrivé malheurs sur malheurs. Enfin, je tue une perdrix... Blaise l'a vue, n'est-ce pas?

BLAISE.

Oh! oui, et une fameuse!

M. DELBEUF.

Eh bien, un maudit épervier l'enlève, au moment où j'allais mettre la main dessus, et la dévore... là... sous mes yeux.

PAPILLON.

Comment! la perdrix?

BLAISE.

A mangé l'épervier... Ah! je l'ai vu comme je vous vois...

M. DELBEUF.

Allons, tais-toi, imbécile, et va lâcher Agobar et Ézilda.

(Blaise sort.)

PAPILLON, étonné.

Agobar et Ézilda!

M. DELBEUF.

Oui, mes chiens... C'est madame Delbeuf qui leur a donné ces jolis noms.

SCÈNE VII

Les Mêmes, MADAME DELBEUF, ANGÉLINA.

ANGÉLINA, apportant des fruits.

Mon père, voilà les plus beaux fruits que j'ai pu trouver.

PAPILLON.

Chère belle-mère... Ah! mon Dieu, comme vous tremblez!...

MADAME DELBEUF.

Je le crois bien!... être sans cesse témoin des barbares plaisirs de monsieur.

M. DELBEUF.

Allons, voyons, conçoit-on pareil enfantillage?... La femme d'un vieux chasseur!

PAPILLON.

Ah! ça, il a raison. La femme d'un vieux chasseur...

MADAME DELBEUF.

A propos, monsieur Papillon, vous m'apportez sans doute ce nouveau roman que je vous avais chargé d'acheter.

PAPILLON.

Ah! mon Dieu!

MADAME DELBEUF.

Est-ce que vous n'y auriez pas pensé?

PAPILLON.

Si fait, si fait; oh! j'ai une mémoire, moi...

MADAME DELBEUF.

Eh bien, où est-il?... Voyons! je suis d'une impatience...

PAPILLON.

Ah! je vas vous dire, voyez-vous, c'est que je ne l'ai pas; mais ce n'est pas ma faute, je vous en réponds...

Air *J'ai vu le Parnasse des dames.*
J'ai cru qu'il ne se vendait guères,
Et j'espérais de l'éditeur
Avoir un des mille exemplaires,
Qu'en avait fait tirer l'auteur.
Mais, par malheur, chez le libraire,
Il n'en restait plus, me dit-on,
Que neuf cent cinquante pour faire
Une seconde édition.

MADAME DELBEUF.

Quelle mauvaise raison!... C'est insupportable, vous ne vous êtes pas assez pressé non plus...

M. DELBEUF.

Mais, ma chère amie, tu ne manques pas de livres ici... J'espère que ma bibliothèque...

MADAME DELBEUF.

Elle ne me convient pas du tout, monsieur.

Air *Jadis et Aujourd'hui.*
Partout j'y retrouve la trace
De vos cruels amusements;
Et vos ouvrages sur la chasse
Ont remplacé tous mes romans;
Enfin, votre main téméraire
A fait, par un double attentat,
Des cartouches de l'*Étrangère*,
Et des bourres du *Renégat*.

M. DELBEUF.

Mais tu les avais déjà lus sept ou huit fois.

MADAME DELBEUF.

C'est égal, monsieur, il y a des choses qu'on ne saurait trop lire...

ANGÉLINA.

Maman a raison... Car enfin elle me les a lus bien souvent, et je n'ai pas encore pu comprendre...

MADAME DELBEUF.

Taisez-vous, petite sotte...

SCÈNE VIII

LES MÊMES, BLAISE, dans le fond.

BLAISE.

J'ai lâché les chiens, not' maître...

M. DELBEUF.

C'est bon.

(Blaise sort.)

PAPILLON.

Ah! dites donc, beau-père, vous m'en prêterez un, n'est-ce pas?... Azor est malade... Madame Delbeuf, vous savez bien, ce pauvre Azor.

M. DELBEUF.

Vous prendrez Agobar; surtout je vous le recommande.

PAPILLON.

Soyez donc tranquille, les chiens..., ça me connaît.

M. DELBEUF.

Voyons, ne me manque-t-il rien?... Mon tournevis,... mon port d'armes.

PAPILLON.

Ah! mon Dieu, vous m'y faites penser, le mien est resté à Paris. Comment donc faire?

M. DELBEUF.

N'ayez pas peur... Le garde champêtre est mort depuis quelques jours.

PAPILLON.

Oh! c'est que j'ai une peur de tous les diables des procès-verbaux, moi... Il n'y a pas de danger, n'est-ce pas?

M. DELBEUF.

Eh! non, vous dis-je, soyez donc tranquille.

PAPILLON.

Allons, beau-père, partons... Je crois que nous serons heureux;... je me sens en verve...

Air *Tendres échos.*

Hôtes craintifs des champs et des forêts,
Je vous suivrai jusque dans vos retraites;
De mon coup d'œil, ah! craignez les effets,
J'aurai pour moi les dieux... et mes lunettes.
Petits perdreaux, errants dans ce vallon,
Petits perdreaux, redoutez notre plomb!

ENSEMBLE

M. DELBEUF, PAPILLON.
Petits perdreaux, etc.

MADAME DELBEUF, ANGÉLINA.
Petits perdreaux, errants dans ce vallon,
Ah! puissiez-vous échapper à leur plomb!

(M. Delbeuf et Papillon sortent. Madame Delbeuf et Angélina rentrent chez elles.)

SCÈNE IX

ERNEST, GUILLAUME, tous deux en chasseurs. Puis CANARD.

GUILLAUME, arrivant le premier.

Monsieur Ernest! monsieur Ernest! c'est par ici.

ERNEST.

Es-tu sûr?

GUILLAUME.

Ma foi, d'après les renseignements que j'ai pris...

CANARD, paraissant à sa porte.

Ah! ah! j'aperçois des chasseurs.

(Il rentre.)

ERNEST.

Charmante Angélina, je vais donc te revoir!

GUILLAUME.

Oui!... il ne s'agit plus que de trouver un prétexte.

ERNEST.

Un prétexte?... Il s'en présentera plus de mille.

GUILLAUME.

Nous rencontrerons aussi mille difficultés...

ERNEST.

Tant mieux, nous les surmonterons.

Air des *Scythes*.

J'aime à voir maint et maint obstacle
En amour, naître sous mes pas ;
Toujours, soit adresse ou miracle,
Je sais me tirer d'embarras.
De mes rivaux je ne m'alarme guère,
Car le danger, pour le cœur d'un Français,
Doit en amour, aussi bien qu'à la guerre,
Doubler le prix qu'on attend du succès.

CANARD, sortant de chez lui.

Ces messieurs veulent-ils se rafraîchir?... Voilà d'excellent vin. (Il pose sur une table deux bouteilles de vin.) Comment! c'est vous, monsieur Ernest? Y a-t-il longtemps qu'on ne vous a vu!... Il fallait la chasse pour vous décider à quitter Paris.

ERNEST.

La chasse?... Il s'agit bien de cela, vraiment!... Mais, j'y pense, tu peux me donner des renseignements précieux... Tu es toujours discret, n'est-ce pas?

CANARD.

Parbleu! monsieur, un traiteur, à Montmorency,... est-ce que ça se demande?

(Guillaume tire de sa carnassière un morceau de pain et se met à manger.)

ERNEST.

Cela me rassure... Tu connais, sans doute, M. Delbeuf, qui vient d'acheter une maison dans ce pays.

CANARD.

Vous ne pouvez mieux vous adresser, monsieur : c'est mon voisin.

ERNEST.

Et qui a une fille charmante.

CANARD.

Justement!... qui va se marier... Je suis même chargé de faire le repas de noce.

ERNEST.

Comment! déjà? Eh bien, mon ami, c'est ce qui me désole!

CANARD.

Allons donc!

GUILLAUME, la bouche pleine.

Je crois bien!... nous en sommes amoureux fous!... nous en perdons le boire et le manger!

ERNEST.

Conçoit-on cela aussi?... J'étais au mieux avec le père... La fille ne me voyait pas d'un œil indifférent. Un jour, je parle mariage;... cette union était convenable sous tous les rapports;... eh bien, le père me congédie brusquement, sous prétexte qu'il a donné sa parole à un ancien ami... J'espérais le faire changer d'avis... mais ce que tu viens de me dire... Si, du moins, je pouvais la voir, lui parler!..

CANARD.

Ce n'est pas facile, ça, monsieur... Sa mère ne la quitte pas d'un instant.

ERNEST.

Ce n'est pas sa mère qui m'inquiète : elle ne me connaît pas;... elle était en voyage pendant le peu de temps que je fus reçu chez M. Delbeuf... Mais c'est lui qui me fait trembler...

CANARD.

Si ce n'est que cela, soyez tranquille; il court les champs depuis le matin avec son futur gendre, et il ne rentrera pas avant la nuit

GUILLAUME.

Et quelle espèce d'homme est-ce, ce rival qui se permet d'épouser notre maîtresse?

CANARD.

Un original... Passionné pour la chasse, quoiqu'il ne voie pas à dix pas devant lui... C'est égal, il se figure que ça l'amuse.

ERNEST, après avoir réfléchi.

Oh! l'excellente idée!... oui,... c'est cela... (Il tire du gibier de sa carnassière.) Toi, Guillaume, tu vas m'attendre ici.

GUILLAUME.

Eh bien, monsieur, où allez-vous donc?

ERNEST.

Tu ne comprends pas?... J'ai rencontré M. Delbeuf en chasse, nous avons lié connaissance, et il m'a chargé de remettre ce gibier à madame.

GUILLAUME.

Bien imaginé! mais..

ERNEST.

Quoi?

GUILLAUME.

Si le beau-père ou le futur revenait?...

ERNEST.

Ah diable! je n'avais pas songé à cela.

GUILLAUME.

Écoutez donc, monsieur : si nous mettions le garde champêtre de la commune dans nos intérêts, sous prétexte de les conduire dans des endroits giboyeux, il les éloignerait...

ERNEST.

A merveille!

CANARD.

Oui; mais le garde champêtre est mort la semaine dernière;... j'ai même hérité de toute sa défroque... Je lui avais avancé sur son trimestre quelques bouteilles de vin...

ERNEST.

Vivat!... Eh! allons donc, Guillaume.

GUILLAUME.

Que voulez-vous que je fasse?

ERNEST.

Le garde champêtre, parbleu!

GUILLAUME.

C'est bien facile à dire; mais...

ERNEST.

Comment! tu hésites, je crois?... Canard, je compte sur toi... Allons, Guillaume, à ta toilette.

Air du vaudeville des *Gascons*.

Hâte-toi de changer d'habit,
Profitons de cette trouvaille;
Si notre ruse réussit,
Je saurai payer ton esprit.
Affecter un air de crédit,
Railler l'impertinent qui raille;
Voilà comme on porte un habit
Qui n'est pas fait à notre taille.

ENSEMBLE

ERNEST.

Hâte-toi, etc.

GUILLAUME.

Hâtons-nous de changer d'habit!
Dans ses intérêts je travaille;
Si notre ruse réussit,
Ce sera grâce à mon esprit.

CANARD.

Avoir à propos cet habit,
Ah! c'est vraiment une trouvaille!
Si cette ruse réussit,
Ce sera grâce à cet habit.

(Ernest entre chez M. Delbeuf, et Guillaume chez Canard.)

SCÈNE X

CANARD, PAPILLON.

PAPILLON.

Monsieur Canard... pst!... pst!...

CANARD, à la cantonade.

Eh! vite, montez au premier;.. une petite porte verte... Vous trouverez là l'habit, la bandoulière, le chapeau à cornes et le briquet.

PAPILLON.

Monsieur Canard!

CANARD.

Me voilà!... Comment! déjà de retour?... Mais, diable! la carnassière est joliment garnie.

PAPILLON.

Oui. Imaginez-vous une chasse qui commençait à merveille. D'abord, je descends dans la vallée;... à peine ai-je fait quinze pas, que j'aperçois quelque chose qui file dans les roseaux;... je tire au juger; Agobar me rapporte une grosse poule d'eau... Je venais de recharger, quand je crois voir au bord de l'étang quelque chose de grisâtre : c'était une oie sauvage... Je mets en joue,... pan!... elle est morte. Content de ma chasse du marais, je remonte en plaine;... un lièvre détale,... je lui envoie mon coup de fusil,... et j'attrape...

CANARD.

Le lièvre...

PAPILLON.

Non,... mon chien... Il suivait le lièvre de très-près; quelques grains de plomb s'écartent, le touchent, et il reste sur la place.

CANARD.

Le chien de M. Delbeuf! Ah bien, il va faire un joli train... Est-il mort?

PAPILLON.

Oh! non... Dans quelques jours, il n'y paraîtra plus...

CANARD.

Et où est-il?

PAPILLON.

Je l'ai laissé chez un paysan qui, ce soir, le transportera chez vous,... et vous le garderez jusqu'à entière guérison. En attendant, je dirai qu'il s'est emporté, et que je n'ai pu le faire revenir.

CANARD.

Ah çà! vous payerez la nourriture?

PAPILLON.

Cela va sans dire... Ouf! je n'en puis plus de chaleur et de fatigue; je vais me reposer un instant.

(Il va pour entrer dans la maison de M. Delbeuf.)

CANARD, à part.

Ce n'est pas là notre affaire... (Haut.) Eh bien, qu'est-ce que vous faites donc? Si ces dames vous voyaient revenir sitôt, elles se douteraient de quelque chose... Entrez chez moi...

PAPILLON.

C'est vrai!... je n'y pensais pas; surtout, je vous recommande Agobar.

AIR des *Comédiens*.

Pauvre Agobar! frappé d'un coup si rude!
Dans son malheur ne l'abandonnez pas;
Sur lui veillez avec sollicitude;
Il faut savoir s'entr'aider ici bas...
Sur son destin j'ai l'âme tourmentée;
Prodiguez-lui les secours les plus doux;
Prodiguez-lui les os et la patée,
Faites pour lui ce qu'on ferait pour vous.

ENSEMBLE

PAPILLON.

Pauvre Agobar! etc.

CANARD.

Pauvre Agobar! frappé d'un coup si rude!
Dans son malheur ne l'abandonnons pas;
Sur lui veillons avec sollicitude;
Il faut savoir s'entr'aider ici bas.

SCÈNE XI

ERNEST, MADAME DELBEUF, ANGÉLINA.

ERNEST.

Comment donc, madame! mais vous n'avez aucun remerciment à me faire;... c'est moi qui, au contraire, en dois à votre mari...

MADAME DELBEUF, à part.

Ce jeune homme est d'une amabilité !

ANGÉLINA, à part.

Aurait-il véritablement rencontré papa, ou n'est-ce qu'un prétexte?... (Haut.) Mon père ne vous a-t-il pas dit, monsieur, à quelle heure il devait revenir ?

ERNEST.

Non pas précisément, mademoiselle;... mais je ne crois pas qu'il faille l'attendre avant le soir.

MADAME DELBEUF.

Avant le soir !

ERNEST.

Sans doute; un chasseur est entraîné;... le canton est giboyeux... On s'éloigne sans y songer, et l'on ne revient que lorsque la faim et la fatigue vous y forcent. On jure bien de ne pas recommencer de quinze jours,... et dès le lendemain...

MADAME DELBEUF.

C'est cela... précisément... Je l'avouerai, monsieur, j'ai une antipathie décidée pour la chasse. Comme le dit un de mes auteurs favoris, c'est un amusement destructif de toute société, de toute conversation, et qui habitue les hommes à chercher loin de nous des plaisirs que nous ne sommes point appelées à partager.

ERNEST.

Ah ! madame, comment peut-on médire d'un exercice aussi salutaire, d'un goût aussi universel !

Air du vaudeville des *Blouses*.

Un seul instant examinez le monde:
Vous ne verrez que chasseurs ici-bas;
Autour de moi quand on chasse à la ronde,
Pourquoi donc, seul, ne chasserais-je pas ?
Dans nos salons, un fat parfumé d'ambre,
De vingt beautés chasse à la fois les cœurs.
Un intrigant rampant dans l'antichambre,
Chasse un cordon, un regard, des faveurs.
Sans consulter son miroir ni son âge,
Une coquette à soixante et dix ans,
En minaudant, chasse encore l'hommage
Que l'on adresse à ses petits-enfants.

Un lourd journal, que la haine dévore,
Toujours en vain chasse des souscripteurs;
Et l'Opéra, sans en trouver encore,
Depuis longtemps chasse des spectateurs.
Un jeune auteur, amant de Melpomène,
Chasse la gloire et parvient à son but.
Un autre croit, sans prendre autant de peine,
Qu'il lui suffit de chasser l'Institut.
Pendant vingt ans, les drapeaux de la France
Sur l'univers flottèrent en vainqueurs,
Et l'étranger sait, par expérience,
Si nos soldats sont tous de bons chasseurs.
Un seul instant examinez le monde :
Vous ne verrez que chasseurs ici-bas;
Autour de moi quand on chasse à la ronde,
Pourquoi donc, seul, ne chasserais-je pas?

MADAME DELBEUF.

Au fait, presque tous les héros de roman chassent, et je crois me rappeler que, la première fois que Caroline de Lichtefield rencontra le beau Lindorf, il était en costume de chasseur.

ERNEST, à part.

Diable! la maman paraît romanesque. (Haut.) Je vois que madame a beaucoup lu.

MADAME DELBEUF.

Oh! certes, il ne paraît pas un nouveau roman que je ne le dévore.

ERNEST.

Je ne saurais trop applaudir à une passion qui est aussi la mienne... Quelle manière plus agréable d'orner son esprit, de former son jugement, de connaître l'histoire et les mœurs de tous les pays et de tous les temps?... Un roman, madame, un roman, c'est le triomphe de l'esprit humain!...

MADAME DELBEUF.

Monsieur en parle en connaisseur.

ERNEST.

C'est que je cultive cette branche de littérature.

MADAME DELBEUF.

Vous auriez fait des romans?

ERNEST.

Oh! non,... pas encore... Mais j'en ai commencé un, et il ne tiendra pas à moi que je ne le finisse.

MADAME DELBEUF.
Et peut-on savoir quel en est le sujet?
ERNEST, regardant Angélina.
Imaginez-vous une jeune personne... remplie de grâces,... d'esprit;... ses parents veulent lui faire épouser un homme qui ne lui convient pas,... qu'elle ne peut aimer.
MADAME DELBEUF.
Pauvre petite!
ERNEST.
Tandis qu'un jeune homme qui l'adore, qui donnerait sa vie pour elle, ne peut prétendre à sa main...
MADAME DELBEUF.
Et sans doute elle l'aime?
ERNEST.
Ah! madame, je suis encore indécis... Conseillez-moi, mademoiselle;... croyez-vous que la jeune personne?...
ANGÉLINA, embarrassée.
Moi, monsieur?... Je ne puis répondre sur un pareil sujet...
MADAME DELBEUF.
Certainement, elle l'aime; c'est impossible autrement.
ERNEST.
Voilà l'exposition;... mais je suis bien indécis pour le denoûment... Vous pourriez m'aider, madame.
MADAME DELBEUF.
Comment donc, monsieur! si je puis vous être utile...
ERNEST.
Oh! beaucoup...

TRIO

Air nouveau de M. Miller.

ERNEST.
Je sens ma verve qui s'enflamme,
Et, si vous m'aidez dans mon plan,
J'espère, grâce à vous, madame,
Voir bientôt la fin du roman.

MADAME DELBEUF.
Cherchons... En y mettant du zèle,
L'ouvrage peut être charmant.

ANGÉLINA, à part.
Combien ma mère y met de zèle!
Mais, moi, je pense cependant

Que, sans m'y connaître comme elle,
Je ferais mieux le dénoûment.
ERNEST.
Pour avancer j'ai bien envie
De faire battre les rivaux.
ANGÉLINA, vivement.
Ah! monsieur, je vous en supplie,
N'exposez pas votre héros.
MADAME DELBEUF.
Pourquoi donc?... Je pense, ma chère,
Qu'un duel fait toujours très-bien
ERNEST, à Angélina.
Mon seul désir est de vous plaire;
Cherchons donc un autre moyen.
MADAME DELBEUF.
A la place d'une querelle,
Je propose un enlèvement.
ERNEST.
Le moyen me semble excellent;
Qu'en dites-vous, mademoiselle?
ANGÉLINA.
Je pense que, même en aimant,
On doit à pareille demande
Refuser son consentement.
MADAME DELBEUF
Mais, ici, l'amour le commande
Il faut hâter le dénoûment...
ERNEST.
Vraiment, c'est bien embarrassant!

ENSEMBLE
Pour mon cœur, ah! quel sort prospère!
Déjà je plais à la maman,
Et, par mes soins, bientôt, j'espère,
Ce ne sera plus un roman.
ANGÉLINA.
Ah! s'il pouvait plaire à mon père,
Comme il a su plaire à maman,
Pour mon bonheur, bientôt, j'espère,
Ce ne serait plus un roman.
MADAME DELBEUF.
Par son esprit, il sait me plaire;
Il est en vérité charmant!
A nous deux, bientôt, je l'espère,
Nous aurons fini ce roman.

SCÈNE XII

Les Mêmes, BLAISE.

BLAISE.
Dites donc, not' maîtresse?
MADAME DELBEUF.
Voyons,... qu'y a-t-il?
BLAISE.
Vous oubliez l'heure, not' maîtresse.
MADAME DELBEUF.
Comment?
BLAISE.
Sans doute;... ces messieurs m'ont dit de leur porter sous le grand orme d'quoi s'rafraîchir, vous savez.
MADAME DELBEUF.
Qui t'empêche d'y aller?
BLAISE.
Et la clef d'l'office,... j'l'ai pas;... si vous voulez m'la donner...
MADAME DELBEUF.
Non, j'y vais moi-même. (A sa fille, qui veut la suivre.) Angélina, tenez compagnie à monsieur. (A Ernest.) Tâchez, en mon absence, de trouver un dénoûment heureux, je vous en prie; vos deux jeunes gens m'intéressent à un point!... (A part, en sortant.) En vérité, on n'est pas plus aimable!

SCÈNE XIII

ERNEST, ANGÉLINA.

ERNEST.
Enfin, je puis donc vous voir, vous parler!..
ANGÉLINA.
Quelle imprudence!... Au moment où l'on va me marier.
ERNEST.
Vous marier!... et vous pourriez y consentir?... Non, cela ne sera pas... J'irai trouver votre père; je lui dirai que nous nous aimons; je me jetterai à ses pieds, et, s'il me refuse...
ANGÉLINA.
Eh bien, s'il vous refuse?...

ERNEST.

Je tuerai mon rival!... au moins, il ne vous épousera pas.

ANGÉLINA.

Ernest, je vous en conjure! d'ailleurs, vous savez bien que nous avons supprimé le chapitre des duels à l'unanimité.

ERNEST.

Que voulez-vous donc que je fasse?

ANGÉLINA.

Nous ne pouvons être unis;... pour votre bonheur, pour ma tranquillité, tâchez de m'oublier.

ERNEST.

Vous oublier?...

AIR *Lucette est une bergère.*

A mon amour plus sensible,
N'ordonne pas mon malheur.
T'oublier est impossible :
Ah! connais mieux mon ardeur.
Malgré moi toujours chassée,
Mais toujours présente à mon cœur,
Ton image retracée
Viendrait charmer ma pensée.
Vouloir oublier ses amours,
N'est-ce pas y penser toujours?

ANGÉLINA.

D'autres belles pour vous plaire
Trouveront plus d'un moyen.

ERNEST.

Leur amour, fût-il sincère,
Sur mon cœur ne pourrait rien :
Dans le plus charmant langage,
Je croirais entendre le tien;
Dans le plus joli visage,
Je reverrais ton image...
Vouloir oublier ses amours,
N'est-ce pas y penser toujours?

Angélina, je vous en conjure, mon sort dépend de vous. (*se jette à ses pieds.*)

ANGÉLINA.

Ernest, relevez-vous!... si l'on vous voyait...

SCÈNE XIV

ERNEST, ANGÉLINA, PAPILLON, sortant de l'auberge.

PAPILLON.

Je compte sur vous, monsieur Canard... Mais que vois-je un jeune homme aux genoux de ma future!...

ERNEST.

Chère Angélina!...

PAPILLON.

(Il s'avance entre eux et frappe la terre avec la crosse de son fusil.) Hum!

ANGÉLINA.

Ciel!... (Elle se sauve et rentre chez elle.)

PAPILLON.

Ah! ah! mademoiselle!... on ne me croyait pas si près!... Et vous, monsieur...

ERNEST, froidement.

Puis-je savoir, monsieur, à qui j'ai l'honneur de parler?

PAPILLON.

A Hubert-Rigobert-Dagobert Papillon et Compagnie, fabricant de coton en gros, rue des Quenouilles.

ERNEST.

Eh bien, monsieur Hubert-Rigobert-Dagobert Papillon, retournez à votre filature, et mêlez-vous de ce qui vous regarde...

PAPILLON.

En voilà d'une bonne!... Ça ne me regarde pas, peut-être? Et qui est-ce que ça regarde, monsieur?... Le Grand Turc? Savez-vous bien que vous chassez sur mes terres?

ERNEST.

Que voulez-vous dire, monsieur?...

PAPILLON.

Mais, sans doute, vous avez l'air de viser ma future;... et je ne me soucie pas que mon mariage fasse long feu... Heureusement, je suis à l'affût...

ERNEST.

Comment!... c'est à cet original qu'on destine Angélina?

PAPILLON.

Original!... Mais savez-vous que vous m'insultez, monsieur!

ERNEST, riant.

Vous croyez?... Ce n'était certes pas mon intention.

PAPILLON, à part.

Il a peur, bon!... (Haut.) Et que j'en veux réparation, et que je suis très-mauvaise tête, moi, monsieur; très-mauvaise tête...

ERNEST.

Pas tant de bruit, mon cher monsieur, je suis prêt à vous donner satisfaction.

PAPILLON, à part.

Qu'est-ce qu'il dit donc là?... Est-ce que je me serais trompé? (Haut.) Monsieur, je suis l'offensé, et...

ERNEST.

Vous avez le choix des armes;... c'est trop juste. Pour moi, je vous assure qu'elles me sont indifférentes... L'épée?...

PAPILLON.

Du tout, monsieur, du tout... Je ne me bats pas à l'épée, moi...

ERNEST.

Le pistolet?...

PAPILLON.

Encore moins;... j'ai la vue basse, moi... (A part.) Tudieu! quelle démangeaison de se battre! où diable me suis-je fourré?...

ERNEST.

Mais enfin, monsieur, à quoi vous battez-vous donc?

PAPILLON.

Moi, d'abord, monsieur, je me bats très-rarement;... et, comme je suis chasseur, quand par hasard je me bats, c'est au fusil...

ERNEST.

J'avoue, monsieur, que je ne m'attendais pas que vous choisiriez cette arme-là...

PAPILLON, vivement.

Alors, vous n'acceptez pas?

ERNEST.

Si fait, monsieur; comme je suis chasseur aussi, j'accepte... J'ai justement dans ma carnassière quelques lingots que j'avais destinés pour la grosse bête;... je ne pouvais pas trouver une meilleure occasion... (Il cherche dans sa carnassière.)

PAPILLON.

Qu'est-ce que c'est que ça, monsieur?... On peut s'estropier avec vos lingots... Laissez donc...

ERNEST.

Mais enfin, monsieur, avec quoi?...

PAPILLON.

Avec quoi?... Avec du plomb à perdrix.

ERNEST.

Soit ; tout dépend encore de la distance... Quelle est celle que vous déterminez?

PAPILLON.

Trois cent cinquante pas.

ERNEST.

Plaît-il?

PAPILLON.

Trois cent cinquante pas, vous dis-je.

ERNEST, riant.

Je croyais avoir mal entendu, monsieur ; je vous félicite de votre courage !... je me reprocherais toute ma vie d'avoir trempé mes mains dans le sang d'un aussi brave homme !...

PAPILLON

Eh bien, à la bonne heure !... j'accepte vos excuses... Je suis vif, voyez-vous, mais je ne suis pas méchant au fond... (A part.) J'espère que je me suis joliment montré! Mais, pour aujourd'hui, bonsoir la chasse !... je ne veux pas perdre de vue ma future... Je n'ai pas envie qu'avant le mariage...

SCÈNE XV

Les Mêmes; GUILLAUME, en garde champêtre.

ERNEST, désignant Papillon.

Voici notre homme.

GUILLAUME.

Bon ! laissez-moi faire... (Haut.) Pardon, messieurs, si je vous dérange ;... mais vous avez sans doute des ports d'armes?

ERNEST.

Voici le mien.

GUILLAUME.

C'est fort bien... (A Papillon, qui essaye de s'esquiver.) Et vous, monsieur?

PAPILLON.

Je ne vous connais pas ;... qui êtes-vous ?

GUILLAUME.

Le garde champêtre.

PAPILLON.

Le garde champêtre ?... Laissez-donc !... il est mort.

GUILLAUME.

Resurrexit!... j'entre en fonctions.

PAPILLON.

Aïe ! aïe ! aïe !

GUILLAUME.

Vous êtes sans doute en règle ?

PAPILLON.

Oh ! oui, monsieur le garde champêtre, je vous en réponds...

GUILLAUME.

Je voudrais vous croire sur parole ; mais mon devoir exige... Voyons votre port d'armes, monsieur.

PAPILLON.

Ce serait avec grand plaisir ;... mais je suis si étourdi, que je l'ai laissé chez moi, à Paris... Demain, si vous voulez...

GUILLAUME.

La loi, je ne connais que ça... Faites-moi le plaisir de me décliner vos nom, prénoms, qualités et domicile...

PAPILLON.

Et pour quoi faire ?

GUILLAUME.

Pour que je puisse les consigner au procès-verbal que je vais dresser...

PAPILLON.

Tiens, il est bon là !... il croit que je vais lui dire...

GUILLAUME.

Alors, monsieur, il faut me suivre chez le maire.

PAPILLON.

Encore moins, morbleu !

GUILLAUME.

Je serais fâché pourtant d'en venir à des extrémités...

PAPILLON.

Et, sans en venir là, mon ami, n'y aurait-il pas des arrangements ?... (Il tire de sa poche une pièce de cinq francs.) Tenez...

GUILLAUME.

Incorruptible !... (Se retournant du côté d'Ernest, et à demi-voix.) Monsieur, il m'offre cinq francs.

PAPILLON
Si je doublais la somme?
GUILLAUME.
Inexorable, vous dis-je... (Même jeu.) Dix francs, monsieur; vous voyez ce que je refuse pour vous.
PAPILLON.
Allons, j'en mets vingt.
GUILLAUME, à part.
Ma foi, je n'y tiens plus. (Haut.) Vous m'avez l'air d'un brave homme, et je ne voudrais pas...
ERNEST, bas, à Guillaume.
Eh bien, maraud!... Tiens, en voici quarante, et débarrasse-moi de cet imbécile.
PAPILLON, à part.
Ah! ce n'est pas sans peine... (Haut.) Tenez, mon brave homme.
GUILLAUME, prenant l'argent.
Qu'est-ce que c'est, monsieur? qu'est-ce que c'est?... Vouloir me corrompre! (Mettant l'argent dans sa poche.) Pièce de conviction!... Chez le maire, et plus vite que ça.
PAPILLON, se fâchant.
Ah çà! mais qu'avez-vous donc?.. est-ce que vous avez voulu vous moquer de moi?... Savez-vous à qui vous parlez, l'ami? le savez-vous?
GUILLAUME.
Il fait rébellion, je crois... Ignorez-vous, monsieur, que la loi met à ma disposition la force armée, et que, si je requiers la gendarmerie...
PAPILLON, furieux.
La gendarmerie?... Allez la chercher, je n'en ai pas peur, moi... (A part.) S'il pouvait y aller, comme je filerais...
GUILLAUME.
Prenez garde à vous, monsieur...

  Air du vaudeville du *Diner de garçon*.
  Mon caractère est la douceur;
  Mais vous lassez ma patience,
  Et je vais user de rigueur,
  Puisque vous faites résistance.
  Sachez obéir à la loi.
PAPILLON.
Innocent, je suis sans alarmes.

GUILLAUME, tirant à moitié son sabre.

C'en est trop, monsieur, suivez-moi! (*Bis*)

PAPILLON, frappant la terre de son fusil.

Est-il heureux d'avoir des armes!

GUILLAUME.

Allons, monsieur, marchons.

ERNEST.

Enfin m'en voilà débarrassé! allons rejoindre ces dames.

(Il entre chez Delbeuf.)

PAPILLON, à part.

Ah! mon Dieu! et ma future...

DELBEUF, dans la coulisse.

Papillon! Papillon!

PAPILLON, à Guillaume.

Pardon, monsieur; entendez-vous? on m'appelle... Je suis à vous dans l'instant.

GUILLAUME, l'entraînant.

Voulez-vous bien marcher?

SCÈNE XVI

M. DELBEUF, seul, arrivant par le fond.

Où diable peut-il s'être fourré? Il y a une heure que je l'appelle... Lui qui criait la faim, il disparaît au moment du déjeuner...

SCÈNE XVII

DELBEUF, TOUS LES CHASSEURS DU MATIN.

LES CHASSEURS.

AIR de *Fernand Cortez.*

Entrons, entrons au bois;
La chasse nous invite.
Courons vite,
A la fois,
A de nouveaux exploits.

(Ils vont pour entrer dans le taillis.)

M. DELBEUF.

Eh bien, eh bien, messieurs, où allez-vous donc par là?

UN CHASSEUR.

Voulez-vous être des nôtres?... Une compagnie de perdreaux est venue s'abattre dans cette garenne, et...

M. DELBEUF.

Un moment, messieurs, un moment... Cette garenne m'appartient; c'est mon parc réservé, et personne autre que moi n'y tire un seul coup de fusil... Permis à vous de vous placer sur la lisière;... moi, je vais faire lever le gibier...

REPRISE DU CHŒUR.

Environnons ce bois,
La chasse, etc.

(Ils sortent, et M. Delbeuf entre dans le taillis à droite.)

SCÈNE XVIII

M. DELBEUF, dans le taillis; PAPILLON.

PAPILLON arrivant de gauche.

Ouf!... je m'en suis débarrassé... Diable de garde champêtre!... Entrons chez le beau-père, et, là... Tiens!... qu'est-ce qu'ils font donc tous là-bas?... Ils ont l'air d'être à l'affût... Je gage que c'est le cerf de ce matin... S'il pouvait passer par ici,... quelle bonne aubaine!... J'ai bien envie de l'attendre aussi... (Il regarde dans les broussailles et voit les jambes de M. Delbeuf.) Oh! bonheur! je crois que c'est la bête;... elle est arrêtée.. Quel dommage que je n'aie que du petit plomb!... (Il ajuste et tire; M. Delbeuf gigotte.) Ah! ah! coquin, tu remues encore?... Attends! attends! (Il tire son second coup.) Il y est! il y est! c'est à moi!... c'est moi qui l'ai tué.

M. DELBEUF.

Au meurtre! à l'assassin!

(Tous les Chasseurs accourent au bruit.)

PAPILLON, s'avançant rapidement au bord du taillis, et se trouvant nez à nez avec M. Delbeuf.

Ah! mon Dieu! je n'en puis plus!... qu'est-ce que j'ai fait là!

SCÈNE XIX

LES MÊMES, LES CHASSEURS.

LES CHASSEURS.

AIR *Je pars, et sur les boulevards* (de LA DEMOISELLE ET DE LA DAME).

C'est affreux! jamais on ne vit
Agir d'une telle manière;
Au diable le chasseur maudit
Qui vient nous faire un pareil bruit!

M. DELBEUF, à Papillon.
La peste soit
Du maladroit!
PAPILLON.
Beau-père,
Calmez votre colère;
De loin, j'y voyais assez mal;
Je vous ai pris pour l'animal.
LES CHASSEURS.
C'est affreux, etc.
M. DELBEUF.
C'est affreux! jamais je ne vis
Agir d'une telle manière;
De bien bon cœur, moi, je maudis
Ceux qui font feu sur leurs amis.

SCÈNE XX

LES MÊMES, TOUT LE MONDE, excepté GUILLAUME.

MADAME DELBEUF.
Quel tapage! sous ma fenêtre
Venir chasser, le croirait-on!
Je vous verrai bientôt, peut-être,
Chasser jusque dans mon salon.
M. DELBEUF.
Pensant que j'étais trop ingambe,
C'est monsieur qui, de son fusil,
M'a visé deux fois dans la jambe;
Un pareil trait se conçoit-il?
Jugez à quel péril j'échappe!
PAPILLON, à part.
C'est, grâces à mes mauvais yeux,
La première fois que j'attrape:
Peut-on être plus malheureux?

ENSEMBLE
M. DELBEUF.
Avec un semblable chasseur
Je ne veux plus qu'on me rattrape.
Par bonheur,
Malgré son erreur,
J'en suis quitte ici pour la peur.
MADAME DELBEUF, ANGÉLINA, LES CHASSEURS.
Avec un semblable chasseur,
Bien fou si jamais on l'attrape.

Par bonheur,
Malgré cette erreur,
Il en est quitte pour la peur.
ERNEST.
De l'adresse d'un tel chasseur,
Ma foi, je puis rire sous cape;
J'espère bien que son erreur
Ici me portera bonheur.
PAPILLON.
Je ne conçois pas sa fureur,
Puisqu'à ce péril il échappe;
Enfin le plus fameux chasseur
Peut faire une pareille erreur.

Croyez, beau-père, que je suis on ne peut plus affecté!... mais votre immobilité derrière ces buissons, vos longues guêtres, ma vue basse... Ma foi, je vous ai pris pour le cerf...
M. DELBEUF.
Vous n'êtes et ne serez jamais qu'un sot...
PAPILLON.
Un sot?... Savez-vous que je me fâcherai à la fin?
M. DELBEUF.
Fâchez-vous; ça m'est bien égal, après ce qui vient d'arriver... Me prendre pour un cerf! Vous êtes un maladroit.
PAPILLON.
Maladroit, maladroit... Pas tant que vous, toujours; j'ai touché tout ce que j'ai visé, moi... Une oie et un canard sauvages... vos jambes... des bêtes magnifiques! Et vous, que rapportez-vous?... La carnassière est vide... Vous avez fait chou blanc, comme c'est votre habitude.
M. DELBEUF.
Mon habitude!... Vous êtes un impertinent!...
MADAME DELBEUF.
Qu'est-ce que vous dites donc, monsieur?... Mon mari a fait une chasse superbe : deux lièvres, cinq perdreaux.
M. DELBEUF, étonné.
Oui, cinq lièvres, deux perdreaux... (A part.) Que veut-elle dire?
PAPILLON.
Laissez donc!...
ERNEST.
Oui, monsieur... deux lièvres, cinq perdreaux... que monsieur m'a chargé d'apporter à ces dames.

M. DELBEUF, à part.

M. Ernest ici!... Ce gibier... Ah! je devine...

PAPILLON, à Ernest.

Oui, je vas vous croire, n'est-ce pas, vous, un homme qui veut me souffler ma future?...

M. DELBEUF.

Votre future? Ah bien, oui!... Après ce qui vient de se passer, il ne doit plus rien y avoir de commun entre nous... Vous n'aurez pas ma fille.

PAPILLON.

Allons donc! c'est une plaisanterie.

M. DELBEUF.

Air du *Comte Ory*.

Qui, moi, vous prendre pour gendre?
Ah! je m'en garderais bien.

PAPILLON.

Beau-père, daignez m'entendre.

M. DELBEUF.

Non, non, je n'écoute rien.

PAPILLON.

Mais suis-je donc si coupable,
Pour me faire un tel affront?
Jamais insulte semblable
N'avait fait rougir mon front.

ERNEST, à Augélina.

Enfin j'ai l'espérance...

ANGÉLINA.

Surtout de la prudence!

PAPILLON, à madame Delbeuf.

Madame, auprès de lui
Soyez mon appui!

SCÈNE XXI

Les Mêmes, GUILLAUME, un Paysan, une Paysanne.

GUILLAUME, entrant le premier.

Par ici... Tenez, le voilà!

LE PAYSAN et LA PAYSANNE.

Morguenne! il nous paîra cela!

Avec nous, avant peu,
Il va voir beau jeu!

LE PAYSAN, à Papillon.

C'est donc vous, monsieur le chasseur, qui venez comme ça tuer nos poules?

LA PAYSANNE.

Et nos oies donc?

PAPILLON.

Ah çà!... qu'est-ce que vous venez me conter... avec vos poules et vos oies? Me prenez-vous pour un dindon?

LE PAYSAN.

Je vous avons ben vu, dans le marais; vous avez tiré un coup de fusil.

PAPILLON.

Oui, sur une oie sauvage.

LA PAYSANNE.

Ah! oui, sauvage... comme moi!...

M. DELBEUF.

C'est donc là cette fameuse chasse dont vous vous vantiez tant?

PAPILLON.

Mais, beau-père, ne les écoutez pas; ce n'est pas moi.

LE PAYSAN.

Je n'ons pas la berlue, peut-être... Ce n'est pas vous non plus qui avez blessé votre chien... Pauvre animal, criait-il!

MADAME DELBEUF.

Ah! mon Dieu! Agobar blessé... Pauvre Agobar!... Où est-il?.. Monsieur, vous êtes un monstre!

PAPILLON.

Oh! il va beaucoup mieux, allez, soyez tranquille; je viens de le voir.

SCÈNE XXII

Les Mêmes, CANARD, accourant.

CANARD.

Monsieur Papillon, monsieur Papillon, votre chien est mort.

PAPILLON.

L'imbécile!

ERNEST, à part.

De mieux en mieux.

M. DELBEUF, furieux.

Ah! c'est trop fort! ne reparaissez jamais devant moi.

PAPILLON, à M. Delbeuf.

C'est donc à dire qu'une amitié de vingt-cinq ans... Et mon repas de noce qui était commandé!

CANARD, s'approchant de lui.

Monsieur, toutes les provisions étaient faites; voici la note.

PAPILLON.

Va-t'en au diable, avec ta note!

CANARD.

Mais, enfin, qu'est-ce qui me la payera?

MADAME DELBEUF.

Soyez tranquille, je connais quelqu'un qui s'en chargera volontiers.

M. DELBEUF.

Que voulez-vous dire, madame?

MADAME DELBEUF, désignant Ernest.

Je pense que vous n'avez plus de motif pour refuser monsieur.

ANGÉLINA.

Mon père!

ERNEST, à madame Delbeuf.

Ah! madame, que de remercîments!

M. DELBEUF.

Allons, nous verrons ça. (A part.) Au fait, j'aurai pour gendre un excellent chasseur.

MADAME DELBEUF.

Je suis sûr qu'il fera le bonheur de ma fille; un jeune homme qui fait des romans!

PAPILLON.

Et, moi, je reste garçon... Tout bien considéré, un véritable chasseur doit être célibataire.

VAUDEVILLE

Air du vaudeville de *Farinelli*.

M. DELBEUF, à Ernest.
La nuit et le jour à l'affût,
Pour mieux voir tout ce qui se passe,

Il faudrait qu'un bon mari fût
Aux aguets comme un garde-chasse.
Crois-moi, tiens-toi près du terrier,
Surtout ne t'en écarte guères,
Pour que jamais un braconnier
Ne vienne chasser sur tes terres.

CANARD.

Le restaurateur, mon voisin,
Qui tout' la s'main' meurt de famine,
Dimanch' dernier, d'un beau lapin
Désirait orner sa cuisine.
Par bonheur, mon garçon le voit
Faisant le guet sur mes gouttières...
« Halte là! dis-je, de quel droit
Venez-vous chasser sur mes terres? »

MADAME DELBEUF.

Aux premiers temps de notre hymen,
Pour m'embrasser à l'improviste,
Monsieur Delbeuf, soir et matin,
Était tous les jours à la piste.
Ce n'est plus de même aujourd'hui;
Nous vivons en célibataires,
Et, depuis longtemps, mon mari
Ne vient plus chasser sur mes terres.

ERNEST.

Heureux, sous l'olivier chéri,
De la paix goûtons bien les charmes,
Sans crainte que quelque ennemi
Vienne nous proposer les armes.
Grâce aux temps passés, il comprend,
Par nos exploits héréditaires,
Que ce n'est pas impunément
Que l'on vient chasser sur nos terres.

PAPILLON.

Mon bras s'affaiblit tous les jours,
Et puis j'ai la vue un peu basse;
Cependant, comme il faut toujours
Tuer quelque chose à la chasse,
C'est sur le quai des Augustins
Que je remplis mes gibecières :

A Paris, combien de malins
Qui viennent chasser sur mes terres!

ANGÉLINA, au public.

Pour les prendre dans ses filets,
Suivant les auteurs à la trace,
La critique, au bruit des sifflets,
Trop souvent leur donne la chasse;
Mais, défendant notre terroir
De ses attaques meurtrières,
Messieurs, empêchez-la ce soir,
De venir chasser sur nos terres.

FIN DE LA CHASSE ET L'AMOUR.

LA NOCE
ET
L'ENTERREMENT

VAUDEVILLE EN TROIS TABLEAUX

EN SOCIÉTÉ AVEC MM. LASSAGNE ET VULPIAN

Porte-Saint-Martin. — 21 novembre 1826.

DISTRIBUTION

ABOU-LIFAR, gouverneur de l'île.................... MM.	Granger.
ALI-BAJOU, médecin de la cour......................	Moessard.
AZAN, amant d'Irza..................................	Jemma.
AROMATE, entrepreneur des pompes funèbres..........	Vissot.
CASIMIR FLORIMONT, laquais parvenu................	Serres.
IRZA, fille du gouverneur........................ Mmes	Élisa.
BOULBOULIS, suivante d'Irza........................	Florval.
Gardes.	
Chœur.	

— Dans une île voisine du Malabar. —

PREMIER TABLEAU

Sur le bord de la mer ; à gauche, une espèce de cabaret avec des arbres ; à droite, le chemin de la mosquée.

SCÈNE PREMIÈRE

ALI-BAJOU, BOULBOULIS.

BOULBOULIS.

Air *Bonjour, mon ami Vincent.*

Ah ! bonjour, mon cher docteur !

ALI-BAJOU.

Bonjour, aimable suivante !

BOULBOULIS.

Et la princesse ?...

ALI-BAJOU.

En honneur,
Son état me désoriente.

BOULBOULIS.
Quoi! de la guérir
N'est-il plus moyen?...
ALI-BAJOU
J'ai beau réfléchir,
Je ne trouve rien;
Aussi j'y renonce...
BOULBOULIS, à part.
Ah! cela m'enchante;
Le docteur s'en va,
Elle en guérira! (*Ter*)
La pauvre innocente,
Elle en guérira!
ALI-BAJOU.
Mais un médecin a tort
D'abandonner la partie;
Faisons un dernier effort
Pour tuer la maladie.
BOULBOULIS.
Mais, en agissant,
En faisant ainsi,
Vous tuez souvent
Le malade aussi.
ALI-BAJOU.
N'importe, je reste...
BOULBOULIS, à part.
O revers funeste!...
Malheureuse Irza,
Elle en périra! (*Ter*)
Le médecin reste,
Elle en périra!

Vous pensez donc, docteur, qu'il y aurait encore quelque moyen?...
ALI-BAJOU.
Peut-être... Un mari, par exemple.
BOULBOULIS.
Joli remède, ma foi! encore pire que le mal... Une pauvre enfant qui languit,... qui dépérit,... qui n'a plus que le souffle,... allez donc lui donner le coup de grâce! Vous me direz que les remèdes violents sont quelquefois nécessaires... Mais encore faut-il pouvoir se les procurer; et où voulez-vous que, malade comme elle est, notre chère princesse trouve un épouseur assez délicat, dans un pays où la plus barbare coutume...

ALI-BAJOU.
Arrêtez! ne dites pas de mal de nos usages, et sachez respecter nos préjugés nationaux, puisqu'ils sont le palladium de la tendresse conjugale.

Air du *Fleuve de la vie.*

Chez nous, s'il faut qu'un époux meure,
Cédant à ses regrets constants,
L'autre, dans la sombre demeure
Se fait conduire en même temps...
O destin bien digne d'envie,
On l'enterre de son vivant!
C'est ainsi qu'il descend gaîment
Le fleuve de la vie.

BOULBOULIS.
Gaîment, tant que vous voudrez! cela n'empêche pas que tout le monde ici ne prenne ses précautions, quand on se marie, et qu'une jeune personne dans la situation de ma maîtresse n'est pas de défaite; ainsi, s'il n'y a qu'un mari qui puisse la sauver, je crains bien qu'elle ne succombe faute du spécifique!...

ALI-BAJOU.
Rassurez-vous.

BOULBOULIS.
Moi qui vous parle, est-ce que vous croyez que ça ne me conviendrait pas d'en avoir un? Eh bien, j'ai toutes les peines du monde à me procurer cette petite douceur... J'ai pourtant de belles connaissances dans l'île; tenez, voilà quelqu'un qui pourrait vous en donner des nouvelles...

ALI-BAJOU.
Ah! mon protégé Aromate, garçon aussi gai que son costume est triste... Savez-vous que c'est un joli parti?

SCÈNE II

BOULBOULIS, ALI-BAJOU, AROMATE.

BOULBOULIS, montrant Aromate.
Vous voyez ce garçon-là... Eh bien, voilà plus d'un an qu'il me fait la cour, sans se décider à rien.

ALI-BAJOU.
Eh quoi! seigneur Aromate, ce qu'on vient de me dire serait-il vrai? vous hésiteriez à épouser ce bijou-là?...

AROMATE.

Je ne dirai pas précisément que j'hésite; cependant je diffère... Ce n'est pas la bonne volonté qui me manque; mademoiselle Boulboulis sait bien que j'en sèche sur pied de désir; mais c'est plus fort que moi, aussitôt que je suis sur le point de me déterminer,... de prendre mon parti, je me rappelle l'article 3 du titre II de votre code matrimonial, le frisson s'empare de moi, et je recule... Que voulez-vous! je n'ai pas encore pu m'y faire, il n'y a que cinq ans que je suis établi dans votre pays... Qui diable aussi a pu imaginer une mode pareille?

ALI-BAJOU.

Je vous ai déjà dit que c'était une loi que le seigneur Abou-Lifar, notre compatissant et gracieux gouverneur, avait rendue il y a quinze ans, deux jours après qu'il eut perdu sa femme.

Air *Chaque Mexicaine jolie.*
Sentant alors qu'on ne peut vivre
Quand on a perdu sa moitié,
De cette loi, si douce à suivre,
Il nous dota par amitié.

BOULBOULIS.
Mais pourquoi donc de sa personne
Ne pas s'enterrer?...

ALI-BAJOU.
Le motif...
C'est qu'une loi, pour être bonne,
N'a pas d'effet rétroactif.

AROMATE.

Et puis ce pauvre cher homme, il avait peut-être son idée, il espérait très-probablement mourir de douleur... Chacun son plaisir... Au surplus, il a bien fait de ne pas s'appliquer sa loi... S'ensevelir tout vif, si ça ne fait pas frémir.

ALI-BAJOU.

C'est cette bagatelle-là qui vous arrête, poltron?... N'ayez donc pas peur... (Montrant Boulboulis.) Cet enfant-là vivra longtemps, allez!...

AROMATE.

Vous croyez?... Sans être trop curieux, docteur,... combien d'années encore, à peu près?

ALI-BAJOU.

Mais, dame, cinquante à soixante ans.

AROMATE.

Mettons soixante; j'en ai trente, ça me fait quatre-vingt-dix.

BOULBOULIS.

C'est raisonnable!...

AROMATE.

Ce n'est pas trop!... Au moins, vous en êtes bien sûr?...

ALI-BAJOU.

Ce n'est pas vous que je voudrais tromper... mon protégé! un homme que j'ai fait breveter parfumeur de la cour et entrepreneur général des pompes funèbres! Encore une fois, je le garantis, elle vivra plus que vous.

BOULBOULIS, à part.

Comment, plus que lui? Est-ce que par hasard il serait d'une mauvaise complexion? (Bas, à Ali-Bajou.) Dites donc, docteur, un petit bout de consultation; faites-moi le plaisir de l'examiner un peu.

AIR *Fier d'une brillante écharpe* (du COMTE ORY).

Dites-moi, ce mariage
N'offre-t-il aucun écueil?...
(Montrant Aromate.)
Lui trouvez-vous bon visage?

AROMATE.

A-t-elle bon pied, bon œil?
Son teint vermeil m'inquiète.

BOULBOULIS.

Je redoute sa pâleur.

AROMATE.

N'est-elle pas trop replète?

BOULBOULIS.

Il est maigre à faire peur.

AROMATE.

Sa taille est-elle droite?

BOULBOULIS.

Sa poitrine est étroite.

ALI-BAJOU, montrant Aromate.

Il a tout ce qu'il faut.
(Montrant Boulboulis.)
Elle est sans défaut.
L'un pour l'autre, voyez,
Vous êtes taillés.

AROMATE et BOULBOULIS.
Eh bien, puisqu'il en est ainsi,
Je l'accepte pour mon ⎫
Je veux bien être son ⎭ mari.
Qu'il est doux pour deux amants
D'être bien portants!

II

BOULBOULIS.
Docteur, il se plaint sans cesse
D'un rhume très-obstiné.
AROMATE.
A-t-ell' tout's ses dents d'sagesse?
BOULBOULIS.
A-t-il été vacciné?
AROMATE.
Pour finir cette harangue,
Avant d'être son époux,
Docteur, regardez sa langue!...
BOULBOULIS.
Docteur, tâtez-lui le pouls!...
AROMATE.
Je crains une secousse.
BOULBOULIS.
Tenez, je crois qu'il tousse.
ALI-BAJOU.
Ce n'est rien, ce n'est rien.
(A Boulboulis.)
Le pouls est très-bien.
L'un pour l'autre, voyez,
Vous êtes taillés.
BOULBOULIS et AROMATE.
Eh bien, puisqu'il en est ainsi, etc.
ALI-BAJOU.

Mais je vous demande bien pardon, je suis forcé de vous quitter; il faut que j'aille visiter mon illustre malade, et faire part au gouverneur, son père, du moyen que j'ai imaginé pour la guérir... Mariez-vous, mes enfants, mariez-vous!...

L'un pour l'autre, voyez,
Vous êtes taillés.
BOULBOULIS et AROMATE.
Eh bien, puisqu'il en est ainsi, etc.
(Ali-Bajou sort.)

SCÈNE III

BOULBOULIS, AROMATE.

AROMATE.

Est-il ferré sur la médecine, ce M. Ali-Bajou! en vérité, je crois que tous ceux qui meurent entre ses mains le font exprès... Il y a tant d'envieux!... De quelle découverte parlait-il donc en s'en allant?...

BOULBOULIS.

Oui! je lui conseille de s'en vanter.

AROMATE.

Qu'est-ce que c'est donc?

BOULBOULIS.

Il prétend que la seule recette contre la maladie de mademoiselle Irza, c'est... Devinez...

AROMATE.

L'acuponcture, peut-être?...

BOULBOULIS.

C'est bien autre chose!... Un mari!...

AROMATE.

Eh bien, je ne vois pas ce qu'il y a là de si ridicule; un mari peut être bon comme autre chose, quoique les pharmaciens n'en tiennent pas... D'ailleurs, si ça ne fait pas de bien, ça ne peut pas faire de mal... Dans la position où se trouve la princesse, l'embarras de s'en procurer un...

BOULBOULIS.

Voilà aussi ce que j'ai dit. Ah! si le seigneur Azan, ce jeune officier des gardes, vivait encore, nous ne serions pas embarrassés; il aimait tant mademoiselle Irza!... Quelle barbarie de l'avoir éloigné d'elle, de l'avoir envoyé combattre les Persans!... Le pauvre jeune homme! nous avons appris qu'il avait été tué... Il faut songer à un autre...

AROMATE.

Dans quelle qualité vous faut-il cela?...

BOULBOULIS.

Je crois qu'on passerait sur bien des choses, vu la position de la future, et que, si le prétendu était honnête homme...

AROMATE, réfléchissant.

Honnête homme!... cela devient plus difficile... Cependant

comme vous dites qu'on passera sur bien des choses, je m'en occuperai, je vous découvrirai cela.

BOULBOULIS.

Vrai?...

AROMATE.

Je vous le promets.

BOULBOULIS.

Je cours vite annoncer cette bonne nouvelle au palais, où sans doute on s'occupe déjà de faire publier dans la ville l'avis du seigneur Ali-Bajou. Quel bonheur si la princesse allait se rétablir!

AIR du vaudeville de *Polichinelle sans le savoir.*

N'oubliez pas surtout votre promesse,
Je mets ici ma confiance en vous;
Et songez bien qu'en servant la princesse,
Vous travaillez et pour elle et pour nous.
Ceci du moins n'est pas un badinage.

AROMATE.

C'est au sérieux aussi qu'on le prendra.

BOULBOULIS.

Il est question de faire un mariage.

AROMATE.

On ne rit pas avec ces choses-là.

ENSEMBLE

BOULBOULIS.

N'oubliez pas, etc.

AROMATE.

Je vais bientôt accomplir ma promesse,
Et sur mon zèle ici reposez-vous;
Je sais fort bien, que servir la princesse,
C'est travailler et pour elle et pour nous.

(Boulboulis sort.)

SCÈNE IV

AROMATE, seul.

Il s'agit donc de marier la fille du gouverneur; quel beau parti cependant!... On deviendrait prince au moins!... Si je...

Est-ce que je suis fou? une femme qui n'a peut-être pas quinze jours d'existence!... et les conséquences?... Si c'était dans un autre pays..., en France, nous aurions mille moyens : les journaux..., l'homme-affiche..., le télégraphe... Pourtant il faut trouver un amateur, et, si j'y parviens, quelle fortune!

SCÈNE V

FLORIMONT, AROMATE.

CHŒUR, dans le cabaret.

Air du *Bonheur suprême.*

Mais à cette table
Que l'on est bien !
Non, je ne vois rien
Qui lui soit préférable...

AROMATE.

Imprudents!... êtes-vous fous de chanter ainsi à deux pas du palais, quand la princesse est dangereusement malade? Vous ne savez donc pas qu'il y va d'être empalé?

FLORIMONT.

Quel son de voix!

AROMATE.

Que vois-je?...

FLORIMONT.

Je ne me trompe pas?

AROMATE.

C'est lui!... c'est Casimir!

FLORIMONT.

C'est toi, mon cher ami?... Par quel hasard, à deux mille lieues de la France?.

AROMATE.

Mais toi-même?...

FLORIMONT.

Une tempête affreuse qui nous a jetés à la côte cette nuit; nous avons été sauvés miraculeusement par des pêcheurs, et c'est avec eux que, le verre à la main, mes compagnons de voyage et moi, nous célébrons cet heureux événement.

Air de *la Sentinelle*.

Toute la nuit quand, sans désemparer,
En pleine mer, on boit l'onde salée,
Il est permis de se désaltérer
En corrigeant l'eau qui fut avalée.
Ne craignez pas que votre vin nouveau
   Chang' notre goguette en orgie;
   Car j'en boirais bien un tonneau,
   Que c'vin-là, par-dessus tant d'eau,
   Ça n'f'rait encor que d' l'eau rougie.

AROMATE.

On voit bien que tu n'avais pas grand'chose à perdre, toi; tu ne serais pas de si belle humeur.

FLORIMONT.

C'est ce qui vous trompe, mon cher ami : cent mille écus en portefeuille, rien qu'ça

AROMATE.

A toi?...

FLORIMONT.

A qui donc?... Ne vous figurez-vous pas que, depuis que vous êtes parti, on a perdu son temps?... D'abord, j'ai quitté la livrée..., je me suis jeté dans les affaires..., et, par suite, j'ai couru le monde.

Air de *la Pénélope*.

    Changer,
    Déloger,
Est un plaisir qui me transporte :
  En vrai camp volant,
Je suis toujours venant, allant;
    Je fuis
    D'où je suis,
Et, mettant la clef sous la porte,
  J'fil' d'un pied léger;
Il est si doux de voyager!

  N'pouvant être huissier,
    Je m'fis caissier
    D'une assurance;
  Là, selon mon gré,
Par moi tout était assuré :
  Immeubles, effets,
    Procès,
    Succès,

Même existence ;
Par malheur, hélas !
Notre caisse ne l'était pas.

   Partant,
   Emportant
Une fortune des plus grêles,
  Dans les Pays-Bas,
Refuge des joyeux ébats,
   Je me mis
   Commis
D'un inventeur de paragrêles ;
  L'soleil un matin
Fit fondre les fonds dans ma main.

   Agent
   Diligent,
Dans l'charbon d'terre,
  En Angleterre,
Pour ma probité
   J'étais cité,
   J'étais vanté :
O fatalité !...
   Je me démonte,
  Et, dans mon compte,
Je m'embrouille, car
A Londre, il fait tant de brouillard.

  Mon goût financier
  Me refit caissier
   En Bohême,
  Caissier à Berlin,
Puis à Madrid, puis à Turin.
   Partout
   J'eus ce goût ;
  En suivant le même
   Système,
  Vois quel argent fou
J'aurais pu gagner au Pérou.
   Je m'y rendais,
    Mais
   Par ce naufrage
   Mon voyage
   Se trouve arrêté,
Et, de ma comptabilité,
    Si
   L'on veut ici

Faire un petit apprentissage,
Je suis un trésor,
Et pour caissier je m'offre encor.

Changer,
Déloger, etc.

Mais je ne vois pas trop pourquoi nous causons comme cela au soleil; entre donc là-haut à l'entre-sol avec les amis; nous serons plus à notre aise.

AROMATE.

Dans un cabaret!... y penses-tu?

FLORIMONT.

Depuis quand es-tu si méticuleux?...

AROMATE.

Songe donc!... l'entrepreneur général des pompes funèbres de l'île.

Air de *la Colonne.*

Mon cher, il faut jouer mon rôle,
Je dois être grave et discret;
Je conviens que ce n'est pas drôle,
Mais tu sens tout ce qu'on dirait
En me voyant entrer au cabaret.

FLORIMONT.

Ce sont des préjugés gothiques,
Dans ton état, pourquoi les adopter?
Toi, tu ne peux pas redouter
L'opinion de tes pratiques.

AROMATE.

Mais je suis en même temps parfumeur de la cour.

FLORIMONT.

Sais-tu que tu as là deux fameuses places?... Il t'a fallu de belles protections pour les avoir!...

AROMATE.

Pas trop... J'ai eu du bonheur : tu sauras d'abord que j'ai fait comme toi, j'ai quitté l'habit galonné, je me suis lancé; mais, forcé de m'exiler à la suite d'un petit procès qu'il serait trop long de te raconter, et où tous les torts furent du côté de la justice, je réunis le fruit de mes épargnes, et je pris une action sur l'armement d'un corsaire de mes amis. Nous nous rendions au cap de Bonne-Espérance, lorsqu'un orage nous fit échouer aussi corps et biens sur cette côte. Le hasard m'y fit faire connaissance avec le médecin du gouverneur; je lui appris le secret du gaz hydrogène et la manière d'enlever les cors aux pieds sans douleur; en revanche, il s'est chargé de mon avancement.

FLORIMONT.

Et ça va-t-il un peu dans ce moment-ci?

AROMATE.

Quoi?

FLORIMONT.

La pompe funèbre.

AROMATE.

Je ne me plains pas.

FLORIMONT.

Je te crois parbleu bien! il faudrait être difficile, deux places superbes, un pays charmant, un air sain... Tout donne envie de se fixer ici, je suis tenté de m'y établir.

AROMATE.

Qui t'en empêche?...

FLORIMONT.

C'est dit; j'y formerai une caisse d'assurance sur la vie des hommes.

AROMATE.

Toujours ton système; excellente spéculation. (A part.) Est-ce qu'il saurait...?

FLORIMONT.

Ce qui m'a surtout frappé, ce sont les petits soins des maris envers leurs femmes, et les attentions des femmes pour leurs maris... Ça fait vraiment plaisir à voir.

AROMATE.

Ah! ah!... tu l'as remarqué?...

FLORIMONT.

Je ne connais rien de plus touchant!... C'est étonnant comme cela me raccommode avec le mariage... J'en ai une démangeaison depuis ce matin.

AROMATE.

Vrai? (A part.) Quelle bonne idée!...

FLORIMONT.

C'est au point que, si je trouvais une femme comme il faut...

AROMATE.

Tu l'épouserais?

FLORIMONT.

Sur-le-champ.

AROMATE.

Sérieusement?

FLORIMONT.

En honneur.

AROMATE, à part.

Voilà mon homme. (Haut.) J'ai ton affaire, et du soigné, du distingué...

FLORIMONT.

Jeune?...

AROMATE.

Dix-huit ans.

FLORIMONT.

Jolie?...

AROMATE.

Une perle.

FLORIMONT.

Quelle profession?

AROMATE.

Fille du gouverneur, tout bonnement.

FLORIMONT.

Quelle plaisanterie!...

AROMATE.

Je ne ris pas : veux-tu ou ne veux-tu pas épouser la princesse Irza, fille du gouverneur de l'île?... Elle est à marier... On lui cherche un époux... Il ne s'en est pas présenté encore, parce que tout le monde a des engagements; moi-même, j'ai jeté mes vues autre part. Encore une fois, veux-tu, ou ne veux-tu pas? Je me fais fort de te marier avec elle.

FLORIMONT.

Si j'en veux, une princesse!... Et tu crois...?

AROMATE.

J'en réponds! Promets seulement de ne pas te dédire.

FLORIMONT.

Il n'y a pas de danger... Par exemple, c'est le ciel qui m'envoie une occasion comme celle-là. Je te promets une commission conditionnée...

AROMATE.

Ce n'est pas par intérêt... (A part.) Mais c'est un ami, je n puis me dispenser de lui dire que la princesse... (A Florimont.) Je dois cependant te prévenir..

FLORIMONT.

Je n'écoute plus rien ; j'accepte.

AROMATE.

Cependant je voudrais te faire observer...

FLORIMONT.

C'est inutile, je te dis que j'accepte... Est-ce que tu recules à présent?

AROMATE.

Moi, reculer?... Tu vas voir. (On entend une ritournelle de marche.) Justement, voici le cortége royal qui s'avance, sans doute pour se rendre à la mosquée... Je vais te présenter au père de ta future...

FLORIMONT.

Au gouverneur, en négligé comme je suis?...

AROMATE.

Il est sans façon... Tu es très-bien... (A part.) Diable! gardons-nous bien de le laisser échapper!...

FLORIMONT.

Mais...

AROMATE, l'arrêtant.

Tu ne me quitteras pas!... (A part.) Je le tiens ; ma fortune est faite.

SCÈNE VI

Les Mêmes, ABOU-LIFAR, ALI-BAJOU, Suite.

CHŒUR.

Air *Vivent, vivent les Français* (D'ALINE).

Au temple brûlons l'encens,
Et pour notre auguste princesse
Signalons notre tendresse
Par les accents
Les plus touchants.

ABOU-LIFAR.

Air *Entendez-vous l'airain tonner ?*

Que le cortége arrête ici,
Et que le crieur fasse entendre
Que, décidément aujourd'hui,
Je veux me procurer un gendre.

Jusqu'à mes sujets je descends;
Qu'il s'en offre un, et, si le drille
A des mœurs et des sentiments,
Et surtout de bons répondants,
Il sera l'époux de ma fille.

CHŒUR.

Oui, s'il a de bons répondants,
Il sera l'époux de sa fille.

ALI-BAJOU, à Abou-Lifar.

Vous allez voir qu'il va y avoir concurrence...

ABOU-LIFAR.

Il me semble qu'on ne se presse guère.

ALI-BAJOU.

C'est le respect.

FLORIMONT, à Aromate.

Avance donc! on va nous couper l'herbe sous le pied.

AROMATE, à Florimont.

Un instant!... il faut te faire valoir un peu.

ABOU-LIFAR, au crieur.

Commencez la publication.

AROMATE, s'avançant.

C'est inutile, seigneur.

ABOU-LIFAR.

Pourquoi?

AROMATE.

Parce que j'ai votre affaire sous la main.

ALI-BAJOU, à part.

Ce drôle-là trouverait la pierre philosophale.

AROMATE.

C'est un de mes intimes, un compatriote... Il est suffisamment informé, et il consent...

ABOU-LIFAR.

Comment donc! mais c'est à merveille. Qu'il vienne, qu'il se présente, ce cher ami, qu'il soit le bienvenu!

FLORIMONT, s'avançant et faisant jabot.

Quoi! seigneur...

ABOU-LIFAR, à Ali-Bajou.

Comment le trouvez-vous, docteur?

ALI-BAJOU.

Mais c'est un beau blond.

ABOU-LIFAR.

Aromate, je vous accorde une gratification de mille sequins.

AROMATE.

Seigneur, que de bontés !...

FLORIMONT.

Je te donne cent louis pour les épingles...

ABOU-LIFAR, à Florimont.

Embrassez-moi, mon gendre. Jeune homme, qui es-tu ? As tu des papiers ?

AROMATE, bas, à Florimont.

En as-tu ?

FLORIMONT, à Aromate.

Je n'ai que l'expédition d'un de mes bilans.

AROMATE, à Florimont.

C'est égal. (Haut.) Oui, sire, il est parfaitement en règle.

ABOU-LIFAR.

Voyons.

AROMATE, bas, à Florimont.

Donne donc.

FLORIMONT, donnant un papier au roi.

Voilà, seigneur.

ABOU-LIFAR, tendrement.

Appelle-moi ton beau-père.

FLORIMONT.

Voilà, beau-père... C'est en français.

ABOU-LIFAR, regardant le papier.

En français ?... Superbe langue ! (Repassant le papier à Ali-Bajou.) Le docteur va nous lire cela.

ALI-BAJOU, essayant.

C'est en français, n'est-ce pas ? (Il repasse le papier à Aromate.) Je n'ai pas mes conserves.

ABOU-LIFAR, à Aromate.

Aromate, vous m'avez dit que vous saviez lire.

AROMATE.

Oui, seigneur... (Faisant semblant de lire.) « Vous laisserez circuler librement le sieur Casimir Florimont, taille d'un mètre dix-huit centimètres, yeux bleu tendre, nez aquilin, bouche grande, menton carré, âgé de trente-deux ans... »

ABOU-LIFAR.

Natif de...?

AROMATE.

De Domfront...

ABOU-LIFAR.

Ah! mon Dieu!... nous avons ici un proverbe sur les gens de ce pays-là... Et son domicile ordinaire...?

FLORIMONT.

Paris...

ABOU-LIFAR.

C'est fort bien. A propos, as-tu servi?

FLORIMONT, embarrassé.

Sans doute; j'ai servi dans les meilleures maisons...

AROMATE.

Sa Hautesse demande dans quel régiment tu as été.

FLORIMONT.

Ah! dans quel régiment?... Dans les fourrages.

ABOU-LIFAR.

Et ta profession actuelle?

FLORIMONT.

Est de ne rien faire.

ABOU-LIFAR.

Diable!... c'est un état superbe; avec cela, on ne paye pas de patente. Je suis content des informations. Justement, voici la princesse...

REPRISE DU CHŒUR

Au temple brûlons l'encens, etc.

SCÈNE VII

Les Mêmes, IRZA, BOULBOULIS, Suite.

ABOU-LIFAR.

Allons, mon gendre, donnez la main à votre future; nous ferons tout de suite les fiançailles dans le temple... Eh! mon Dieu, oui, ma fille, c'est un époux que je t'ai choisi...

IRZA.

Un époux! grands dieux!

FLORIMONT, s'approchant d'Irza, qui est voilée.

QUATUOR du *Barbier de Séville.*

Allons, chère princesse,
Ayez donc la bonté de me donner la main,

Afin que de notre tendresse
Nous parlions en chemin.
IRZA.
J'obéis ; quel malheur!
Cher Azan, je te jure
Qu'on fait violence à mon cœur.
AROMATE.
Il semblerait qu'à la jeune future
Le mariage ferait peur.
ALI-BAJOU.
Oui ; cet hymen qu'ici je vous conseille,
Vous le verrez, seigneur, fera merveille.
ABOU-LIFAR, à Irza.
Pourquoi vous faire ainsi tirer l'oreille ?
A votre époux
Faites-donc les yeux doux.
BOULBOULIS.
Puisqu'il le faut, cédez à votre père.
IRZA.
O douleur amère !...
Faut-il encor me taire ?
FLORIMONT.
Mais je vais bientôt m'arranger de manière
Qu'elle m'aimera
Plus qu'ell' ne voudra.
AROMATE.
Fais-y ton possible.
FLORIMONT.
Je suis si sensible!
ABOU-LIFAR.
Vous voyez l'effet que vous faites, mon gendre.
FLORIMONT.
J'en suis peu surpris, j'ai le regard si tendre!
BOULBOULIS.
Est-il bon enfant! il croit déjà qu'on l'aime.

ENSEMBLE

IRZA.
Oh! pour moi quel affreux tourment!
Quel moment !
Tout est contre moi, mon père lui-même.
Quel parti
Faut-il que je prenne aujourd'hui ?

BOULBOULIS.

Pour elle, quel affreux tourment!
Quel moment!
Tout est contre elle, et son père lui-même!
Quel parti
Faut-il qu'elle prenne aujourd'hui?

ABOU-LIFAR, ALI-BAJOU, AROMATE.

Quel heureux moment! leur bonheur est extrême.
Ah! quel bon parti
Pour eux deux aujourd'hui!

FLORIMONT.

Quel heureux moment! mon bonheur est extrême.
Je me marie aujourd'hui.
Quel parti!

TOUS.

Trop heureux époux, vous vous plairez peut-être.
Formez des liens éternels dans ce jour;
Car on se convient souvent sans se connaître:
C'est un jeu du hasard ainsi que de l'amour.
Partons sans tarder, partons à l'instant même,
Car c'est aujourd'hui la fête de l'amour.

LE CHŒUR, ALI-BAJOU, ABOU-LIFAR, AROMATE, FLORIMONT.

O plaisir extrême!
Est-il un plus beau jour!

IRZA.

Ma peine est extrême.!
Ah! mon cher Azan, c'est le moment suprême!
Je ne fus jamais plus triste qu'en ce jour!
Trop cruel amour!

BOULBOULIS.

Sa peine est extrême.
Combien je la plains! c'est le moment suprême!
Fut-elle jamais plus triste qu'en ce jour!
Malheureux amour!

(Le cortége se remet en marche sur la ritournelle du chœur d'entrée.)

DEUXIÈME TABLEAU

Une galerie du palais d'Abou-Lifar.

—

SCÈNE PREMIÈRE

AZAN, ALI-BAJOU.

ALI-BAJOU

Azan, ô mon ami, que je suis heureux de vous revoir ! Tout le monde ici vous croit mort...

AZAN.

Je n'étais que prisonnier ; mais il ne s'agit pas de moi. Irza ?...

ALI-BAJOU.

Elle est bien souffrante.

AZAN.

Quel malheur !...

ALI-BAJOU.

Elle se marie.

AZAN.

Quelle horreur !...

ALI-BAJOU.

Ah çà ! mon cher, vous avez perdu la tête ; qu'est-ce que cela vous fait ?...

AZAN.

Mais je l'aime, je l'adore... C'est-à-dire que je l'aimais avant sa perfidie...

ALI-BAJOU.

Ah ! vous l'aimez encore, c'est clair... Eh bien, j'ai fait de belle besogne... Ah ! mon ami, je vous demande bien pardon ; combien je suis coupable !...

AZAN, vivement.

Sa maladie serait-elle votre ouvrage ?

ALI-BAJOU.

Non, mais son mariage !...

AZAN.

Comment, son mariage ?... Est-ce que vous avez changé d'état ?

ALI-BAJOU.

Non pas!... mais elle se marie par ordonnance du médecin... Que diable aussi... vous partez sans me rien dire. Je vois cette jeune personne dépérir, j'ignore qu'elle pleure son amant, je crois qu'il lui faut un époux, et j'ordonne le mariage, comme j'aurais ordonné d'aller prendre les eaux.

AZAN.

Cruel docteur, que de mal vous nous avez fait!

ALI-BAJOU.

Il s'agit maintenant de le réparer.

AZAN.

Et le moyen?

ALI-BAJOU.

Je le cherche...

AZAN.

Si j'en croyais ma colère, j'irais défier cet odieux rival; je lui arracherais la vie... et..

ALI-BAJOU.

Et, par contre-coup, vous tueriez votre maîtresse... Joli moyen!... Attendez donc... Oui, l'entreprise est hardie; mais elle peut réussir. Êtes-vous sûr de l'amour d'Irza?

AZAN.

Je l'ai cru longtemps, et je commence à l'espérer de nouveau.

ALI-BAJOU.

Si elle veut suivre aveuglément vos conseils, nous sommes sauvés.

AZAN.

Expliquez-vous, de grâce!

ALI-BAJOU.

Allons-nous délibérer ici, où chacun peut nous surprendre? Venez avec moi, et je vous développerai mon plan.

AZAN.

Mais on les marie...

ALI-BAJOU.

Laissez-moi faire, je me charge de la séparation.

AZAN.

Et le fiancé, quel homme est-ce?

ALI-BAJOU.

Une espèce d'intrigant, duquel nous aurons, je crois, bon marché... Mais on vient... Tenez, c'est lui-même.

SCÈNE II

LES MÊMES, FLORIMONT. Il sort du temple.

FLORIMONT.

Air de M. Berton fils.

Je vais être, en honneur,
L'époux de la princesse.
Oui, bientôt je serai grand seigneur;
Quel bonheur! quelle ivresse!
Oui, vraiment je serai grand seigneur;
Quel bonheur! quelle ivresse!
   Je puise chaque jour
   Dans un trésor immense,
   Et je trouve à la cour,
   Respect, obéissance.

AZAN.

Dans ton état brillant,
Chère Irza, si je t'aime,
Sans richesse et sans rang
Je t'aimerais de même.

ENSEMBLE

FLORIMONT.

Je vais être, en honneur,
L'époux de la princesse.
Un jour, je serai grand seigneur;
Quel bonheur! quelle ivresse!

AZAN.

Chère Irza, sous ta loi
Je veux vivre sans cesse;
Si j'ai su te garder ma foi,
Garde moi ta tendresse.

ALI-BAJOU.

Je vais, sur mon honneur,
T'enlever ta maîtresse;
Ce faquin serait grand seigneur?
Ah! sauvons la princesse.

FLORIMONT, d'un air indifférent.

Puisque vous voilà, vous, docteur, cela me fait penser...
Allez donc voir ma femme.

AZAN.

Sa femme!

FLORIMONT.

Sans doute... ma femme... ou peu s'en faut, puisqu'on vient de nous fiancer.

ALI-BAJOU.

La princesse aurait-elle besoin de mes soins?...

AZAN, avec feu.

Irza serait malade!

FLORIMONT.

Irza!... malade!... Est-il drôle, ce monsieur!... Qu'est-ce que ça lui fait?... Vous connaissez donc ma femme?... vous la connaissez donc particulièrement?

AZAN, embarrassé.

Seigneur...

ALI-BAJOU.

Et qui, en cette île, ne prend intérêt à notre jeune princesse?...

FLORIMONT, à part.

C'est juste. (Haut.) Non, docteur, la princesse n'est pas précisément malade... Mais, vous savez, les demoiselles qu'on marie... s'évanouissent toujours un peu... Et la belle Irza s'est conformée à l'usage...

ALI-BAJOU.

Je cours...

FLORIMONT.

Vous me rendrez service. A présent que me voilà à la cour, j'aurai toujours sur moi des sels, des essences. Mais, voyez-vous, aujourd'hui, je n'avais que ma tabatière... et...

ALI-BAJOU.

Vous pouvez compter sur mon zèle... Venez, mon ami..

FLORIMONT.

Son ami!... son ami!... ce jeune homme ne sera jamais le mien... Au reste, une fois marié... On ne peut répondre de rien...

Air des *Blouses*.

Allez, docteur, de votre art tutélaire
A mon Irza prodiguer les secours;
Son mal n'est rien, et bientôt, je l'espère,
Il va s'enfuir chassé par les amours.

AZAN.

Faut-il me taire et l'entendre sans cesse?

ALI-BAJOU à Azan.
Sans la prudence, adieu notre dessein ;
Il a jugé le mal de la princesse ;
Mais c'est vous seul qui serez médecin.

ENSEMBLE
Venez, docteur, etc.

SCÈNE III

FLORIMONT, seul.

C'est toujours une chose fort désagréable que cette indisposition subite au moment des fiançailles. On pourrait croire que ce mariage ne la flatte pas infiniment... Au surplus, passe pour cette fois ; qu'elle ait encore une petite faiblesse le jour de ses noces, je ne dis pas ;... mais ensuite je ne veux plus entendre parler de maux de nerfs..., de vapeurs... Ce genre-là ne me convient pas... Je suis bon prince ; mais, si ma femme veut trop faire la princesse, nous aurons du tapage.

SCÈNE IV

FLORIMONT, AROMATE.

AROMATE, en entrant.

Je te cherche, mon cher ami ; tu me vois désolé de n'avoir pu assister à la cérémonie de tes fiançailles... On dit que c'était magnifique ; mais, tu sais, le devoir avant tout...

FLORIMONT.

Parbleu ! mais c'est tout simple ; d'ailleurs, pour les amis, la cérémonie des fiançailles n'est pas très-amusante... En France, au moins, nous avons le dîner d'accords qui mérite considération... Mais ne va pas me manquer le jour de mon mariage... Oh ! c'est que, vois-tu, ce jour-là, nous nous en donnerons ! Je veux qu'on rie, qu'on s'amuse, et, qui plus est, je veux m'amuser moi-même... Non, c'est qu'on voit de nouveaux époux qui n'ont pas l'air d'être à la noce... Mais, moi, tu verras.

AROMATE.

Je l'espère bien, je ne serai pas toujours obligé de donner mes soins à un premier vizir.

FLORIMONT.

Comment, tes soins ? Il est donc défunt ?... Ça va faire une belle place à donner.

AROMATE.

Laisse donc!... il se porte à merveille. . C'est sa femme qui est défunte; mais raison de plus, comme il doit faire le dernier voyage avec elle. .

FLORIMONT.

Tu me fais des contes .. Ce pauvre vizir, on va l'enterrer tout vif, n'est-ce pas? est-ce qu'il a commis un grand crime?

AROMATE.

C'est le plus honnête homme du monde.

FLORIMONT.

Je suis bon enfant, moi, d'écouter toutes tes balivernes, et de te répondre. (A part.) C'est égal, je veux voir jusqu'où il ira. (Haut.) Pourquoi enterre-t-on le grand vizir?

AROMATE.

Parce que... c'est l'habitude.

FLORIMONT.

C'est l'habitude d'enterrer les maris avec les femmes?...

AROMATE.

Eh! oui !... mille fois oui !... A-t-il la tête dure!...

FLORIMONT, frissonnant.

Non... non... Je commence à comprendre... Et le vizir se laissera faire?

AROMATE.

Il est enchanté!...

FLORIMONT.

Je lui souhaite bien de la satisfaction... Si jamais on m'y prend...

AROMATE

On ne peut pas savoir... Si ta femme mourait...

FLORIMONT, effrayé.

Comment !... (Se rassurant.) Mais non, c'est impossible. Je suis étranger, moi !...

AROMATE.

Cela ne fait rien...

FLORIMONT, plus effrayé.

Les étrangers sont soumis à cette formalité?...

AROMATE.

Certainement !... une fois fiancés dans l'île, il est trop juste qu'ils jouissent des mêmes bénéfices que les naturels du pays.

FLORIMONT.

Au moins, vous auriez dû faire afficher cela... C'est un

guet-apens. Mais, j'y pense, ma future qui s'est trouvée mal à la cérémonie.
AROMATE.
Charmante petite femme, est-ce qu'elle voudrait déjà...? Sais-tu bien, mon ami, que cela te ferait le plus grand honneur dans le pays?... Tu dis donc qu'elle est très-malade?...
FLORIMONT.
Du tout, du tout!.. je ne dis pas cela... Une faiblesse causée par le plaisir..., la joie... Elle ne s'est jamais mieux portée, au contraire. (On entend une ritournelle.) Tiens, les voilà tous qui reviennent du temple!...
AROMATE.
En effet; mais regarde : on soutient la princesse... Elle est mourante...

SCÈNE V

Les Mêmes, ABOU-LIFAR, IRZA, que l'on soutient.

CHŒUR
Air de *Léonide* (deuxième acte).

Quel mal de notre princesse
Soudain menace les jours,
Et, commandant la tristesse,
Suspend l'hymne des amours?

ABOU-LIFAR.
De ta souffrance, ô ma fille,
Que mon cœur est tourmenté!

FLORIMONT.
Ah! de toute la famille
Je suis bien le plus affecté.

REPRISE DU CHŒUR
Quel mal de notre princesse, etc.

FLORIMONT.
Est-ce que vous souffrez beaucoup, chère Irza?... C'est sans doute l'émotion...

IRZA, d'une voix faible.
Oui, je souffre, et rien ne saurait maintenant apaiser ma douleur!

FLORIMONT, bas.
Quand je disais! (Haut.) Notre mariage vous rendra probablement le calme et la santé.

IRZA, avec un soupir.

Oh! non.

FLORIMONT.

Comment, non?... (A part.) Je suis un homme perdu. (Haut.) Et le médecin, qu'est-ce qu'il dit?

ABOU-LIFAR.

Vous deviez nous l'envoyer; mais nous l'avons attendu en vain.

FLORIMONT.

C'est une chose unique... Mais tout concourt donc?... Cependant il m'a quitté pour aller au secours de la princesse.

ABOU-LIFAR.

Boulboulis est allée à sa recherche, et sans doute bientôt...

SCÈNE VI

Les Mêmes, BOULBOULIS, ABOU-LIFAR, AZAN, déguisé.

BOULBOULIS, entrant.

Me voilà!... me voilà!... J'amène deux docteurs...

ABOU-LIFAR.

Comment?

FLORIMONT.

C'est ça, une consultation.

ALI-BAJOU, entrant avec Azan.

Je vous présente, seigneur, un des hommes les plus savants de l'époque... Dans le long voyage qu'il vient de faire, il s'est surtout occupé de la santé des dames, et je ne doute pas qu'il ne guérisse la princesse...

BOULBOULIS, à part.

Je répondrais du succès!

ABOU-LIFAR.

Ah! seigneur, que nous vous devrons de reconnaissance!

AZAN.

Aucune, seigneur; et, si le succès couronne mes efforts, ce jour sera le plus beau de ma vie...

IRZA, le regardant.

Le son de cette voix... pénètre jusqu'à mon cœur...

FLORIMONT.

Le temps est précieux; ne voulez-vous pas examiner la malade, seigneur?...

AZAN.

Oui, sans doute. (Il s'approche d'Irza et lui touche la main.)

IRZA, avec un mouvement.

Je ne sais quel trouble s'empare de mes sens!

AZAN.

La maladie de la belle Irza paraît grave... Je ne désespère cependant pas de lui rendre la santé... Mais il faut, avant tout, que j'aie avec elle un entretien secret... Seigneur Abou-Lifar, y consentez-vous?...

ABOU-LIFAR.

Comment donc, si j'y consens! mais je vous le demande en grâce.

FLORIMONT.

Eh bien, je refuse... Une femme doit tout dire devant son mari.

BOULBOULIS, à part.

De quel pays vient-il donc, le futur? (Haut.) Tenez, si M. le savant veut le permettre, je resterai, moi... Ma maîtresse sait combien je l'aime, ma présence ne la gênera pas... J'ai toujours entendu dire que, si les femmes ont quelquefois des secrets pour leur mari, elles n'en ont jamais pour leur femme de chambre.

AROMATE, bas, à Florimont.

Songe donc combien il est important pour toi qu'elle guérisse.

FLORIMONT, bas.

Sans cela... (Haut.) Eh bien, faites ce que vous voudrez.

ABOU-LIFAR.

Maintenant, retirons-nous tous.

CHŒUR

Air des *Rendez-vous bourgeois.*

Vous dont la science
Nous rend l'espérance,
Par votre présence
Conservez ses jours.
Elle est jeune et belle;
Ah! que votre zèle
Ramène pour elle,
Plus pure et plus belle,
L'heure des amours.

(Ils sortent.)

SCÈNE VII

AZAN, IRZA, BOULBOULIS.

BOULBOULIS.

Allons, monsieur le docteur, causez avec la princesse; et d'abord ne faites pas attention à moi... Je n'entends rien à la médecine, voyez-vous. (A part.) C'est égal, depuis que je connais ce médecin-là, j'ai presque envie d'être malade.

AZAN.

Belle Irza, aurez-vous quelque confiance en moi?

IRZA.

Ah! quel que soit votre savoir, seigneur, vous ne pouvez me guérir.

BOULBOULIS.

Nous verrons cela!...

AZAN.

Écoutez-moi.

Air du *Faux Ermite* (de Beauplan).

Ne suivant pas de maint confrère
Le système souvent fatal,
Près du malade je préfère
M'occuper surtout du moral.

(Avec feu.)

Ah! laissez-moi lire au fond de votre âme,
Deviner ses craintes, ses vœux.

IRZA.

Mais dans vos regards quelle flamme!

AZAN.

N'ayez pas peur, je suis si vieux!
Pour vous un hymen se prépare :
Doit-il faire votre bonheur ?

IRZA.

Malgré moi, mon cœur se déclare;
Un tel lien me fait horreur.

AZAN, vivement.

Il faut le rompre. Ah! je perdrai la vie,
Ou le destin comblera tous mes vœux.

IRZA.

Cet air, cette voix attendrie...

AZAN.

N'ayez pas peur, je suis si vieux!

Ou je me trompe bien, belle Irza, ou maintenant votre mal m'est connu!... Mais, si l'hymen cause vos tourments, l'amour ne pourrait-il pas les faire cesser?

IRZA.

Jamais?...

Air de M. Panseron.

L'amour d'un brave embellissait ma vie;
M'unir à lui, c'était mon seul désir;
Pour les combats, il quitte son amie,
Et vole où sont des lauriers à cueillir.
La mort le frappe au sein de la victoire,
Et mon bonheur est perdu sans retour;
Mais, en pleurant, si je maudis sa gloire,
Je veux rester fidèle à son amour.

AZAN, se jetant aux genoux d'Irza.

Vivez, chère Irza, pour lui être fidèle.

IRZA.

Est-ce bien toi, Azan?

BOULBOULIS.

Sans doute, c'est bien lui; quand je vous disais que vous pouviez vous fier à ce médecin-là.

AZAN.

C'est pour vous sauver que j'ai pris ce déguisement : voulez-vous suivre aveuglément mes conseils?

IRZA.

Oh! oui; car vous ne pouvez vouloir que mon bonheur.

BOULBOULIS.

J'aperçois le futur; fiez-vous à moi, je connais votre projet, et il doit réussir.

IRZA.

Mais mon père...

BOULBOULIS.

Ali-Bajou est allé le prévenir, et il ne saurait résister quand il y va du bonheur de sa fille.

ENSEMBLE

AZAN.

Que ton cœur
Du bonheur
Garde l'espérance;
De la confiance,

Mais
Beaucoup de prudence :
Paix.

IRZA.
Oui, mon cœur
Du bonheur
Garde l'espérance;
J'ai la confiance,
Mais
Beaucoup de prudence :
Paix.

BOULBOULIS.
Votre cœur
Du bonheur
Garde l'espérance;
De la confiance,
Mais
Beaucoup de prudence :
Paix.

(Azan et Irza sortent.)

SCÈNE VIII

FLORIMONT, BOULBOULIS.

FLORIMONT.
Eh bien, ma femme, le médecin? Personne! Où sont-ils donc?

BOULBOULIS, en pleurant.
Ah! mon Dieu, mon Dieu, ma pauvre maîtresse!

FLORIMONT.
Eh bien, que lui est-il encore arrivé?...

BOULBOULIS.
Ah! monsieur, je n'aurai jamais la force de vous le dire.

FLORIMONT.
La princesse serait-elle plus mal?...

BOULBOULIS.
Plus mal, monsieur!... sans connaissance.

FLORIMONT.
Et vous ne me dites pas cela tout de suite? Il me semble pourtant que j'y suis assez intéressé pour qu'on me tienne au courant de sa santé.

BOULBOULIS.
Vous ne m'en avez pas laissé le temps.

FLORIMONT.

Eh bien, retournez près d'elle; prodiguez-lui tous les secours; n'épargnez ni les soins ni l'argent. (Il la pousse dehors.)

SCÈNE IX

FLORIMONT, ABOU-LIFAR.

ABOU-LIFAR.
Hélas! tout est inutile, maintenant.
FLORIMONT.
Comment! ma femme?...
ABOU-LIFAR.
Vient d'expirer!
FLORIMONT, tombant sur un siége.
Je suis mort.
ABOU-LIFAR.
Pauvre garçon, l'aimait-il! Allons, mon gendre, de la philosophie.
FLORIMONT.
C'est bien aisé à dire.
ABOU-LIFAR.
Faut-il que ce soit moi qui vous console..., moi qui perds ma fille!
FLORIMONT.
Et moi, croyez-vous donc que je ne perde rien?... Une femme qui était si nécessaire à mon existence! Dieu!...
ABOU-LIFAR.
Quel cœur!.. Mon gendre, vos regrets vous honorent infiniment à mes yeux...; car enfin vous connaissiez à peine la moitié...
FLORIMONT.
La moitié!... la moitié!.. Ce n'est pas celle-là que je plains, c'est celle qui reste... Ah! si j'avais su... Mais comment se douter?...

Air *Un homme, pour faire un tableau.*

En quels lieux vit-on une loi
Qui vous enchaîne de la sorte?
Il faut que l'on m'enterre, moi,
Parce que mon épouse est morte!
Du moins, les femmes de Paris,

Quelques malheurs qui leur arrivent,
Ne font enrager leurs maris
Que pendant le temps qu'elles vivent.

Au lieu qu'ici...

ABOU-LIFAR.

Ici, on fait au survivant un convoi magnifique, ce qui flatte infiniment son amour-propre, en ce qu'il a l'avantage de le voir...; plaisir dont vous auriez été probablement privé si votre bonne étoile ne vous avait fait débarquer dans cette île.

FLORIMONT.

Eh bien, je m'en serais passé.

ABOU-LIFAR.

C'est un coup d'œil superbe. Vous verrez le vôtre. J'ai donné des ordres...

FLORIMONT.

Je vous demande un peu de quoi vous vous mêlez!... Mais c'était à moi à m'occuper de ces détails... J'y aurais mis le temps nécessaire.

ABOU-LIFAR.

C'est une galanterie que j'ai désiré vous faire... Je n'ai pas regardé au prix... D'ailleurs, ce sera votre cadeau de noces... (Entre un Officier, suivi de plusieurs Gardes.) Eh! tenez, voilà qu'on vient vous chercher.

FLORIMONT.

Moi!... pour aller où?

ABOU-LIFAR.

Au souterrain.

FLORIMONT.

Déjà? Diable d'homme, comme il expédie les affaires!... Vous me donnerez au moins le temps de faire mon testament.

ABOU-LIFAR.

C'est une formalité inutile et qui nous retarderait. Vous mourez sans postérité, par conséquent votre fortune appartient de droit au gouvernement; c'est trop juste. (Il s'éloigne, puis revient.) A propos, j'oubliais de vous faire connaître un article de la loi qui vous est relatif, mais dont je vous crois trop galant homme pour profiter.

FLORIMONT.

Dites toujours; dans ma position, tout devient intéressant.

ABOU-LIFAR.

Vous pouvez vous faire remplacer.

FLORIMONT.

Comment ça?...

ABOU-LIFAR.

C'est-à-dire que, si, d'ici au moment où l'on vous descendra dans le souterrain, il se présente quelqu'un pour prendre votre place, il vous est permis d'accepter.

FLORIMONT.

Il m'est permis d'accepter... C'est bien heureux... Est-ce que vous croyez qu'il y aura des amateurs?

ABOU-LIFAR.

Ce n'est pas probable, mais c'est possible... Dans ce cas, vous perdriez tous vos droits sur votre épouse, votre mariage deviendrait nul... et vous sentez que ce ne serait pas savoir vivre que d'avoir recours à ce moyen.

FLORIMONT.

Si fait, si fait; mon savoir-vivre, au contraire, m'ordonne d'en profiter... et vous m'obligerez beaucoup en faisant publier partout que je donne cent mille francs de récompense à celui qui me rendra ce service... vous entendez?... cent mille francs; et puis n'oubliez pas non plus de lui faire valoir qu'en accompagnant ainsi la princesse, il devient de droit son auguste époux. Je connais la loi : ça peut le déterminer, parce qu'enfin il y a une chance : si elle allait en revenir!...

ABOU-LIFAR.

Vous y tenez donc absolument?

FLORIMONT.

Beaucoup.

ABOU-LIFAR.

Je n'ai pas le droit de vous refuser. (Il fait un signe et un Gardo sort.) Maintenant, ces messieurs sont à vos ordres.

FLORIMONT.

Eh bien, qu'ils s'en aillent, alors.

ABOU-LIFAR.

Mais il faut les suivre.

FLORIMONT.

Il n'y a pas moyen de m'en dispenser?...

ABOU-LIFAR.

Impossible.

CHŒUR

Air du vaudeville de *Bedlam.*

Pour soutenir votre honneur,
Allons, mon cher, du courage,

Et faites, selon l'usage,
Contre fortune bon cœur.

ABOU-LIFAR.

Afin d'acomplir la loi,
A la dernière demeure,
Je vous suis dans un quart d'heure.

FLORIMOND.

Ne vous pressez pas pour moi.

ENSEMBLE

Pour soutenir mon } honneur, etc.
Pour soutenir votre }

(Ils sortent.)

TROISIÈME TABLEAU

Un site désert; au fond, la mer; à gauche, un souterrain.

SCÈNE PREMIÈRE

FLORIMONT, accourant poursuivi par L'OFFICIER et LES GARDES; puis AROMATE.

FLORIMONT.

AIR *Le briquet frappe la pierre.*

Mais je ne prends pas la fuite :
Mes amis, ne craignez rien;
C'est pour me faire du bien
Qu'ici je marche un peu vite.
Chacun prend son agrément
Selon son tempérament;
Moi, j'aime le mouvement,
C'est un moyen sanitaire
Qui m'a toujours profité,
Laissez-m'en la faculté;
Car, avant que l'on m'enterre,
Je puis bien, en vérité,
Circuler pour ma santé!

D'ailleurs, je viens ici en amateur. J'ai trouvé quelqu'un pour me remplacer. (A part.) Ça n'est pas vrai, mais c'est égal. (Haut.) J'ai donné rendez-vous ici à la personne.

L'OFFICIER.

Seigneur, nos ordres sont précis; et, si d'ici à quelques minutes, elle n'est pas arrivée..

FLORIMONT.

Elle ne peut tarder... D'ailleurs, voyez à quels regrets vous vous exposeriez si, par une précipitation mal entendue... (Apercevant Aromate.) Ah! mon ami, c'est toi; je ne pouvais te retrouver plus à propos.

AROMATE, d'un ton pleureux.

Tu devais bien penser que, dans ta position, c'était un devoir pour moi de venir te joindre.

FLORIMONT.

Aromate, tu es mon ami, mon meilleur ami!

AROMATE.

Je crois t'en avoir donné des preuves.

FLORIMONT.

Oui, je sais tout ce que je te dois, et, si jamais je me trouve en position de te rendre la pareille... Mais il s'agit d'un dernier service.

AROMATE.

Parle!... quel est-il?

FLORIMONT.

Je crains d'être indiscret.

AROMATE.

Impossible.

FLORIMONT.

Eh bien, mon ami... Mais non, tu ne voudras jamais.

AROMATE.

Dis toujours.

FLORIMONT.

Laisse-toi enterrer à ma place... Depuis cinq ans que tu es dans l'île, tu dois en avoir contracté les habitudes.

AROMATE.

Pauvre ami! demande-moi toute autre chose; mais, pour celle-là, je suis forcé de te refuser.

FLORIMONT.

Tu as donc tes raisons pour cela?

AROMATE.

Certainement... Pauvre ami, tu sais bien que c'est moi qui rends ce service-là aux autres; ainsi, tu vois, il n'y a pas de mauvaise volonté de ma part... En revanche, j'espère que tu ne t'adresseras qu'à moi pour te faire embaumer.

FLORIMONT.

Comment, me faire embaumer?

L'OFFICIER, s'approchant.

Seigneur, le temps est expiré.

FLORIMONT.

Un instant... Vous voyez bien que nous causons d'affaires. (A part.) L'agréable conversation! Il faut pourtant la continuer pour gagner du temps. (Haut, à Aromate.) Dis-leur donc que nous parlons d'affaires.

AROMATE, à l'Officier.

Laissez-nous un instant. (A Florimont.) Tu conçois qu'un homme qui se respecte, un homme qui a, comme toi, occupé la première place de l'État ne peut se dispenser...

FLORIMONT.

Tu crois?

AROMATE.

Sans doute; cela te ferait le plus grand tort dans l'esprit des habitants; si cependant tu ne veux pas (appelant les Gardes), on peut tout de suite... Pauvre ami!...

FLORIMONT, vivement.

Comment, si je ne veux pas?... Au contraire!... cela me fera le plus grand plaisir. (Bas.) Marchandons, nous gagnerons une heure. (Haut.) Et dans quel prix cela peut-il aller?

AROMATE.

Oh! nous n'aurons pas de discussion là-dessus; tu me rembourseras simplement mes frais... Et, si ça monte à mille écus, c'est tout.

FLORIMONT.

Diable!... ça me paraît bien cher...

AROMATE.

Pense donc qu'il faut que je fasse de toi une momie... Pauvre ami!

FLORIMONT.

Je comprends bien; mais il ne faut pas profiter de ma position pour m'écorcher.

AROMATE.

Quel reproche!

LA NOCE ET L'ENTERREMENT

Air *Je loge au quatrième étage.*

M'accuser d'un calcul infâme !
Dans ton cœur, tu me juges mieux,
Tu sens tout le soin que réclame
Un travail si minutieux ;
Quand je te traite en conscience,
Sur le prix pourquoi quereller ?
Pauvre ami ! c'est une dépense
Qui ne peut se renouveler.

Eh ! pense donc qu'alors tu te conserveras... bah... six mille ans peut-être.

FLORIMONT.

Je sens combien c'est avantageux ; mais il me semble qu'en t'offrant cent écus...

AROMATE.

Cent écus !... Il n'y aurait pas de quoi payer l'eau de Cologne. Il est inutile de faire attendre plus longtemps ces messieurs ; je vois bien que nous ne pourrons jamais nous entendre. (Aux Gardes, durement.) Approchez. (Tendrement.) Pauvre ami !

SCÈNE II

Les Mêmes, ALI-BAJOU.

ALI-BAJOU, arrêtant les Gardes, qui ont fait quelques pas.

Un instant, messieurs ; il faut que je parle au seigneur Florimont.

FLORIMONT, vivement.

Certainement, il faut qu'il me parle... Il a même des choses très-longues et très-importantes à me communiquer. Éloignez-vous... encore... encore...

ALI-BAJOU.

Ce fripon d'Aromate vous a demandé de l'argent, n'est-ce pas ?... Eh bien, moi, je viens vous en offrir.

FLORIMONT.

Pourquoi faire ?

ALI-BAJOU.

Vous êtes Français, n'est-ce pas ?

FLORIMONT

Oui, certainement, je le suis.

Air des *Amazones.*

De votre accueil, de votre bienveillance
Je garderai longtemps le souvenir;
Mais, aujourd'hui, mon amour pour la France
Se fait chez moi si vivement sentir,
Que je voudrais bien vite y revenir.
Pour cet honneur qui veut que l'on m'enterre,
Je ne saurais le trouver de mon goût :
Aux cœurs bien nés que la patrie est chère !
Je suis Français, mon pays avant tout !

ALI-BAJOU.

C'est ce que je cherchais. J'ai déjà dans mon cabinet un nègre, un Lapon et un Chinois... Vous sentez que vous manquez à ma collection, et que vous serez un sujet précieux pour mes études anatomiques.

FLORIMONT.

Mais a-t-on jamais fait de semblables propositions? Je suis donc avec des cannibales, des anthropophages!

ALI-BAJOU, aux Gardes.

Allons, messieurs, faites votre devoir.

FLORIMONT.

Arrêtez!... il faut que je parle au gouverneur; je lui ai donné rendez-vous ici. Le voici.

SCÈNE III

LES MÊMES, ABOU-LIFAR, SUITE.

FLORIMONT, courant vers le gouverneur.

Air de *Julie.*

Seigneur, il faut que je vous dise
Encor deux mots, et les voici...

ABOU-LIFAR.

Que vois-je! et quelle est ma surprise !
Quoi ! vous... mon gendre, encore ici ?

FLORIMONT

Eut-on jamais plus d'obligeance ?

ABOU-LIFAR.

Pardon, mais je suis furieux
De voir que, pour vous en ces lieux,
On mette tant de négligence.

LA NOCE ET L'ENTERREMENT

FLORIMONT.

Ne les grondez pas, beau-père, ce n'est pas leur faute.

ABOU-LIFAR.

Voyons, dépêchez-vous. Qu'avez-vous à me dire?

FLORIMONT.

Je sens aussi bien que vous, beau-père, je dirai même, mieux que vous, combien il est honorable pour moi d'être inhumé avec la princesse...

AIR du *Carnaval* (de Béranger).

Mais, par malheur, la chose est impossible ;
Je ne saurais accomplir votre loi ;
 Car il est un aveu pénible
 Que m'arrache ma bonne foi :
En vérité, je serais trop coupable
 En usurpant un sort aussi flatteur.
Je fus laquais ; je suis un misérable,
 Un vrai coquin,... ma parole d'honneur!

ABOU-LIFAR.

Je ne vous crois pas...

FLORIMONT.

Ai-je du malheur!... c'est la première fois qu'on me chicane là-dessus. Mais, beau-père, je vous assure, je peux vous montrer mes papiers.

ABOU-LIFAR.

Vous m'avez donc trompé?

FLORIMONT.

Je l'avoue.

ABOU-LIFAR.

C'est autre chose.

FLORIMONT.

Je respire.

ABOU-LIFAR.

AIR *Que l'on guette.*

Qu'on le pende,
Qu'on le pende,
Ce mari de contrebande!
Qu'on le pende,
Qu'on le pende,
 A l'instant,
Sans jugement!

FLORIMONT.

Beau-père, encore une fois...

ABOU-LIFAR.

Silence! je vous accorde
Le souterrain ou la corde :
Vous êtes maître du choix.
Quel embarras est le vôtre!

FLORIMONT.

Voici ma décision :
Je ne veux ni l'un ni l'autre.

ABOU-LIFAR.

Vous sortez de la question.

TOUS, en chœur.

Qu'on le pende,
Qu'on le pende,
Ce mari de contrebande!
Qu'on le pende,
Q'on le pende,
A l'instant,
Sans jugement.

FLORIMONT.

Il est dit que je n'en échapperai pas... Eh bien, j'aime encore mieux descendre à la cave. (Il s'avance au bord et recule aussitôt.) Un instant, messieurs : je suis Français. (Montrant Ali-Bajou.) Monsieur peut vous le dire, et la politesse nationale veut que les dames passent les premières.

ABOU-LIFAR.

Ce n'est pas l'usage ici...

FLORIMONT.

Vrai?... (Les assistants font signe que non ; il s'approche, puis s'éloigne encore.) Il n'y a personne parmi vous qui soit tenté de me remplacer?... L'occasion est belle... Une princesse, ça ne se représentera pas de sitôt. Une fois,... deux fois... (On veut le faire entrer.) Je crois qu'on a dit oui là-bas...

ABOU-LIFAR.

Allons, mon gendre, voilà déjà trois fois que...

FLORIMONT.

Eh bien, quand il y en aurait trois... Je vous le donne en quatre, à vous.

ABOU-LIFAR.

Qu'on l'entraîne!

FLORIMONT, descendant quelques marches.

J'entends du bruit.

SCÈNE III

Les Mêmes, AZAN, accourant.

AZAN.

Arrêtez! arrêtez!

FLORIMONT.

Oui, arrêtez. (Sautant dehors.) Tiens, c'est le médecin de tantôt... J'espère que vous ne venez pas exprès pour que je vous paye votre visite?

AZAN.

Non, je viens vous prier de me céder votre place...

FLORIMONT.

Comment! mon cher ami, avec le plus grand plaisir...

AZAN.

Mais j'y mets une condition.

FLORIMONT.

Ah! les cent mille francs... C'est juste, vous les avez bien gagnés...

AZAN.

Non... Vous renoncerez, en présence de tous ces messieurs, à tous vos droits sur la princesse.

ABOU-LIFAR.

Il n'en a plus aucun; vous devenez son mari, puisque vous vous faites enterrer avec elle...

FLORIMONT.

Oh! soyez tranquille, je ne réclamerai pas. (On entend plusieurs mesures de ritournelle qui annoncent l'arrivée de la princesse.)

SCÈNE IV

Les Mêmes, IRZA, BOULBOULIS, Suite de la princesse.

Irza, évanouie, est portée sur un palanquin.

CHŒUR

Princesse chérie,
Puissions-nous
Tous,
Puissions-nous te rendre à la vie!
La rose
Éclose
Ne vit qu'un matin.
Quel destin!

AZAN.

Vous me promettez,
Vous me jurez,
Quoi qu'il arrive,
Qu'Irza, morte ou vive,
Me doit sa foi,
Qu'elle est à moi?

FLORIMONT et ABOU-LIFAR

Nous vous promettons,
Nous vous jurons,
Quoi qu'il arrive,
Qu'Irza morte ou vive,
Vous doit sa foi :
Telle est la loi.

TOUS.

Princesse chérie, etc.

AZAN, *qui s'est dépouillé de sa barbe et de son manteau.*
Irza! quel bonheur!

IRZA.

Azan, tu me rends la lumière!

ABOU-LIFAR.

Azan!

IRZA.

Oui, mon père!
Et je vous presse sur mon cœur.

FLORIMONT.
Je pourrais, je croi,
D'un tel abus de confiance
Demander vengeance.

ABOU-LIFAR.
Cher Azan, ma fille est à toi !

TOUS.
Princesse chérie,
Ah ! dans ce jour
L'amour
Vient te rendre à la vie.
Ivresse,
Tendresse,
Vont faire le bonheur
De ton cœur.

AZAN.
Maintenant, seigneur Florimont, vous désirez sans doute retourner à votre vaisseau ? Une barque amarrée à quelques pas d'ici va vous y conduire.

FLORIMONT.
Il n'en est pas moins vrai que c'était à moi qu'appartenait...

ABOU-LIFAR.
Ah ! pour le souterrain, il n'y a plus moyen... Mais nous avons encore la corde... et, si vous y tenez..

FLORIMONT.
Merci !... merci !...

CHŒUR FINAL

Air *C'est à Paris* (du VALET DE CHAMBRE).

De ce séjour,
Et sans retour,
A partir vite
On vous invite.
Beau voyageur,
C'est du bonheur
D'en être quitte
Pour la peur.
Beau voyageur,
Bien du bonheur !

FLORIMONT, au public.

Air *Que la folie à table.*

De ces messieurs si le barbare usage
M'a fait naguère envisager la mort,
Dans ce moment, je redoute un orage
Qui nous ferait tous échouer au port.
Préservez-nous d'un trépas si précoce!
Votre indulgence est notre seul espoir;
Pour que demain nous soyons à la noce,
Il ne faut pas nous enterrer ce soir.

REPRISE DU CHŒUR

De ce séjour, etc.

FIN DE LA NOCE ET L'ENTERREMENT.

HENRI III ET SA COUR

DRAME EN CINQ ACTES, EN PROSE

Théâtre-Français. — 11 février 1829.

A MON HONORABLE AMI, LE BARON TAYLOR
Membre de la Légion d'honneur.

Mon cher Taylor,

C'est à vous que je dédie mon drame historique de *Henri III et sa Cour*; si je ne le faisais par amitié, je le ferais par reconnaissance.

ALEX. DUMAS.

UN MOT

Peut-être s'attendait-on à voir, en tête de mon drame, une préface dans laquelle j'établirais un système et me déclarerais fondateur d'un genre.

Je n'établirai pas de système, parce que j'ai écrit, non suivant un système, mais suivant ma conscience.

Je ne me déclarerai pas fondateur d'un genre, parce que, effectivement je n'ai rien fondé. MM. Victor Hugo, Mérimée, Vitet, Loève-Veimars, Cavé et Dittmer ont fondé avant moi, et mieux que moi; je les en remercie; ils m'ont fait ce que je suis.

J'aurais donc publié mon drame sans préface aucune, si deux devoirs ne m'avaient été imposés par son succès : le premier, de le dédier à celui qui m'a ouvert la carrière théâtrale; à celui qui, en partant pour l'Égypte, me recommandait à son successeur; qui, de l'Égypte, me recommandait encore; et qui, à son retour, de protecteur, est devenu pour moi ami, ami que ni chute ni succès ne pourront jamais rendre plus ou moins mon ami.

Mon second devoir est de rendre justice aux comédiens qui m'ont si bien secondé, et qui, à si bon droit, peuvent réclamer leur part du succès.

A mademoiselle Mars d'abord, si admirable, que toute expression manque, non pour la louer, mais pour lui rendre justice; à mademoiselle Mars, en qui j'avais deviné des qualités tragiques, contestées jusqu'aujourd'hui, et qui n'avaient besoin, pour se développer avec tant d'éclat, que de rencontrer une tragédie moderne; à mademoiselle Mars, que je ne saurais comment remercier, si elle n'avait la modestie de regarder les cris de terreur et les applaudissements frénétiques adressés, chaque soir, bien plus à l'actrice sublime qu'aux situations fortes de la pièce, comme une récompense, quand ils ne sont positivement qu'un tribut.

A Firmin, mon ami, et que je remercie de son amitié, avant de le remercier de son talent; à Firmin, d'abord homme loyal et dévoué; puis ensuite à Firmin, acteur si tragique, si passionné, si vrai; jeune, gracieux, mélancolique, trouvant dans le rôle qu'on lui confie, non-seulement des nuances inaperçues de l'auteur, mais encore de ces mots de l'âme qui vont saisir l'âme; à Firmin, qui a bien voulu voir, dans cette soirée, la seconde belle soirée de sa vie. La première était celle du *Tasse*.

M. Joanny est encore un de ceux que le public s'est plu à récompenser; chargé du rôle le plus difficile de la pièce, il en a sauvé toutes les situations hasardeuses; il a toujours été vrai et terrible. M. Joanny a étudié son art dans Corneille.

Et, ici, l'occasion se présente de faire une justice. Quelques légers reproches ont été adressés à M. Michelot, sur la manière dont il a composé son rôle. C'est à moi que ces reproches sont dus, et je les réclame. J'avais cru voir, en Valois, un prince faible et puéril, ne sortant de ce caractère que par des traits d'éloquence et des soudainetés de courage; j'ai en quelque sorte forcé M. Michelot à jouer le rôle d'après des documents que la critique a trouvés faux; depuis, il lui a donné une autre physionomie, la même qu'il lui avait fait prendre d'abord, et il y a été applaudi; le procès est jugé : j'avais tort; il est donc juste que je paye les frais.

Puis, après la justice, la reconnaissance. Pour concourir au succès de la pièce, et par amitié pour l'auteur, mademoiselle Leverd, qui venait de créer avec un si beau talent le rôle d'Olga, a bien voulu se charger d'un rôle secondaire, peu brillant; c'est du dévouement aux intérêts de la Comédie; c'est un sacrifice d'amour-propre : grâces lui soient donc rendues deux fois!

Parmi les rôles secondaires vient se placer celui de Joyeuse, accepté aussi par dévouement et par amitié. Samson y a fait applaudir jusqu'aux plus faibles mots; il y a été constamment acteur comique et spirituel; c'est ce qu'il est aussi comme auteur. Tout Paris a applaudi la charmante comédie de *la Belle-Mère et le Gendre,* et y a ri franchement, comme à du Molière retrouvé.

Et que mon joli petit page ne croie pas que je l'oublie; d'ailleurs, le public m'en ferait souvenir. Il est impossible d'être plus naïve et plus gracieuse, de jeter une teinte plus douce, au milieu des teintes rembrunies des trois derniers actes, que ne l'a fait mademoiselle Despréaux dans la création du personnage d'Arthur : elle a deviné les anges de Milton et de Thomas Moore.

Mademoiselle Virginie Bourbier voudra-t-elle recevoir aussi mes excuses et mes remerciments? Elle a bien voulu accepter quelques lignes dans mon drame, au moment où la retraite de mademoiselle Bourgoin et le congé de mademoiselle Duchesnois ouvrent à son talent, si bien apprécié à son début, une large carrière dramatique. Elle avait droit à mieux que cela. Je suis son débiteur; elle me permettra, je l'espère, de m'acquitter à mon prochain ouvrage.

Enfin, pour être juste et vrai, il faudrait donner à chacun des autres acteurs des éloges particuliers, et l'espace me manque. Tous ont concouru, par des études savantes, au succès de mon drame. Ils ont étudié les mœurs, et jusqu'aux attitudes des personnages qu'ils étaient appelés à représenter; secondé par l'habile mise en scène de M. Albertin, et la profonde érudition de M. Duponchel, ils ont ressuscité des hommes et ont rebâti un siècle.

DISTRIBUTION

HENRI III, roi de France........................	M. MICHELOT.
CATHERINE DE MÉDICIS, reine mère............	Mlle LEVERD.
HENRI DE LORRAINE, DUC DE GUISE...........	M. JOANNY.
CATHERINE DE CLÈVES, DUCHESSE DE GUISE.	Mlle MARS.
PAUL ESTUERT, COMTE DE SAINT-MÉGRIN	MM. FIRMIN.
NOGARET DE LA VALETTE, BARON D'ÉPERNON... } favoris du roi.	MARIUS.
ANNE D'ARQUES, VICOMTE DE JOYEUSE.	SAMSON.
SAINT-LUC.................................	BOUCHET.
BUSSY D'AMBOISE, favori du duc d'Anjou.........	DELAFOSSE.
BALZAC D'ENTRAGUES, plus souvent appelé ANTRAGUET.................................	DUMILATRE.
COME RUGGIERI, astrologue....................	SAINT-AULAIRE.
SAINT-PAUL, aide de camp du duc de Guise........	MONTIGNY.
ARTHUR, page de madame la duchesse de Guise.....	Mlle DESPRÉAUX.
BRIGARD, boutiquier..................	MM. ALBERT.
BUSSY-LECLERC, procureur.........	ARMAND DAILLY.
LA CHAPELLE-MARTEAU, maître des comptes.......................... } ligueurs....	FAURE.
CRUCÉ............................	GUIAUD.
DU HALDE..........................	LAISNÉ.
GEORGES, domestique de Saint-Mégrin............	CAMILLE.
MADAME DE COSSÉ. } femmes de madame la duchesse de Guise..........	Mme HERVEY.
MARIE...............	Mlles BOURBIEN.
Un Page d'Antraguet............................	DELPHINE.

— Dimanche et lundi, 20 et 21 juillet 1578. —

ACTE PREMIER

Un grand cabinet de travail chez Côme Ruggieri ; quelques instruments de physique et de chimie ; une fenêtre entr'ouverte au fond de l'appartement, avec un télescope.

SCÈNE PREMIÈRE
RUGGIERI ; puis CATHERINE DE MÉDICIS.

RUGGIERI, appuyé sur son coude, un livre d'astrologie ouvert devant lui ; il y mesure des figures avec un compas ; une lampe posée sur une table, à droite, éclaire la scène.

Oui !... cette conjuration me paraît plus puissante et plus sûre. (Regardant un sablier.) Neuf heures bientôt... Qu'il me tarde d'être à minuit pour en faire l'épreuve ! Réussirai-je enfin ? parviendrai-je à évoquer un de ces génies que l'homme, dit-on, peut contraindre à lui obéir, quoiqu'ils soient plus puissants que lui ?... Mais, si la chaîne des êtres créés se brisait à l'homme !... (Catherine de Médicis entre par une porte secrète ; elle ôte son demi-masque noir, tandis que Ruggieri ouvre un autre volume, paraît comparer, et s'écrie :) Le doute partout !...

CATHERINE.

Mon père... (Le touchant.) Mon père !...

RUGGIERI.

Qui ?... Ah ! Votre Majesté !... Comment, si tard, à neuf heures du soir, vous hasarder dans cette rue de Grenelle, si déserte et si dangereuse !

CATHERINE.

Je ne viens point du Louvre, mon père ; je viens de l'hôtel de Soissons, qui communique avec votre retraite par ce passage secret.

RUGGIERI.

J'étais loin de m'attendre à l'honneur...

CATHERINE.

Pardon, Ruggieri, si j'interromps vos doctes travaux ; en toute autre circonstance, je vous demanderais la permission d'y prendre part... Mais ce soir...

RUGGIERI.

Quelque malheur ?

CATHERINE.

Non; tous les malheurs sont encore dans l'avenir. Vous-même avez tiré l'horoscope de ce mois de juillet, et le résultat de vos calculs a été qu'aucun malheur réel ne menaçait notre personne, ni celle de notre auguste fils, pendant sa durée... Nous sommes aujourd'hui au 20, et rien n'a démenti votre prédiction. Avec l'aide de Dieu, elle s'accomplira tout entière.

RUGGIERI.

C'est donc un nouvel horoscope que vous désirez, ma fille? Si vous voulez monter avec moi à la tour, vos connaissances en astronomie sont assez grandes pour que vous puissiez suivre mes opérations et les comprendre. Les constellations sont brillantes.

CATHERINE.

Non, Ruggieri; c'est sur la terre que mes yeux sont fixés maintenant. Autour du soleil de la royauté se meuvent aussi des astres brillants et funestes; ce sont ceux-là qu'avec votre aide, mon père, je compte parvenir à conjurer.

RUGGIERI.

Commandez, ma fille; je suis prêt à vous obéir.

CATHERINE.

Oui,... vous m'êtes tout dévoué... Mais aussi ma protection, quoique ignorée de tous, ne vous est pas inutile... Votre réputation vous a fait bien des ennemis, mon père...

RUGGIERI.

Je le sais.

CATHERINE.

La Mole, en expirant, a avoué que les figures de cire à la ressemblance du roi, que l'on a trouvées sur l'autel, percées d'un poignard à la place du cœur, avaient été fournies par vous; et peut-être les mêmes juges qui l'ont condamné trouveraient-ils, sous les cendres chaudes encore de son bûcher, assez de feu pour allumer celui de Côme Ruggieri...

RUGGIERI, avec crainte.

Je le sais,... je le sais.

CATHERINE.

Ne l'oubliez pas... Restez moi fidèle... et, tant que le ciel laissera à Catherine de Médicis existence et pouvoir, ne craignez rien. Aidez-la donc à conserver l'un et l'autre.

RUGGIERI.

Que puis-je faire pour Votre Majesté?

CATHERINE.

D'abord, mon père, avez-vous signé la Ligue, comme je vous avais écrit de le faire?

RUGGIERI.

Oui, ma fille; la première réunion des ligueurs doit même avoir lieu ici; car nul d'entre eux ne soupçonne la haute protection dont m'honore Votre Majesté... Vous voyez que je vous ai comprise et que j'ai été au delà de vos ordres.

CATHERINE.

Et vous avez compris aussi que l'écho de leurs paroles devait retentir dans mon cabinet, et non dans celui du roi?

RUGGIERI.

Oui, oui...

CATHERINE.

Et maintenant, mon père, écoutez... Votre profonde retraite, vos travaux scientifiques, vous laissent peu de temps pour suivre les intrigues de la cour... Et, d'ailleurs, vos yeux, habitués à lire dans un ciel pur, perceraient mal l'atmosphère épaisse et trompeuse qui l'environne.

RUGGIERI.

Pardon, ma fille!... les bruits du monde arrivent parfois jusqu'ici : je sais que le roi de Navarre et le duc d'Anjou ont fui la cour et se sont retirés, l'un dans son royaume, l'autre dans son gouvernement.

CATHERINE.

Qu'ils y restent; ils m'inquiètent moins en province qu'à Paris... Le caractère franc du Béarnais, le caractère irrésolu du duc d'Anjou, ne nous menacent point de grands dangers; c'est plus près de nous que sont nos ennemis... Vous avez entendu parler du duel sanglant qui eu a lieu, le 27 avril dernier, près la porte Saint-Antoine, entre six jeunes gens de la cour; parmi les quatre qui ont été tués, trois étaient les favoris du roi.

RUGGIERI.

J'ai su sa douleur; j'ai vu les magnifiques tombeaux qu'il a fait élever à Quélus, Schomberg et Maugiron; car il leur portait une grande amitié... Il avait promis, assure-t-on, cent mille livres aux chirurgiens, en cas que Quélus vînt en convalescence... Mais que pouvait la science de la terre contre les dix-neuf coups d'épée qu'il avait reçus?... Antraguet, son meurtrier, a du moins été puni par l'exil...

CATHERINE.

Oui, mon père... Mais cette douleur s'apaise d'autant plus vite, qu'elle a été exagérée. Quélus, Schomberg et Maugiron ont été remplacés par d'Épernon, Joyeuse et Saint-Mégrin. Antraguet reparaîtra demain à la cour : le duc de Guise l'exige, et Henri n'a rien à refuser à son cousin de Guise. Saint-Mégrin et lui sont mes ennemis. Ce jeune gentilhomme bordelais m'inquiète. Plus instruit, moins frivole surtout que Joyeuse et d'Épernon, il a pris sur l'esprit de Henri un ascendant qui m'effraye... Mon père, il en ferait un roi!...

RUGGIERI.

Et le duc de Guise?

CATHERINE.

En ferait un moine, lui... Je ne veux ni l'un ni l'autre... Il me faut un peu plus qu'un enfant, un peu moins qu'un homme... Aurais-je donc abâtardi son cœur à force de voluptés, éteint sa raison par des pratiques superstitieuses, pour qu'un autre que moi s'emparât de son esprit et le dirigeât à son gré?... Non; je lui ai donné un caractère factice, pour que ce caractère m'appartînt.. Tous les calculs de ma politique, toutes les ressources de mon imagination ont tendu là... Il fallait rester régente de la France, quoique la France eût un roi; il fallait qu'on pût dire un jour : « Henri III a régné sous Catherine de Médicis... » J'y ai réussi jusqu'à présent... Mais ces deux hommes!...

RUGGIERI.

Eh bien, René, votre valet de chambre, ne peut-il préparer pour eux des pommes de senteur, pareilles à celles que vous envoyâtes à Jeanne d'Albret, deux heures avant sa mort?...

CATHERINE.

Non... Ils me sont nécessaires : ils entretiennent dans l'âme du roi cette irrésolution qui fait ma force. Je n'ai besoin que de jeter d'autres passions au travers de leurs projets politiques, pour les en distraire un instant; alors je me fais jour entre eux; j'arrive au roi, que j'aurai isolé avec sa faiblesse, et je ressaisis ma puissance... J'ai trouvé un moyen. Le jeune Saint-Mégrin est amoureux de la duchesse de Guise.

RUGGIERI.

Et celle-ci?...

CATHERINE.

L'aime aussi, mais sans se l'avouer encore à elle-même,

peut-être... Elle est esclave de sa réputation de vertu... Ils en sont à ce point où il ne faut qu'une occasion, une rencontre, un tête-à-tête, pour que l'intrigue se noue; elle-même craint sa faiblesse, car elle le fuit... Mon père, ils se verront aujourd'hui; ils se verront seuls.

RUGGIERI.

Où se verront-ils?

CATHERINE.

Ici... Hier, au cercle, j'ai entendu Joyeuse et d'Épernon lier, avec Saint-Mégrin, la partie de venir faire tirer leur horoscope par vous... Dites aux deux premiers ce que bon vous semblera sur leur fortune future, que le roi veut porter à son comble, puisqu'il compte en faire ses beaux-frères... Mais trouvez le moyen d'éloigner ces jeunes fous... Restez seul avec Saint-Mégrin; arrachez-lui l'aveu de son amour; exaltez sa passion; dites-lui qu'il est aimé, que, grâce à votre art, vous pouvez le servir; offrez-lui un tête-à-tête. (Montrant une alcôve cachée dans la boiserie.) La duchesse de Guise est déjà là, dans ce cabinet si bien caché dans la boiserie, que vous avez fait faire pour que je puisse voir et entendre au besoin, sans être vue. Par Notre-Dame! il nous a déjà été utile, à moi pour mes expériences politiques, et à vous pour vos magiques opérations.

RUGGIERI.

Et comment l'avez-vous déterminée à venir?...

CATHERINE, ouvrant la porte du passage secret.

Pensez-vous que j'aie consulté sa volonté?

RUGGIERI.

Vous l'avez donc fait entrer par la porte qui donne dans le passage secret?

CATHERINE.

Sans doute...

RUGGIERI.

Et vous avez songé aux périls auxquels vous exposiez Catherine de Clèves, votre filleule!... L'amour de Saint-Mégrin, la jalousie du duc de Guise...

CATHERINE.

Et c'est justement de cet amour et de cette jalousie que j'ai besoin... M. de Guise irait trop loin, si nous ne l'arrêtions pas. Donnons-lui de l'occupation... D'ailleurs, vous connaissez ma maxime :

> Il faut tout tenter et faire,
> Pour son ennemi défaire.

RUGGIERI.

Ainsi, ma fille, vous avez consenti à lui découvrir le secret de cette alcôve.

CATHERINE.

Elle dort. Je l'ai invitée à prendre avec moi une tasse de cette liqueur que l'on tire des fèves arabes que vous avez rapportées de vos voyages, et j'y ai mêlé quelques gouttes du narcotique que je vous avais demandé pour cet usage.

RUGGIERI.

Son sommeil a dû être profond; car la vertu de cette liqueur est souveraine.

CATHERINE.

Oui... Et vous pourrez la tirer de ce sommeil à votre volonté?

RUGGIERI.

A l'instant, si vous le voulez.

CATHERINE.

Gardez-vous-en bien!

RUGGIERI.

Je crois vous avoir dit aussi qu'à son réveil toutes ses idées seraient quelque temps confuses, et que sa mémoire ne reviendrait qu'à mesure que les objets frapperaient ses yeux

CATHERINE.

Oui;... tant mieux! elle sera moins à même de se rendre compte de votre magie... Quant à Saint-Mégrin, il est, comme tous ces jeunes gens, superstitieux et crédule : il aime, il croira... D'ailleurs, vous ne lui laisserez pas le temps de se reconnaître. Vous devez avoir un moyen d'ouvrir cette alcôve, sans quitter cette chambre ?

RUGGIERI.

Il ne faut qu'appuyer sur un ressort caché dans les ornements de ce miroir magique.

(Il appuie sur le ressort, et la porte de l'alcôve se lève à moitié.)

CATHERINE.

Votre adresse fera le reste, mon père, et je m'en rapporte à vous... Quelle heure comptez-vous?...

RUGGIERI.

Je ne puis vous le dire... La présence de Votre Majesté m'a fait oublier de retourner ce sablier, et il faudrait appeler quelqu'un.

CATHERINE.

C'est inutile; ils ne doivent pas tarder; voilà l'important... Seulement, mon père, je ferai venir d'Italie une horloge;... je la ferai venir pour vous... Ou plutôt, écrivez vous-même à Florence et demandez-la, quelque prix qu'elle coûte.

RUGGIERI.

Votre Majesté comble tous mes désirs... Depuis longtemps, j'en eusse acheté une, si le prix exorbitant qu'il faut y mettre...

CATHERINE.

Pourquoi ne pas vous adresser à moi, mon père?... Par Notre-Dame! il ferait beau voir que je laissasse manquer d'argent un savant tel que vous... Non... Venez demain, soit au Louvre, soit à notre hôtel de Soissons, et un bon de notre royale main, sur le surintendant de nos finances, vous prouvera que nous ne sommes ni oublieuse ni ingrate. Dieu soit avec vous, mon père!

(Elle remet son masque et sort par la porte secrète.)

SCÈNE II

RUGGIERI, LA DUCHESSE DE GUISE, endormie.

RUGGIERI.

Oui, j'irai te rappeler ta promesse... Ce n'est qu'à prix d'or que je puis me procurer ces manuscrits précieux qui me sont si nécessaires... (Écoutant.) On frappe... Ce sont eux. (Il va refermer la porte de l'alcôve.)

D'ÉPERNON, derrière le théâtre.

Holà! hé!

RUGGIERI.

On y va, mes gentilshommes, on y va.

SCÈNE III

RUGGIERI, D'ÉPERNON, SAINT-MÉGRIN, JOYEUSE.

D'ÉPERNON, à Joyeuse, qui entre appuyé sur une sarbacane et sur le bras de Saint-Mégrin.

Allons, allons, courage, Joyeuse! Voilà enfin notre sorcier... Vive Dieu! mon père, il faut avoir des jambes de chamois et des yeux de chat-huant pour arriver jusqu'à vous.

RUGGIERI.

L'aigle bâtit son aire à la cime des rochers peur y voir de plus loin.

JOYEUSE, s'étendant dans un fauteuil.

Oui ; mais on voit clair pour y arriver, au moins.

SAINT-MÉGRIN.

Allons, allons, messieurs, il est probable que le savant Ruggieri ne comptait pas sur notre visite. Sans cela, nous aurions trouvé l'antichambre mieux éclairée.

RUGGIERI.

Vous vous trompez, comte de Saint-Mégrin. Je vous attendais...

D'ÉPERNON.

Tu lui avais donc écrit?...

SAINT-MÉGRIN.

Non, sur mon âme ; je n'en ai parlé à personne...

D'ÉPERNON, à Joyeuse.

Et toi ?

JOYEUSE.

Moi ? Tu sais que je n'écris que quand j'y suis forcé... Cela me fatigue.

RUGGIERI.

Je vous attendais, messieurs, et je m'occupais de vous.

SAINT-MÉGRIN.

En ce cas, tu sais ce qui nous amène.

RUGGIERI.

Oui.

(D'Épernon et Saint-Mégrin se rapprochent de lui. Joyeuse se rapproche aussi, mais sans se lever de son fauteuil.)

D'ÉPERNON.

Alors toutes tes sorcelleries sont faites d'avances ; nous pouvons t'interroger, tu vas nous répondre ?...

RUGGIERI

Oui...

JOYEUSE.

Un instant, tête-Dieu !... (Tirant à lui Ruggieri.) Venez ici, mon père... On dit que vous êtes en commerce avec Satan... Si cela était, si cet entretien avec vous pouvait compromettre notre salut,... j'espère que vous y regarderiez à deux fois, avant de damner trois gentilshommes des premières maisons de France ?

D'ÉPERNON.

Joyeuse a raison, et nous sommes trop bons chrétiens!...

RUGGIERI.

Rassurez-vous, messieurs, je suis aussi bon chrétien que vous.

D'ÉPERNON.

Puisque tu nous assures que ta sorcellerie n'a rien de commun avec l'enfer, eh bien, voyons, que te faut-il, ma tête ou ma main?...

RUGGIERI.

Ni l'une ni l'autre; ces formalités sont bonnes pour le vulgaire; mais, toi, jeune homme, tu es placé assez au-dessus de lui pour que ce soit dans un astre brillant entre tous les astres que je lise ta destinée... Nogaret de la Valette, baron d'Épernon..

D'ÉPERNON

Comment! tu me connais aussi, moi?... Au fait, il n'y a rien là d'étonnant... Je suis devenu si populaire!

RUGGIERI, reprenant.

Nogaret de la Valette, baron d'Épernon, ta faveur passée n'est rien auprès de ce que sera ta faveur future.

D'ÉPERNON.

Vive Dieu! mon père, et comment irai-je plus loin?... Le roi m'appelle son fils.

RUGGIERI.

Ce titre, son amitié seule te le donne, et l'amitié des rois est inconstante... Il t'appellera son frère, et les liens du sang le lui commanderont.

D'ÉPERNON.

Comment! tu connais le projet de mariage...?

RUGGIERI.

Elle est belle, la princesse Christine! Heureux sera celui qui la possédera!

D'ÉPERNON.

Mais qui a pu t'apprendre?...

RUGGIERI.

Ne t'ai-je pas dit, jeune homme, que ton astre était brillant entre tous les astres?... Et maintenant à vous, Anne d'Arques, vicomte de Joyeuse; à vous que le roi appelle aussi son enfant.

JOYEUSE.

Eh bien; mon père, puisque vous lisez si bien dans le ciel, vous devez y voir tout le désir que j'ai de rester dans cet excellent fauteuil, si toutefois cela ne nuit pas à mon horoscope... Non? Eh bien, allez, je vous écoute.

RUGGIERI.

Jeune homme, as-tu songé quelquefois, dans tes rêves d'ambition, que la vicomté de Joyeuse pût être érigée en duché;... que le titre de pair qu'on y joindrait te donnerait le pas sur tous les pairs de France, excepté les princes du sang royal, et ceux des maisons souveraines de Savoie, Lorraine et Clèves?... Oui... Eh bien, tu n'as fait que pressentir la moitié de ta fortune... Salut à l'époux de Marguerite de Vaudemont, sœur de la reine!... Salut au grand amiral du royaume de France!...

JOYEUSE, se levant vivement.

Avec l'aide de Dieu et de mon épée, mon père, nous y arriverons. (Lui donnant sa bourse.) Tenez, c'est bien mal récompenser la prédiction de si hautes destinées; mais c'est tout ce que j'ai sur moi.

D'ÉPERNON.

De par Dieu! tu m'y fais penser, et moi qui oubliais... (Il fouille à son escarcelle.) Eh bien, des dragées à sarbacane, voilà tout... Je ne pensais plus que j'avais perdu à la prime jusqu'à mon dernier philippus... Je ne sais ce que devient ce maudit argent; il faut qu'il soit trépassé... Vive Dieu! Saint-Mégrin, toi qui es ami de Ronsard, tu devrais bien le charger de faire son épitaphe...

SAINT-MÉGRIN.

Il est enterré dans les poches de ces coquins de ligueurs... Je crois qu'il n'y a plus guère que là qu'on puisse trouver les écus à la rose et les doublons d'Espagne... Cependant il m'en reste encore quelques-uns, et, si tu veux...

D'ÉPERNON, riant.

Non, non, garde-les pour acheter de l'ellébore; car il faut que vous sachiez, mon père, que, depuis quelque temps, notre camarade Saint-Mégrin est fou... Seulement, sa folie n'est pas gaie... Cependant, il vient de me donner une bonne idée... Il faut que je vous fasse payer mon horoscope par un ligueur... Voyons, sur lequel vais-je vous donner un bon?... Aide-moi, duc de Joyeuse. Ce titre sonne bien, n'est-ce pas? Voyons, cherche...

JOYEUSE.

Que dis-tu de notre maître des comptes, La Chapelle-Marteau?...

D'ÉPERNON.

Insolvable... En huit jours, il épuiserait les trésors de Philippe II.

SAINT-MÉGRIN.

Et le petit Brigard?...

D'ÉPERNON.

Bah!... un prevôt de boutiquiers! il offrirait de s'acquitter en cannelle et en herbe à la reine.

RUGGIERI.

Thomas Crucé?...

D'ÉPERNON.

Si je vous prenais au mot, mon père, vos épaules pourraient bien garder pendant quelque temps rancune à votre langue... Il n'est pas endurant.

JOYEUSE.

Eh bien, Bussy Leclerc?

D'ÉPERNON.

Vive Dieu!... un procureur... Tu es de bon conseil, Joyeuse... (A Ruggieri.) Tiens, voilà un bon de dix écus noble rose. Fais bien attention que la noble rose n'est pas démonétisée comme l'écu sol et le ducat polonais, et qu'elle vaut douze livres. Va chez ce coquin de ligueur de la part de d'Épernon, et fais-toi payer : s'il refuse, dis-lui que j'irai moi-même avec vingt-cinq gentilshommes et dix ou douze pages...

SAINT-MÉGRIN.

Allons, maintenant que ton compte est réglé, je te rappellerai qu'on doit nous attendre au Louvre... Il faut rentrer, messieurs; partons!

JOYEUSE.

Tu as raison; nous ne trouverions plus de chaises à porteurs.

RUGGIERI, arrêtant Saint-Mégrin.

Comment! jeune homme, tu t'éloignes sans me consulter!...

SAINT-MÉGRIN.

Je ne suis pas ambitieux, mon père; que pourriez-vous me promettre?

RUGGIERI.

Tu n'es pas ambitieux!... Ce n'est pas en amour du moins.

SAINT-MÉGRIN

Que dites-vous, mon père! Parlez bas!...

RUGGIERI.

Tu n'es pas ambitieux, jeune homme, et, pour devenir la dame de tes pensées, il a fallu qu'une femme réunît dans son blason les armes de deux maisons souveraines, surmontées d'une couronne ducale ..

SAINT-MÉGRIN.

Plus bas, mon père, plus bas!

RUGGIERI.

Eh bien, doutes-tu encore de la science?

SAINT-MÉGRIN.

Non...

RUGGIERI.

Veux-tu partir encore sans me consulter?

SAINT-MÉGRIN.

Je le devrais, peut-être...

RUGGIERI.

J'ai cependant bien des révélations à te faire.

SAINT-MÉGRIN.

Qu'elles viennent du ciel ou de l'enfer, je les entendrai... Joyeuse, d'Épernon, laissez-moi : je vous rejoindrai bientôt dans l'antichambre...

JOYEUSE.

Un instant, un instant!... ma sarbacane... De par sainte Anne! si j'aperçois une maison de ligueur à cinquante pas à la ronde, je ne veux pas lui laisser un seul carreau.

D'ÉPERNON, à Saint-Mégrin.

Allons, dépêche-toi!... et nous te ferons bonne garde pendant ce temps.

(Ils sortent.)

SCÈNE IV

RUGGIERI, SAINT-MÉGRIN, puis LA DUCHESSE DE GUISE.

SAINT-MÉGRIN, poussant la porte.

Bien, bien... (Revenant.) Mon père,... un seul mot... M'aime-t-elle?... Vous vous taisez, mon père... Malédiction!... Oh! faites... faites qu'elle m'aime! On dit que votre art a des ressources inconnues et certaines, des breuvages, des philtres! Quels que soient vos moyens, je les accepte, dussent-ils compromettre ma vie en ce monde et mon salut dans l'autre... Je suis riche. Tout ce que j'ai est à vous. De l'or, des bijoux; ah! votre science peut-être méprise ces trésors du monde! Eh bien, écoutez-moi, mon père! On dit que les magiciens quelquefois ont besoin, pour leurs expériences cabalistiques, du sang d'un homme vivant encore. (Lui présentant son bras nu.) Tenez, mon père... Engagez-vous seulement à me faire aimer d'elle...

RUGGIERI.

Mais es-tu sûr qu'elle ne t'aime pas?

SAINT-MÉGRIN.

Que vous dirai-je, mon père? jusqu'à l'heure du désespoir, ne reste-t-il pas au fond du cœur une espérance sourde?... Oui, quelquefois j'ai cru lire dans ses yeux, lorsqu'ils ne se détournaient pas assez vite... Mais je puis me tromper... Elle me fuit, et jamais je ne suis parvenu à me trouver seul avec elle.

RUGGIERI.

Et si tu y réussissais enfin?

SAINT-MÉGRIN.

Cela étant, mon père!... son premier mot m'apprendrait ce que j'ai à craindre ou à espérer.

RUGGIERI.

Eh bien, viens et regarde dans cette glace... On l'appelle le miroir de réflexion... Quelle est la personne que tu désires y voir?

SAINT-MÉGRIN.

Elle, mon père!...

(Pendant qu'il regarde, l'alcôve s'ouvre derrière lui et laisse apercevoir la duchesse de Guise endormie.)

RUGGIERI.

Regarde!

SAINT-MÉGRIN.

Dieu!... vrai Dieu!... c'est elle!... elle, endormie! Ah! Catherine! (L'alcôve se referme.) Catherine! Rien... (Regardant derrière.) Rien non plus par ici... Tout a disparu : c'est un rêve, une illusion... Mon père, que je la voie... que je la revoie encore!...

RUGGIERI.

Elle dormait, dis-tu?

SAINT-MÉGRIN.

Oui...

RUGGIERI.

Écoute : c'est surtout pendant le sommeil que notre pouvoir est plus grand... Je puis profiter du sien pour la transporter ici.

SAINT-MÉGRIN.

Ici, près de moi?

RUGGIERI.

Mais, dès qu'elle est réveillée, rappelle-toi que toute ma puissance ne peut rien contre sa volonté...

SAINT-MÉGRIN.

Bien; mais hâtez-vous, mon père!... hâtez-vous!...

RUGGIERI.

Prends ce flacon; il suffira de le lui faire respirer pour qu'elle revienne à elle...

SAINT-MÉGRIN.

Oui, oui; mais hâtez-vous...

RUGGIERI.

T'engages-tu par serment à ne jamais révéler?...

SAINT-MÉGRIN.

Sur la part que j'espère dans le paradis, je vous le jure...

RUGGIERI.

Eh bien, lis... (Tandis que Saint-Mégrin parcourt quelques lignes du livre ouvert par Ruggieri, l'alcôve s'ouvre derrière lui; un ressort fait avancer le sofa dans la chambre, et la boiserie se referme.) Regarde!

(Il sort.)

SCÈNE V

SAINT-MÉGRIN, LA DUCHESSE DE GUISE.

SAINT-MÉGRIN.

Elle!... c'est elle!... la voilà... (Il s'élance vers elle, puis s'arrête tout à coup.) Dieu! j'ai lu que parfois des magiciens enlevaient au tombeau des corps qui, par la force de leurs enchantements, prenaient la ressemblance d'une personne vivante. Si... Que Dieu me protège! Ah!... rien ne change... Ce n'est donc pas un prestige, un rêve du ciel... Oh! son cœur bat à peine!... sa main... elle est glacée!... Catherine! réveille-toi : ce sommeil m'épouvante! Catherine!... Elle dort... Que faire?... Ah! ce flacon,... j'oubliais... Ma tête est perdue!...

(Il lui fait respirer le flacon.

LA DUCHESSE DE GUISE.

Ah!...

SAINT-MÉGRIN.

Oui, oui,... respire!... lève-toi!... parle, parle!... j'aime mieux entendre ta voix, dût-elle me bannir à jamais de ta présence, que de te voir dormir de ce sommeil froid.

LA DUCHESSE DE GUISE.

Ah! que je suis faible!... (Elle se lève en s'appuyant sur la tête de Saint-Mégrin, qui est à ses pieds.) J'ai dormi longtemps... Mes femmes... comment s'appellent-elles?... (Apercevant Saint-Mégrin.) Ah! c'est vous, comte?

(Elle lui tend la main.)

SAINT-MÉGRIN.

Oui... oui...

LA DUCHESSE DE GUISE.

Vous!... mais pourquoi vous? Ce n'était pas vous que j'étais habituée à voir à mon réveil... Mon front est si lourd, que je ne puis y rassembler deux idées...

SAINT-MÉGRIN.

Oh! Catherine, qu'une seule s'y présente, qu'une seule y reste!... celle de mon amour pour toi...

LA DUCHESSE DE GUISE.

Oui,... oui,... vous m'aimez... Oh! depuis longtemps, je m'en suis aperçue... Et moi aussi, je vous aimais, et je vous le cachais... Pourquoi donc?... Il me semble pourtant qu'il y a bien du bonheur à le dire!...

SAINT-MÉGRIN

Oh! redis-le donc encore!... redis-le, car il y a bien du bonheur à l'entendre!...

LA DUCHESSE DE GUISE.

Mais j'avais un motif pour vous le cacher... Quel était-il donc?... Ah!... ce n'était pas vous que je devais aimer... (Se levant, et oubliant son mouchoir sur le sofa.) Sainte Mère de Dieu! aurais-je dit que je vous aimais?... Malheureuse que je suis!.. mon amour s'est réveillé avant ma raison.

SAINT-MÉGRIN.

Catherine! n'écoute que ton cœur. Tu m'aimes! tu m'aimes!

LA DUCHESSE DE GUISE.

Moi? Je n'ai pas dit cela, monsieur le comte; cela n'est pas; ne croyez pas que cela soit... C'était un songe,... le sommeil,... le... Mais comment se fait-il que je sois ici?... Quelle est cette chambre?... Marie!... Madame de Cossé!... Laissez-moi, monsieur de Saint-Mégrin, éloignez-vous...

SAINT-MÉGRIN.

M'éloigner ! et pourquoi ?...

LA DUCHESSE DE GUISE.

O mon Dieu ! mon Dieu ! que m'arrive-t-il ?...

SAINT-MÉGRIN

Madame, je me vois ici, je vous y trouve, je ne sais comment... Il y a de l'enchantement, de la magie.

LA DUCHESSE DE GUISE.

Je suis perdue !... moi qui jusqu'à présent vous ai fui, moi que déjà les soupçons de M. de Guise, mon seigneur et maître...

SAINT-MÉGRIN.

M. de Guise !... mille damnations !... M. de Guise, votre seigneur et maître !... Oh ! puisse-t-il ne pas vous soupçonner à tort... et que tout son sang... tout le mien...

LA DUCHESSE DE GUISE.

Monsieur le comte, vous m'effrayez.

SAINT-MÉGRIN.

Pardon !... mais quand je pense que je pouvais vous connaître libre, être aimé de vous, devenir aussi votre seigneur et maître... Il me fait bien mal, M. de Guise ; mais que mon bon ange me manque au jour du jugement si je ne le lui rends pas, .

LA DUCHESSE DE GUISE.

Monsieur le comte !... Mais enfin... où suis-je ? dites-le moi... Aidez-moi à sortir d'ici, à me rendre à l'hôtel de Guise, et je vous pardonne...

SAINT-MÉGRIN.

Me pardonner ! et quel est donc mon crime ?

LA DUCHESSE DE GUISE.

Je suis ici... et vous me le demandez... Vous avez profité de son sommeil pour enlever une femme qui vous est étrangère, qui ne peut vous aimer, qui ne vous aime pas, monsieur le comte...

SAINT-MÉGRIN.

Qui ne m'aime pas !... Ah ! madame, on n'aime pas comme j'aime, pour ne pas être aimé. J'en crois vos premières paroles, j'en crois...

LA DUCHESSE DE GUISE.

Silence !

SAINT-MÉGRIN.

Ne craignez rien.

JOYEUSE, dans l'antichambre.

Vive Dieu!... nous sommes en sentinelle, et on ne passe pas...

LE DUC DE GUISE, derrière le théâtre.

Tête-Dieu! messieurs, prenez garde, en croyant jouer avec un renard, d'éveiller un lion...

LA DUCHESSE DE GUISE.

Sainte Marie!... c'est la voix du duc de Guise!... Où fuir? où me cacher?

SAINT-MÉGRIN, s'élançant vers la porte.

C'est le duc de Guise?... Eh bien...

LA DUCHESSE DE GUISE.

Arrêtez, monsieur, au nom du ciel! vous me perdez.

SAINT-MÉGRIN.

C'est vrai...

(Il court à la porte, passe entre les deux anneaux de fer la barre qui sert de verrou.)

RUGGIERI, entrant et prenant la duchesse par la main.

Silence, madame... Suivez-moi...

(Il ouvre la porte secrète : la duchesse de Guise s'y élance, Ruggieri la suit ; la porte se referme derrière eux.)

LE DUC DE GUISE, avec impatience.

Messieurs!...

D'ÉPERNON.

Ne trouves-tu pas qu'il a un petit accent lorrain tout à fait agréable?...

SAINT-MÉGRIN, se retournant.

Maintenant, madame,... nous pouvons... Eh bien, où est-elle?... Tout cela ne serait-il pas l'œuvre du démon? Que croire? Oh! ma tête! ma tête!... Maintenant, qu'il entre.

(Il ouvre la porte.)

LE DUC DE GUISE, entrant.

J'aurais dû deviner, par ceux de l'antichambre, celui qui me ferait les honneurs de l'appartement...

SAINT-MÉGRIN.

Ne vous en prenez qu'à la circonstance, monsieur le duc, si je ne profite pas de ce moment pour vous rendre tous ceux dont je vous crois digne... Cela viendra, je l'espère...

JOYEUSE.
Comment, Saint-Mégrin, c'est le Balafré lui-même?
SAINT-MÉGRIN.
Oui, oui, messieurs, c'est lui... Mais il se fait tard; partons! partons!

(Ils sortent.)

SCÈNE VI

LE DUC DE GUISE, puis RUGGIERI.

LE DUC DE GUISE.
Quand donc une bonne arquebusade de favoris nous délivrera-t-elle de ces insolents petits muguets? M. le comte Caussade de Saint-Mégrin... Le roi l'a fait comte; et qui sait où s'arrêtera ce champignon de fortune? Mayenne, avant son départ, me l'avait recommandé. Je dois m'en méfier, dit-il : il a cru s'apercevoir qu'il aimait la duchesse de Guise et m'en a fait prévenir par Bassompierre... Tête-Dieu! si je n'étais aussi sûr de la vertu de ma femme, M. de Saint-Mégrin payerait cher ce soupçon! (Entre Ruggieri.) Ah! c'est toi, Ruggieri.

RUGGIERI.
Oui, monseigneur duc...

LE DUC DE GUISE.
J'ai avancé d'un jour la réunion qui devait avoir lieu chez toi... Dans quelques minutes, nos amis seront ici... Je suis venu le premier, parce que je désirais te trouver seul. Nicolas Poulain m'a dit que je pouvais compter sur toi.

RUGGIERI.
Il a dit vrai... Et mon art...

LE DUC DE GUISE.
Laissons là ton art. Que j'y croie ou que je n'y croie pas, je suis trop bon chrétien pour y avoir recours. Mais je sais que tu es savant, versé dans la connaissance des manuscrits et des archives... C'est de cette science que j'ai besoin. Écoute-moi. L'avocat Jean David n'a pu obtenir du saint-père qu'il ratifiât la Ligue ; il est rentré en France...

RUGGIERI.
Oui; les dernières lettres que j'ai reçues de lui étaient datées de Lyon.

LE DUC DE GUISE.
Il y est mort; il était porteur de papiers importants... Ces

papiers ont été soustraits. Parmi eux se trouvait une généalogie que le duc de Guise, mon père, de glorieuse mémoire, avait fait faire, en 1535, par François Rosières. On y prouvait que les princes lorrains étaient la seule et vraie postérité de Charlemagne. Mon père, il faut me refaire un nouvel arbre généalogique qui prenne sa racine dans celui des Carlovingiens ; il faut l'appuyer de nouvelles preuves. C'est un travail pénible et difficile, qui veut être bien payé. Voici un à-compte.

RUGGIERI.

Vous serez content de moi, monseigneur.

LE DUC DE GUISE.

Bien... Et que venaient faire ici ces jeunes papillons de cour que j'y ai trouvés?

RUGGIERI.

Me consulter sur l'avenir.

LE DUC DE GUISE.

Sont-ils donc mécontents du présent?... Ils seraient bien difficiles. Ils se sont éloignés, n'est-ce pas?...

RUGGIERI.

Oui, monseigneur; ils sont au Louvre maintenant.

LE DUC DE GUISE.

Que le Valois s'endorme au bruit de leur bourdonnement, pour ne s'éveiller qu'à celui de la cloche qui lui sonnera matines... Mais il y a quelqu'un dans l'antichambre... Ah! ah! c'est le père Crucé.

SCÈNE VII

Les Mêmes, CRUCÉ; puis BUSSY-LECLERC, LA CHAPELLE-MARTEAU et BRIGARD.

LE DUC DE GUISE.

C'est vous, Crucé! quelles nouvelles?

CRUCÉ.

Mauvaises, monseigneur, mauvaises! rien ne marche,... tout dégénère. Morbleu! nous sommes des conspirateurs à l'eau rose.

LE DUC DE GUISE.

Comment cela?

CRUCÉ.

Eh! oui... Nous perdons le temps en fadaises politiques; nous courons de porte en porte pour faire signer l'Union. Par saint Thomas! vous n'avez qu'à vous montrer, monsieur le duc; quand ils vous regardent, les huguenots sont de la Ligue...

LE DUC DE GUISE.

Est-ce que votre liste?..

CRUCÉ.

Trois ou quatre cents zélés l'ont signée; cent cinquante politiques y ont mis leur parafe; une trentaine de huguenots ont refusé en faisant la grimace... Quant à ceux-là, morbleu! j'ai fait une croix blanche sur leur porte, et, si jamais l'occasion se présente de décrocher ma pauvre arquebuse qui est au repos depuis six ans... Mais je n'aurai pas ce bonheur-là, monseigneur; les bonnes traditions se perdent... Tête-Dieu! si j'étais à votre place...

LE DUC DE GUISE.

Et la liste?...

CRUCÉ.

La voici... Faites-en des bourres, monsieur le duc, et plus tôt que plus tard.

LE DUC DE GUISE.

Cela viendra, mon brave, cela viendra.

CRUCÉ.

Dieu le veuille!... Ah! ah! voilà les camarades.

(Entrent Bussy-Leclerc, La Chapelle-Marteau et Brigard.)

LE DUC DE GUISE.

Eh bien, messieurs, la récolte a-t-elle été bonne?

BUSSY-LECLERC.

Pas mauvaise: deux ou trois cents signatures, pour ma part; des avocats, des procureurs.

CRUCÉ.

Et toi, mon petit Brigard, as-tu fait marcher les boutiquiers?

BRIGARD.

Ils ont tous signé.

CRUCÉ, lui frappant sur l'épaule.

Vive Dieu! monsieur le duc, voilà un zélé. Tous ceux de l'Union peuvent se présenter à sa boutique, au coin de la rue Aubry-le-Boucher; ils y auront un rabais de trente deniers par livre sur tout ce qu'ils achèteront.

LE DUC DE GUISE.

Et vous, monsieur Marteau?

LA CHAPELLE-MARTEAU.

J'ai été moins heureux, monseigneur... Les maîtres des

comptes ont peur, et M. le président de Thou n'a signé qu'avec restriction.

LE DUC DE GUISE.

Il a donc ses fleurs de lis bien avant dans le cœur, votre président de Thou?... Est-ce qu'il n'a pas vu que l'on promet obéissance au roi et à sa famille?

LA CHAPELLE-MARTEAU.

Oui ; mais on se réunit sans sa permission.

LE DUC DE GUISE.

Il a raison, M. de Thou... Je me rendrai demain au lever de Sa Majesté, messieurs... Mon premier soin aurait dû être d'obtenir la sanction du roi, il n'aurait pas osé me la refuser... Mais, Dieu merci! il n'est point encore trop tard. Demain, je mettrai sous les yeux de Henri de Valois la situation de son royaume; je me ferai l'interprète de ses sujets mécontents. Il a déjà reconnu tacitement la Ligue; je veux qu'il lui nomme publiquement un chef.

LA CHAPELLE-MARTEAU.

Prenez garde, monseigneur! il n'y a pas loin du bassinet à la mèche d'un pistolet, et quelque nouveau Poltrot...

LE DUC DE GUISE.

Il n'oserait!... D'ailleurs, j'irai armé.

CRUCÉ.

Que Dieu soit pour vous et la bonne cause!... Cela fait, monseigneur, je crois qu'il sera temps de vous décider

LE DUC DE GUISE.

Oh! ma décision est prise depuis longtemps; ce que je ne décide pas en une heure, je ne le déciderai de ma vie.

CRUCÉ.

Oui ;... et, avec votre prudence, toute votre vie ne suffira peut-être pas à exécuter ce que vous aurez décidé en un quart d'heure...

LE DUC DE GUISE.

Monsieur Crucé, dans un projet comme le nôtre, le temps est l'allié le plus sûr.

CRUCÉ.

Tête-Dieu!... vous avez le temps d'attendre, vous; mais, moi, je suis pressé; et puisque tout le monde signe...

LE DUC DE GUISE.

Oui .. Et les douze mille hommes, tant Suisses que reîtres, que Sa Majesté vient de faire entrer dans sa bonne ville de

Paris,... ont-ils signé?... Chacun d'eux porte une arquebuse ornée d'une belle et bonne mèche, monsieur Crucé; sans compter les fauconneaux de la Bastille... Fiez-vous-en à moi pour marquer le jour; et, quand il sera venu...

BUSSY-LECLERC.

Eh bien, que ferons-nous au Valois?...

LE DUC DE GUISE.

Ce que lui promettait hier madame de Montpensier, en me montrant une paire de ciseaux : une troisième couronne.

BUSSY-LECLERC.

Ainsi soit-il!... n'est-ce pas, mon vieux sorcier? car je présume que tu es de notre avis, puisque tu ne dis rien...

RUGGIERI.

J'attendais l'occasion favorable de vous présenter une petite requête.

BUSSY-LECLERC.

Laquelle?

RUGGIERI, lui donnant le billet de d'Épernon.

La voici...

BUSSY-LECLERC.

Comment! un bon du d'Épernon... sur moi? C'est une plaisanterie

RUGGIERI.

Il a dit que, si vous n'y faisiez pas honneur, il irait vous trouver, et le ferait acquitter lui-même...

BUSSY-LECLERC.

Qu'il vienne, morbleu!... a-t-il oublié qu'avant d'être procureur, j'ai été maître d'armes au régiment de Lorraine?... Je crois que le cher favori est jaloux des statues qui ornent les tombeaux de Quélus et de Maugiron? Eh bien, qu'à cela ne tienne : nous le ferons tailler en marbre à son tour.

LE DUC DE GUISE.

Gardez-vous-en bien, maître Bussy! Je ne voudrais pas, pour vingt-cinq de mes amis, ne pas avoir un tel ennemi... Son insolence recrute pour nous... Donne-moi ce billet, Ruggieri. Dix écus noble rose, c'est cent vingt livres tournois... Les voici.

BUSSY-LECLERC.

Que faites-vous donc, monseigneur?...

LE DUC DE GUISE.

Soyez tranquille; quand le moment de régler nos comptes

sera arrivé, je m'arrangerai de manière qu'il ne reste pas mon débiteur... Mais il se fait tard... A demain soir, messieurs. Les portes de l'hôtel de Guise seront ouvertes à tous nos amis; madame de Montpensier en fera les honneurs; et seront doublement bien reçus par elle ceux qui viendront avec la double croix ! Ruggieri, reconduis ces messieurs. Ainsi, c'est dit; à demain soir, à l'hôtel de Guise.

CRUCÉ.

Oui, monseigneur...

(Ils sortent.)

SCÈNE VII

LE DUC DE GUISE, seul.

Il s'assied sur le sofa où la duchesse a oublié son mouchoir.

Par saint Henri de Lorraine ! c'est un rude métier que celui que j'ai entrepris... Ces gens-là croient qu'on arrive au trône de France comme à un bénéfice de province. Le duc de Guise roi de France ! c'est un beau rêve... Cela sera pourtant ; mais, auparavant, que de rivaux à combattre ! Le duc d'Anjou, d'abord;... c'est le moins à craindre ; il est haï également du peuple et de la noblesse, et on le déclarerait facilement hérétique et inhabile à succéder:.. Mais, à son défaut, l'Espagnol n'est-il pas là pour réclamer, à titre de beau-frère, l'héritage du Valois?... Le duc de Savoie, son oncle par alliance, voudra élever des prétentions. Un duc de Lorraine a épousé sa sœur... Peut-être y aurait-il un moyen : ce serait de faire passer la couronne de France sur la tête du vieux cardinal de Bourbon, et de me forcer à le reconnaître comme héritier... J'y songerai... Que de peines ! de tourments !... pour qu'à la fin peut-être la balle d'un pistolet ou la lame d'un poignard... Ah ! (Il laisse tomber sa main avec découragement ; elle se pose sur le mouchoir oublié par la duchesse.) Qu'est cela ?... Mille damnations ! ce mouchoir appartient à la duchesse de Guise ! voilà les armes réunies de Clèves et de Lorraine... Elle serait venue ici !... Saint-Mégrin !... O Mayenne ! Mayenne ! tu ne t'étais donc pas trompé ! et lui... lui... (Appelant.) Saint-Paul ! (Son écuyer entre.) Je vais... Saint-Paul ! qu'on me cherche les mêmes hommes qui ont assassiné Dugast.

ACTE DEUXIÈME

Une salle du Louvre. — A gauche, deux fauteuils et quelques tabourets préparés pour le roi, la reine mère et les courtisans. Joyeuse est couché dans l'un de ces fauteuils, et Saint-Mégrin, debout, appuyé sur le dossier de l'autre. Du côté opposé, d'Épernon est assis à une table sur laquelle est posé un échiquier. Au fond, Saint-Luc fait des armes avec du Halde. Chacun d'eux a près de lui un page à ses couleurs.

SCÈNE PREMIÈRE

JOYEUSE, SAINT-MÉGRIN, D'ÉPERNON, SAINT-LUC, DU HALDE, Pages.

D'ÉPERNON.
Messieurs, qui de vous fait ma partie d'échecs, en attendant le retour du roi ? Saint-Mégrin, ta revanche ?

SAINT-MÉGRIN.
Non, je suis distrait aujourd'hui.

JOYEUSE.
Oh ! décidément, c'est la prédiction de l'astrologue... Vrai Dieu ! c'est un véritable sorcier. Sais-tu bien qu'il avait prédit à Dugast qu'il n'avait plus que quelques jours à vivre, quand la reine Marguerite l'a fait assassiner ? Je parie que c'est un horoscope du même genre qui occupe Saint-Mégrin, et que quelque grande dame dont il est amoureux...

SAINT-MÉGRIN, l'interrompant vivement.
Mais, toi-même, Joyeuse, que ne fais-tu la partie de d'Épernon ?

JOYEUSE.
Non, merci.

D'ÉPERNON.
Est-ce que tu veux réfléchir aussi, toi ?

JOYEUSE.
C'est, au contraire, pour ne pas être obligé de réfléchir.

SAINT-LUC.
Eh bien, veux-tu faire des armes avec moi, vicomte ?

JOYEUSE.
C'est trop fatigant, et puis tu n'es pas de ma force. Fais une œuvre charitable, tire d'Épernon d'embarras...

SAINT-LUC.

Soit.

JOYEUSE, tirant un bilboquet de son escarcelle.

Vive Dieu ! messieurs, voilà un jeu... Celui-là ne fatigue ni le corps ni l'esprit... Sais-tu bien que cette nouvelle invention a eu un succès prodigieux chez la présidente ? A propos, tu n'y étais pas, Saint-Luc ; qu'es-tu donc devenu ?...

SAINT-LUC.

J'ai été voir les Gelosi ; tu sais, ces comédiens italiens qui ont obtenu la permission de représenter des mystères à l'hôtel de Bourbon.

JOYEUSE.

Ah ! oui,... moyennant quatre sous par personne.

SAINT-LUC.

Et puis, en passant... Un instant, d'Épernon, je n'ai pas joué.

JOYEUSE.

Et puis, en passant ?...

SAINT-LUC.

Où ?

JOYEUSE.

En passant, disais-tu ?...

SAINT-LUC.

Oui... Je me suis arrêté en face de Nesle, pour y voir poser la première pierre d'un pont qu'on appellera le pont Neuf.

D'ÉPERNON.

C'est Ducerceau qui l'a entrepris... On dit que le roi va lui accorder des lettres de noblesse.

JOYEUSE.

Et justice sera faite... Sais-tu bien qu'il m'épargnera au moins six cents pas, toutes les fois que je voudrai aller à l'École Saint-Germain ? (Il laisse tomber son bilboquet, et appelle son page, qui est à l'autre bout de la salle.) Bertrand, mon bilboquet...

SAINT-LUC.

Messieurs, grande réforme ! Ce matin, madame de Sauves m'a dit en confidence que le roi avait abandonné les fraises gaudronnées pour prendre les collets renversés à l'italienne.

D'ÉPERNON.

Eh ! que ne nous disais-tu pas cela !... Nous serons en retard d'un jour... Tiens, Saint-Mégrin le savait, lui... (A son page.) Que je trouve demain un collet renversé au lieu de cette fraise...

SAINT-LUC, riant.

Ah! ah!... tu te souviens que le roi t'a exilé quinze jours, parce qu'il manquait un bouton à ton pourpoint...

JOYEUSE.

Eh bien, moi, je vais te rendre nouvelle pour nouvelle. Antraguet rentre aujourd'hui en grâce.

SAINT-LUC.

Vrai?...

JOYEUSE.

Oui, il est décidément guisard... C'est le Balafré qui a exigé du roi qu'il lui rendît son commandement... Depuis quelque temps, le roi fait tout ce qu'il veut...

D'ÉPERNON.

C'est qu'il a besoin de lui... Il paraît que le Béarnais est en campagne, le harnais sur le dos...

JOYEUSE.

Vous verrez que ce damné d'hérétique nous fera battre pendant l'été... Mettez-vous donc en campagne de cette chaleur-là,... avec cent cinquante livres de fer sur le corps!... pour revenir hâlé comme un Andalou...

SAINT-LUC.

Ce serait un mauvais tour à te faire, Joyeuse...

JOYEUSE.

Je l'avoue; j'ai plus peur d'un coup de soleil que d'un coup d'épée... et, si je le pouvais, je me battrais toujours, comme Bussy d'Amboise l'a fait dans son dernier duel, au clair de la lune...

SAINT-LUC.

Quelqu'un a-t-il de ses nouvelles?

D'ÉPERNON.

Il est toujours dans l'Anjou, près de Monsieur... C'est encore un ennemi de moins pour le guisard.

JOYEUSE.

A propos de guisard, Saint-Mégrin, sais-tu ce qu'en dit la maréchale de Retz? Elle dit qu'auprès du duc de Guise, tous les princes paraissent peuple.

SAINT-MÉGRIN

Guise!... toujours Guise!... Vive Dieu!... que l'occasion s'en présente (tirant son poignard et coupant son gant en morceaux), et, de par saint Paul de Bordeaux! je veux hacher tous ces petits princes lorrains comme ce gant.

JOYEUSE.

Bravo, Saint-Mégrin!... Vrai-Dieu! je le hais autant que toi.

SAINT-MÉGRIN.

Autant que moi! Malédiction! si cela est possible; je donnerais mon titre de comte pour sentir, cinq minutes seulement, son épée contre la mienne... Cela viendra peut-être...

DU HALDE.

Messieurs, messieurs, voilà Bussy...

SAINT-MÉGRIN.

Comment! Bussy d'Amboise?...

SCÈNE II

Les Mêmes, BUSSY D'AMBOISE.

BUSSY D'AMBOISE.

Eh! oui, messieurs, lui-même, en personne... Aux amis, salut... Bonjour, Saint-Mégrin...

SAINT-MÉGRIN.

Et nous qui te croyions à cent lieues d'ici.

BUSSY D'AMBOISE.

J'y étais, il y a trois jours... Aujourd'hui, me voilà.

JOYEUSE.

Ah! ah!... vous êtes donc raccommodés?... Il voulait te tuer avec Quélus... Il n'y a pas de sa faute, si le coup n'a pas réussi...

BUSSY D'AMBOISE.

Oui, pour la dame de Sauve... Mais, depuis, nous avons mesuré nos épées, et elles se sont trouvées de la même longueur...

SAINT-LUC.

A propos de la dame de Sauve, on dit que, pour qu'elle soit plus sûre de ta fidélité, tu lui écris avec ton sang, comme Henri III écrivait de Pologne à la belle Renée de Châteauneuf... Sans doute elle était prévenue de ton arrivée, elle...

BUSSY D'AMBOISE.

Non. Nous voyageons incognito... Mais je n'ai pas voulu passer si près de vous, sans venir vous demander s'il n'y avait pas quelqu'un de vous qui eût besoin d'un second...

SAINT-MÉGRIN.

Cela se pourra faire, si tu ne nous quittes pas trop tôt.

BUSSY D'AMBOISE.

Téte-Dieu!... le cas échéant, je suis homme à retarder mon départ;... ainsi ne te gêne pas. Il y a si long-temps que cela ne m'est arrivé!... c'est tout au plus si, en province, on trouve à se battre une fois par semaine... Heureusement que j'avais là, sous la main, mon ami Saint-Phal; nous nous sommes battus trois fois, parce qu'il soutenait avoir vu des X sur les boutons d'un habit, où je crois qu'il y avait des Y...

SAINT-MÉGRIN.

Bah! pas possible...

BUSSY D'AMBOISE.

Parole d'honneur! Crillon était mon second...

JOYEUSE.

Et qui avait raison?

BUSSY D'AMBOISE.

Nous n'en savons rien encore: la quatrième rencontre en décidera... Mais que vois-je donc là-bas? Les pages d'Antraguet!... Je croyais que, depuis la mort de Quélus...

SAINT-LUC.

Le duc de Guise a sollicité sa grâce.

BUSSY D'AMBOISE.

Ah! oui, sollicité,... j'entends... Il est donc toujours insolent, notre beau cousin de Guise?...

SAINT-MÉGRIN.

Pas encore assez...

D'ÉPERNON.

Vrai-Dieu! tu es difficile... Je suis sûr qu'au fond du cœur, le roi n'est pas de ton avis?

SAINT-MÉGRIN.

Qu'il dise donc un mot...

D'ÉPERNON.

Ah! vois-tu, c'est qu'il est trop occupé dans ce moment, il apprend le latin.

SAINT-MÉGRIN.

Téte-Dieu! qu'a-t-il besoin de latin pour parler à des Français? Qu'il dise seulement: « A moi, ma brave noblesse! » et un millier d'épées qui coupent bien, sortiront des fourreaux où elles se rouillent. N'a-t-il plus dans la poitrine le même cœur qui battait à Jarnac et à Moncontour, ou ses gants parfumés ont-ils amolli ses mains, au point qu'elles ne puissent plus serrer la garde d'une épée?...

D'ÉPERNON.

Silence, Saint-Mégrin!... le voilà...

UN PAGE, entrant.

Le roi!...

BUSSY D'AMBOISE.

Je vais me tenir un peu à l'écart... Je ne me montrerai que s'il est de bonne humeur...

UN SECOND PAGE.

Le roi!

(Tout le monde se lève et se groupe.)

UN TROISIÈME PAGE.

Le roi!

SCÈNE III

Les Mêmes, HENRI, puis CATHERINE.

HENRI.

Salut, messieurs, salut... Villequier, qu'on prévienne madame ma mère de mon retour, et qu'on s'informe si l'on a apporté mon nouvel habit d'amazone... Ah! dites à la reine que je passerai chez elle, afin de fixer le jour de notre départ pour Chartres; car vous savez, messieurs, que la reine et moi faisons un pèlerinage à Notre-Dame de Chartres, afin d'obtenir du ciel ce qu'il nous a refusé jusqu'à présent, un héritier de notre couronne. Ceux qui voudront nous suivre seront les bienvenus.

SAINT-MÉGRIN.

Sire, si, au lieu d'un pèlerinage à Notre-Dame de Chartres, vous ordonniez une campagne dans l'Anjou;... si vos gentilshommes étaient revêtus de cuirasses au lieu de cilices, et portaient des épées en guise de cierges, Votre Majesté ne manquerait pas de pénitents, et vous me verriez au premier rang, sire, dussé-je faire la moitié de la route pieds nus sur des charbons ardents...

HENRI.

Chaque chose aura son tour, mon enfant. Nous ne resterons pas en arrière dès qu'il le faudra; mais, en ce moment, grâce à Dieu, notre beau royaume de France est en paix, et le temps ne nous manque pas pour nous occuper de nos dévotions. Mais que vois-je! vous à ma cour, seigneur de Bussy? (A Catherine de Médicis qui entre.) Venez, ma mère, venez: vous allez avoir des nouvelles de votre fils bien-aimé, qui, s'il eût été frère soumis et sujet respectueux, n'aurait jamais dû quitter notre cour...

CATHERINE.

Il y revient, peut-être, mon fils...

HENRI, s'asseyant.

C'est ce que nous allons savoir... Asseyez-vous, ma mère...; Approchez, seigneur de Bussy... Où avez-vous quitté notre frère ?...

BUSSY D'AMBOISE.

A Paris, sire.

HENRI.

A Paris !... Serait-il dans notre bonne ville de Paris?

BUSSY D'AMBOISE.

Non; mais il y est passé cette nuit.

HENRI.

Et il se rend?...

BUSSY D'AMBOISE.

Dans la Flandre...

HENRI.

Vous l'entendez, ma mère. Nous allons sans doute avoir dans notre famille un duc de Brabant. Et pourquoi a-t-il passé si près de nous, sans venir nous présenter son hommage de fidélité, comme à son aîné et à son roi?...

BUSSY D'AMBOISE.

Sire,... il connaît la grande amitié que lui porte Votre Majesté, et il a craint qu'une fois rentré au Louvre, vous ne l'en laissiez plus sortir.

HENRI.

Et il a eu raison, monsieur; mais, en ce moment, l'absence de son bon serviteur et de sa fidèle épée doit lui faire faute ; car peut-être bientôt compte-t-il se servir contre nous de l'un et de l'autre. Arrangez-vous donc, seigneur de Bussy, pour le rejoindre au plus vite, et pour nous quitter au plus tôt. (Un Page entre.) Eh bien, qu'y a-t-il?

CATHERINE.

Mon fils, c'est sans doute Antraguet qui profite de la permission que vous lui avez volontairement accordée de reparaître en votre royale présence...

HENRI.

Oui, oui, volontairement!... Le meurtrier!... Ma mère,

mon cousin de Guise m'impose un grand sacrifice; mais, pour mes péchés, Dieu veut qu'il soit complet. (Au Page.) Parlez.

LE PAGE.

Charles Balzac d'Entragues, baron de Dunes, comte de Graville, ex-lieutenant général au gouvernement d'Orléans, demande à déposer aux pieds de Votre Majesté l'hommage de sa fidélité et de son respect.

HENRI.

Oui, oui ;... tout à l'heure nous recevrons notre sujet fidèle et respectueux ; mais, auparavant, je veux me séparer de tout ce qui pourrait me rappeler cet affreux duel... Tiens, Joyeuse, tiens!... (Il tire de sa poitrine une espèce de sachet.) Voilà les pendants d'oreilles de Quélus; porte-les en mémoire de notre ami commun... D'Épernon, voici la chaîne d'or de Maugiron... Saint-Mégrin, je te donnerai l'épée de Schomberg; elle était bien pesante pour un bras de dix-huit ans!... qu'elle te défende mieux que lui, en pareille circonstance. Et maintenant, messieurs, faites comme moi, ne les oubliez pas dans vos prières.

> Que Dieu reçoive en son giron
> Quélus, Schomberg et Maugiron.

Restez autour de moi, mes amis, et asseyez-vous... Faites entrer... (A la vue d'Antraguet, il prend dans sa bourse un flacon qu'il respire.) Approchez ici, baron, et fléchissez le genou... Charles Balzac d'Entragues, nous vous avons accordé la faveur de notre présence royale, au milieu de notre cour, pour vous rendre, là où nous vous les avions ôtés, vos dignités et vos titres... Relevez-vous, baron de Dunes, comte de Graville, gouverneur général de notre province d'Orléans, et reprenez près de notre personne royale les fonctions que vous y remplissiez autrefois... Relevez-vous.

D'ENTRAGUES.

Non, sire,... je ne me relèverai pas, que Votre Majesté n'ait reconnu publiquement que ma conduite, dans ce funeste duel, a été celle d'un loyal et honorable cavalier.

HENRI.

Oui,... nous le reconnaissons, car c'est la vérité... Mais vous avez porté des coups bien malheureux!...

D'ENTRAGUES.

Et maintenant, sire, votre main à baiser, comme gage de pardon et d'oubli.

HENRI.

Non, non, monsieur, ne l'espérez pas.

CATHERINE.

Mon fils, que faites-vous !

HENRI.

Non, madame, non... J'ai pu lui pardonner, comme chrétien, le mal qu'il m'a fait; mais je ne l'oublierai de ma vie.

D'ENTRAGUES.

Sire,... j'appelle le temps à mon secours ; peut-être ma fidélité et ma soumission finiront-elles par fléchir le courroux de Votre Majesté.

HENRI.

C'est possible. Mais votre gouvernement doit avoir besoin de votre présence; il en est privé depuis longtemps, baron de Dunes, et le bien de nos fidèles sujets pourrait en souffrir... Qui fait ce bruit?

D'ÉPERNON.

Ce sont ceux de Guise...

HENRI.

Notre beau cousin de Lorraine ne profite pas du privilége qu'ont les princes souverains de paraître devant nous sans être annoncés... Ses pages ont toujours soin de faire assez de bruit pour que son arrivée ne soit pas un mystère...

SAINT-MÉGRIN.

Il traite, avec Votre Majesté, de puissance à puissance... Il a ses sujets comme vous avez les vôtres, et sans doute qu'il vient, armé de pied en cap, présenter en leur nom une humble requête à Votre Majesté.

SCÈNE IV

Les Mêmes, LE DUC DE GUISE.

Il est couvert d'une armure complète, précédé de deux Pages, et suivi par quatre, dont l'un porte son casque.

HENRI.

Venez, monsieur le duc, venez... Quelqu'un qui s'est retourné au bruit que faisaient vos pages, et qui vous a aperçu

de loin, offrait de parier que vous veniez encore nous supplier de réformer quelque abus, de supprimer quelque impôt... Mon peuple est un peuple bien heureux, mon beau cousin, d'avoir en vous un représentant si infatigable, et en moi un roi si patient!
LE DUC DE GUISE.
Il est vrai que Votre Majesté m'a accordé bien des grâces,... et je suis fier d'avoir si souvent servi d'intermédiaire entre elle et ses sujets.
SAINT-MÉGRIN, à part.
Oui, comme le faucon entre le chasseur et le gibier...
LE DUC DE GUISE.
Mais, aujourd'hui, sire, un motif plus puissant m'amène encore devant Votre Majesté, puisque c'est à la fois des intérêts de son peuple et des siens que j'ai à l'entretenir...
HENRI.
Si l'affaire est si sérieuse, monsieur le duc, ne pourriez-vous pas attendre nos prochains états de Blois?... Les trois ordres de la nation ont là des représentants qui, du moins, ont reçu de nous mission de me parler au nom de leurs mandataires.
LE DUC DE GUISE.
Votre Majesté voudra-t-elle bien songer que les états de Blois viennent de se dissoudre, et ne se rassembleront qu'au mois de novembre?... Lorsque le danger est pressant, il me semble qu'un conseil privé...
HENRI.
Lorsque le danger est pressant!... Mais vous nous effrayez, monsieur de Guise... Eh bien, toutes les personnes qui composent notre conseil privé sont ici... Parlez, monsieur le duc, parlez.
CATHERINE.
Mon fils, permettez que je me retire.
HENRI.
Non, madame, non; M. le duc sait bien que nous n'avons rien de caché pour notre auguste mère, et que, dans plus d'une affaire importante, ses conseils nous ont même été d'un utile secours.
LE DUC DE GUISE.
Sire, la démarche que je fais près de vous est hardie, peut-

être trop tardie... Mais hésiter plus longtemps ne serait pas d'un bon et loyal sujet.

HENRI.

Au fait, monsieur le duc, au fait...

LE DUC DE GUISE.

Sire, des dépenses immenses, mais nécessaires, puisque Votre Majesté les a faites, ont épuisé le trésor de l'État... Jusqu'à présent, Votre Majesté, avec l'aide de ses fidèles sujets, a trouvé moyen de le remplir... Mais cela ne peut durer... L'approbation du saint-père a permis d'aliéner pour deux cent mille livres de rente sur les biens du clergé. Un emprunt a été fait aux membres du Parlement sous prétexte de faire sortir les gens de guerre étrangers... Les diamants de la couronne sont en gage pour la sûreté des trois millions dus au duc Casimir... Les deniers destinés aux rentes de l'hôtel de ville ont été détournés pour un autre usage, et les états généraux ont eu l'audace de répondre par un refus, lorsque Votre Majesté a proposé d'aliéner les domaines.

HENRI.

Oui, oui, monsieur le duc, je sais que nos finances sont en assez mauvais état... Nous prendrons un autre surintendant.

LE DUC DE GUISE.

Cette mesure pourrait être suffisante en temps de paix, sire... mais Votre Majesté va se voir contrainte à la guerre. Les huguenots, que votre indulgence encourage, font des progrès effrayants. Favas s'est emparé de la Réole ; Montferrand, de Périgueux ; Condé, de Dijon. Le Navarrois a été vu sous les murs d'Orléans ; la Saintonge, l'Agénois et la Gascogne sont en armes, et les Espagnols, profitant de nos troubles, ont pillé Anvers, brûlé huit cents maisons, et passé sept mille habitants au fil de l'épée.

HENRI.

Par la mort-Dieu ! si ce que vous me dites là est vrai, il faut châtier les huguenots au dedans et les Espagnols au dehors. Nous ne craignons pas la guerre, mon beau cousin ; et, s'il le fallait, nous irions nous-même sur le tombeau de notre aïeul Louis IX saisir l'oriflamme, et nous marcherions à la tête de notre brave armée, au cri de guerre de Jarnac et de Moncontour.

SAINT-MÉGRIN.

Et, si l'argent vous manque, sire, votre brave noblesse est là pour rendre à Votre Majesté ce qu'elle a reçu d'elle. Nos maisons, nos terres, nos bijoux peuvent se monnayer, monsieur le duc; et, vive-Dieu! en fondant les seules broderies de nos manteaux et les chiffres de nos dames, nous aurions de quoi envoyer à l'ennemi, pendant toute une campagne, des balles d'or et des boulets d'argent.

HENRI.

Vous l'entendez, monsieur le duc?

LE DUC DE GUISE.

Oui, sire. Mais, avant que cette idée vînt à M. le comte de Saint-Mégrin, trente mille de vos braves sujets l'avaient eue; ils s'étaient engagés par écrit à fournir de l'argent au trésor et des hommes à l'armée; ce fut le but de la sainte Ligue, sire, et elle le remplira, lorsque le moment en sera venu... Mais je ne puis cacher à Votre Majesté les craintes qu'éprouvent ses fidèles sujets, en ne la voyant pas reconnaître hautement cette grande association.

HENRI.

Et que faudrait-il faire pour cela?

LE DUC DE GUISE.

Lui nommer un chef, sire, d'une grande maison souveraine, digne de sa confiance et de son amour, par son courage et sa naissance, et qui surtout ait assez fait ses preuves comme bon catholique, pour rassurer les zélés sur la manière dont il agirait dans les circonstances difficiles...

HENRI.

Par la mort-Dieu! monsieur le duc, je crois que votre zèle pour notre personne royale est tel, que vous seriez tout prêt à lui épargner l'embarras de chercher bien loin ce chef... Nous y penserons à loisir, mon beau cousin, nous y penserons à loisir.

LE DUC DE GUISE.

Mais Votre Majesté devrait peut-être à l'instant...

HENRI.

Monsieur le duc, quand je voudrai entendre un prêche, je me ferai huguenot... Messieurs, c'est assez nous occuper des affaires de l'État, songeons un peu à nos plaisirs. J'espère que vous avez reçu nos invitations pour ce soir, et que madame de Guise, madame de Montpensier, et vous, mon cousin, voudrez bien embellir notre bal masqué.

I. 9.

SAINT-MÉGRIN, montrant la cuirasse du duc.

Votre Majesté ne voit-elle pas que M. le duc est déjà en costume de chercheur d'aventures?

LE DUC DE GUISE.

Et de redresseur de torts, monsieur le comte.

HENRI.

En effet, mon beau cousin, cet habit me paraît bien chaud pour le temps qui court.

LE DUC DE GUISE.

C'est que, pour le temps qui court, sire, mieux vaut une cuirasse d'acier qu'un justaucorps de satin.

SAINT-MÉGRIN.

M. le duc croit toujours entendre la balle de Poltrot siffler à ses oreilles.

LE DUC DE GUISE.

Quand les balles m'arrivent en face, monsieur le comte (montrant sa blessure à la joue), voilà qui fait foi que je ne détourne pas la tête pour les éviter...

JOYEUSE, prenant sa sarbacane.

C'est ce que nous allons voir...

SAINT-MÉGRIN, lui arrachant la sarbacane.

Attends!... il ne sera pas dit qu'un autre que moi en aura fait l'expérience. (Lui envoyant une dragée au milieu de la poitrine.) A vous, monsieur le duc.

TOUS.

Bravo! bravo!

LE DUC DE GUISE, portant la main à son poignard.

Malédiction!

(Saint-Paul l'arrête.)

SAINT-PAUL.

Qu'allez-vous faire!...

HENRI.

Par la mort-Dieu! mon cousin de Guise, j'aurais cru que cette belle et bonne cuirasse de Milan était à l'épreuve de la balle...

LE DUC DE GUISE.

Et vous aussi, sire!... Qu'ils rendent grâce à la présence de Votre Majesté.

HENRI.

Oh! qu'à cela ne tienne, monsieur le duc, qu'à cela ne tienne; agissez comme si nous n'y étions pas...

LE DUC DE GUISE.

Votre Majesté permet donc que je descende jusqu'à lui?...

HENRI.

Non, monsieur le duc; mais je puis l'élever jusqu'à vous... Nous trouverons bien, dans notre beau royaume de France, un fief vacant, pour en doter notre fidèle sujet le comte de Saint-Mégrin.

LE DUC DE GUISE.

Vous en êtes le maître, sire... Mais d'ici là?...

HENRI.

Eh bien, nous ne vous ferons pas attendre... Comte Paul Estuert, nous te faisons marquis de Caussade.

LE DUC DE GUISE.

Je suis duc, sire.

HENRI.

Comte Paul Estuert, marquis de Caussade, nous te faisons duc de Saint-Mégrin; et maintenant, monsieur de Guise, répondez-lui... car il est votre égal.

SAINT-MÉGRIN.

Merci, sire, merci; je n'ai pas besoin de cette nouvelle faveur; et, puisque Votre Majesté ne s'y oppose pas, je veux le défier de manière à ce qu'il s'ensuive combat ou déshonneur... Or, écoutez, messieurs : moi, Paul Estuert, seigneur de Caussade, comte de Saint-Mégrin, à toi, Henri de Lorraine, duc de Guise; prenons à témoin tous ceux ici présents, que nous te défions au combat à outrance, toi et tous les princes de ta maison, soit à l'épée seule, soit à la dague et au poignard, tant que le cœur battra au corps, tant que la lame tiendra à la poignée; renonçant d'avance à ta merci, comme tu dois renoncer à la mienne; et, sur ce, que Dieu et saint Paul me soient en aide! (Jetant son gant.) A toi seul, ou à plusieurs!

D'ÉPERNON.

Bravo, Saint-Mégrin! bien défié.

LE DUC DE GUISE, montrant le gant.

Saint-Paul...

BUSSY D'AMBOISE.

Un instant, messieurs!... un instant! Moi, Louis de Clermont, seigneur de Bussy d'Amboise, me déclare ici parrain et second de Paul Estuert de Saint-Mégrin; offrant le combat à outrance à quiconque se déclarera parrain et second de Henri de Lorraine, duc de Guise; et, comme signe de défi et gage du combat, voici mon gant.

JOYEUSE.

Vive-Dieu! Bussy, c'est un véritable vol que tu me fais... tu ne m'as pas donné le temps... Mais sois tranquille, si tu es tué...

LE DUC DE GUISE.

Saint-Paul! (A part.) Tu me provoques trop tard, ton sort est décidé. (Haut.) Antraguet, tu seras mon second... Vous le voyez, messieurs, je vous fais beau jeu : je vous offre un moyen de venger Quélus... Saint-Paul, tu prépareras mon épée de bal; elle est juste de la même longueur que l'épée de combat de ces messieurs.

SAINT-MÉGRIN.

Vous avez raison, monsieur le duc : cette épée serait bien faible pour entamer une cuirasse aussi prudemment solide que celle-ci... Mais nous pouvons en venir aux mains, nus jusqu'à la ceinture, monsieur le duc, et l'on verra celui dont le cœur battra.

HENRI.

Assez, messieurs, assez! nous honorerons le combat de notre présence, et nous le fixons à demain... Maintenant, chacun de vous peut réclamer un don, et, s'il est en notre puissance royale de vous l'accorder, vous serez satisfaits à l'instant... Que veux-tu, Saint-Mégrin?

SAINT-MÉGRIN.

Un égal partage du terrain et du soleil; pour le reste, je m'en rapporte à Dieu et à mon épée.

HENRI.

Et vous, monsieur le duc, que demandez-vous?

LE DUC DE GUISE.

La promesse formelle qu'avant le combat Votre Majesté reconnaîtra la Ligue, et nommera son chef. J'ai dit.

HENRI.

Quoique nous ne nous attendissions pas à cette demande, nous vous l'octroyons, mon beau cousin... Messieurs, puisque M. de Guise nous y force, au lieu du bal masqué de cette nuit, nous aurons un conseil d'État... Je vous y convoque tous, messieurs. Quant aux deux champions, nous les invitons à profiter de cet intervalle, pour bien songer au salut de leur âme. Allez, messieurs, allez.

SCÈNE V

HENRI, CATHERINE.

HENRI.

Eh bien, ma mère, vous devez être contente, vos deux grands ennemis vont se détruire eux-mêmes, et vous devez m'en remercier; car j'ai autorisé un combat que j'aurais pu empêcher.

CATHERINE.

Auriez-vous agi ainsi, mon fils, si vous eussiez su qu'une des conditions de ce combat serait de nommer un chef à la Ligue?

HENRI.

Non, sur mon âme, ma mère; je comptais sur une diversion.

CATHERINE.

Et vous avez résolu?...

HENRI.

Rien encore, car les chances du combat sont incertaines... Si M. de Guise était tué,.. eh bien, on enterrerait la Ligue avec son chef; s'il ne l'était pas,... alors je prierais Dieu de m'éclairer... Mais, en tout cas, ma résolution une fois prise, je vous en avertis, rien ne m'en fera changer... La vue de mon trône me donne de temps en temps des envies d'être roi, ma mère, et je suis dans un de ces moments-là.

CATHERINE.

Eh! mon fils, qui plus que moi désire vous voir une volonté ferme et puissante?... Miron me recommande le repos. Et, plus que jamais, je désire n'avoir aucune part du fardeau de l'État.

HENRI.

Si je ne m'abuse, ma mère, j'ai vu s'étendre aujourd'hui vers mon trône un bras bardé de fer qui avait volonté de me débarrasser d'une partie, si ce n'est du tout.

CATHERINE.

Et probablement vous lui accorderez ce qu'il demande, car ce chef que la Ligue exige par sa voix...

HENRI.

Oui, oui, j'ai bien vu qu'il plaidait pour lui-même; et peut-être, ma mère, m'épargnerais-je bien des tourments en m'abandonnant à lui... comme l'a fait mon frère François II, après la conjuration d'Amboise... Et cependant, je n'aime pas qu'on vienne me prier armé comme l'était mon cousin de Guise; les genoux plient mal dans des cuissards d'acier.

CATHERINE.

Et jamais votre cousin de Guise n'a plié le genou devant vous, qu'il n'ait, en se relevant, emporté un morceau de votre manteau royal.

HENRI.

Par la mort-Dieu! il n'a jamais forcé notre volonté, cependant... Ce que nous lui avons accordé a toujours été de notre plein gré... et, cette fois encore, si nous le nommons chef de la Ligue, ce sera un devoir que nous lui imposerons comme son maître.

CATHERINE.

Tous ces devoirs le rapprochent du trône, mon fils!... et malheur... malheur à vous, s'il met jamais le pied sur le velours de la première marche!

HENRI.

Ce que vous dites là, ma mère, l'appuieriez-vous sur quelques raisons?

CATHERINE.

Cette Ligue, que vous allez autoriser, savez-vous quel est son but?...

HENRI.

De soutenir l'autel et le trône.

CATHERINE.

C'est du moins ce que dit votre cousin de Guise; mais, du moment qu'un sujet se constitue, de sa propre autorité, défenseur de son roi, mon fils,... il n'est pas loin d'être un rebelle.

HENRI.

M. le duc aurait-il de si coupables desseins?

CATHERINE.

Les circonstances l'accusent, du moins... Hélas! mon fils, je ne puis plus veiller sur vous comme je le faisais autrefois, et cependant, peut-être aurai-je encore le bonheur de déjouer un grand complot.

HENRI.

Un complot! on conspirerait contre moi?... Dites, dites, ma mère... Quel est ce papier?...

CATHERINE.

Un agent du duc de Guise, l'avocat Jean David, est mort à Lyon... Son valet était un homme à moi ; tous ses papiers m'ont été envoyés, celui-ci en faisait partie.

HENRI.

Voyons, ma mère, voyons... (Après avoir jeté un coup d'œil sur le papier.) Comment ! un traité entre don Juan d'Autriche et le duc de Guise !... un traité par lequel ils s'engagent à s'aider mutuellement à monter, l'un sur le trône des Pays-Bas, l'autre sur le trône de France ! Sur le trône de France ? que comptaient-ils donc faire de moi, ma mère ?..

CATHERINE.

Voyez le dernier article de l'acte d'association des ligueurs, car le voici tel... non pas que vous le connaissez, mon cher Henri, mais tel qu'il a été présenté à la sanction du saint-père, qui a refusé de l'approuver.

HENRI, lisant.

« Puis, quand le duc de Guise aura exterminé les huguenots, se sera rendu maître des principales villes du royaume, et que tout pliera sous la puissance de la Ligue, il fera faire le procès à Monsieur, comme à un fauteur manifeste des hérétiques, et, après avoir rasé le roi et l'avoir confiné dans un couvent... » Dans un couvent !... Ils veulent m'ensevelir dans un cloître !...

CATHERINE.

Oui, mon fils ; ils disent que c'est là que votre dernière couronne vous attend...

HENRI.

Ma mère, est-ce que M. le duc l'oserait ?

CATHERINE.

Pépin a fondé une dynastie, mon fils : et qu'a donné Pépin à Childéric, en échange de son manteau royal ?...

HENRI.

Un cilice, ma mère ; un cilice, je le sais ; mais les temps sont changés ; pour arriver au trône de France, il faut que la naissance y donne des droits.

CATHERINE.

Ne peut-on en supposer ?... Voyez cette généalogie.

HENRI.

La maison de Lorraine remonterait à Charlemagne ? Cela n'est pas, vous savez bien que cela n'est pas.

CATHERINE.

Vous voyez que les mesures sont prises pour qu'on croie que cela est.

HENRI.

Ah! notre cousin de Guise, vous en voulez terriblement à à notre belle couronne de France... Ma mère, ne pourrait-on pas le punir d'oser y prétendre sans notre permission?

CATHERINE.

Je vous comprends, mon fils; mais ce n'est pas le tout de couper, il faut recoudre.

HENRI.

Mais il se bat demain avec Saint-Mégrin. Saint-Mégrin est brave et adroit.

CATHERINE.

Et croyez-vous que le duc de Guise soit moins brave et moins adroit que lui?

HENRI.

Ma mère, si nous faisions bénir l'épée de Saint-Mégrin...

CATHERINE.

Mon fils, si le duc de Guise fait bénir la sienne...

HENRI.

Vous avez raison... Mais qui m'empêche de nommer Saint-Mégrin chef de la Ligue?

CATHERINE.

Et qui voudra le reconnaître? a-t-il un parti?... Peut-être y aurait-il un moyen de tout conjurer, mon fils; mais il faudrait de la résolution.

HENRI, hésitant.

De la résolution!

CATHERINE.

Oui; soyez roi, M. de Guise deviendra sujet soumis, sinon respectueux. Je le connais mieux que vous, Henri; il n'est fort que parce que vous êtes faible; sous son énergie apparente, il cache un caractère irrésolu... C'est un roseau peint en fer... Appuyez, il pliera.

HENRI.

Oui, oui, il pliera. Mais quel est ce moyen? Voyons!... faut-il les exiler tous deux? Je suis prêt à signer leur exil.

CATHERINE.

Non; peut-être ai-je un autre moyen... Mais jurez-moi qu'à

l'avenir vous me consulterez avant eux sur tout ce que vous voudrez faire.
HENRI.
N'est-ce que cela, ma mère? Je vous le jure.
CATHERINE.
Mon fils, les serments prononcés devant l'autel sont plus agréables à Dieu.
HENRI.
Et lient mieux les hommes, n'est-ce pas? Eh bien, venez, ma mère, je m'abandonne entièrement à vous.
CATHERINE.
Oui, mon fils, passons dans votre oratoire.

ACTE TROISIÈME

L'oratoire de la duchesse de Guise.

SCÈNE PREMIÈRE

ARTHUR, MADAME DE COSSÉ, MARIE.

MADAME DE COSSÉ, *déposant sur une table de toilette un domino noir.*
Concevez-vous, Marie, madame la duchesse de Guise, qui veut aller au bal de la cour en simple domino?
MARIE, *déposant des fleurs sur la même table.*
C'est que madame la duchesse n'est pas coquette...
MADAME DE COSSÉ.
Mais, sans être coquette, on peut tirer parti de ses avantages... A quoi servira-t-il d'être jolie et bien faite, si l'on se couvre la figure de ce masque noir; et si l'on s'enveloppe la taille de ce domino large comme une robe d'ermite? pourquoi ne pas se mettre en Diane ou en Hébé?
ARTHUR.
C'est qu'elle veut vous laisser ce costume, madame de Cossé.
MADAME DE COSSÉ.
Voyez donc ce petit muguet!... Allez ramasser l'éventail de votre maîtresse, ou porter la queue de sa robe, et ne parlez pas toilette; vous n'y connaissez encore rien... Dans trois ou quatre ans, à la bonne heure!

ARTHUR.

Tiens... Je vais avoir quinze ans.

MADAME DE COSSÉ.

Quatorze ans, mon beau page, ne vous déplaise...

MARIE.

Ce domino, d'ailleurs, n'est que pour entrer dans la salle de bal. Une partie des dames, vous le savez, ne se masquent que pour jouir du premier coup d'œil, et reviennent ensuite en costume de ville.

MADAME DE COSSÉ.

Et voilà le tort... Autrefois, on conservait son déguisement toute la nuit... Par exemple, au fameux bal masqué qui eut lieu lors de l'avénement au trône de Henri II, il y a vingt-cinq ans... Je n'en avais que vingt.

ARTHUR.

Il y a trente ans, madame de Cossé, ne vous en déplaise.

MADAME DE COSSÉ.

Vingt-cinq ou trente, peu importe... Alors je n'en avais que quinze. Eh bien, tout le monde resta en costume, jusqu'au moment où l'astronome Lucas Gaudric prédit au roi qu'il serait tué dans un combat singulier. Onze ans après Montgomery accomplit la prédiction.

ARTHUR.

C'est bien malheureux! depuis ce temps, il n'y a plus de tournois.

MADAME DE COSSÉ.

C'est effectivement quelque chose de bien fâcheux... Il ferait beau voir jouter les jeunes gens de votre époque: voilà de plaisants damerets, en comparaison des chevaliers de Henri II.

ARTHUR.

Vous pourriez même dire, en comparaison des chevaliers du roi François Ier. Vous les avez vus, madame de Cossé.

MADAME DE COSSÉ.

J'étais un enfant... Je ne m'en souviens pas... Un enfant au berceau, entendez-vous?

MARIE

Mais il me semble, madame, que le baron-duc d'Épernon, le vicomte de Joyeuse, le seigneur de Bussy, le baron de Dunes...

ARTHUR.

Et le comte de Saint-Mégrin, donc!...

MADAME DE COSSÉ.

Ah! vous voilà encore avec votre petit Bordelais... J'aurais bien voulu le voir, avec une armure de deux cents livres, comme celle que portait M. de Cossé, mon noble époux, quand il me couronna dame de la beauté et des amours, et brisa en mon honneur cinq lances, dont M. de Saint-Mégrin ne pourrait pas remuer la plus petite avec les deux mains... C'était au fameux tournoi de Soissons...

MARIE.

Au fameux tournoi de Soissons?...

ARTHUR.

Eh! oui,... au fameux tournoi de Soissons, en 1546, un an avant la mort du roi François Ier, quand madame de Cossé était encore au berceau...

MADAME DE COSSÉ.

Petit drôle!... vous vous fiez bien à ce que vous êtes le parent de madame la duchesse de Guise.

SCÈNE II

Les Mêmes, LA DUCHESSE DE GUISE.

ARTHUR, courant à elle.

Oh! venez, ma belle cousine et maîtresse! et protégez-moi contre le courroux de votre première dame d'honneur...

LA DUCHESSE DE GUISE, distraite.

Qu'avez-vous fait? encore quelque espièglerie?...

ARTHUR.

Chevalier discourtois, je me souviens des dates.

MADAME DE COSSÉ, l'interrompant.

Madame la duchesse paraît préoccupée.

LA DUCHESSE DE GUISE.

Moi? Non... N'auriez-vous pas trouvé ici un mouchoir à mes armes?

MARIE.

Non, madame.

ARTHUR.

Je vais le chercher; et, si je le trouve, quelle sera ma récompense?

LA DUCHESSE DE GUISE.

Ta récompense, enfant?... Un mouchoir mérite-t-il donc une grande récompense? Eh bien, cherche-le, Arthur.

MARIE.

Pendant que madame était retirée dans son appartement, où elle avait dit, en rentrant, qu'elle voulait rester seule, la reine Louise est venue pour lui faire une visite; elle avait dans sa bourse le plus joli petit sapajou...

MADAME DE COSSÉ.

Oui, elle désirait connaître le déguisement de madame. Elle est entrée chez madame de Montpensier; et, comme j'y étais, je connais tous les costumes des seigneurs et dames de la cour.

LA DUCHESSE DE GUISE, à Arthur, qui revient s'asseoir à ses pieds.

Eh bien?

ARTHUR.

Je n'ai rien trouvé...

MADAME DE COSSÉ.

M. de Joyeuse est en Alcibiade... Il a un casque d'or massif... Son costume lui coûte, dit-on, dix mille livres tournois. M. d'Épernon est...

ARTHUR.

Et M. de Saint-Mégrin?

(La duchesse tressaille.)

MADAME DE COSSÉ.

Ah!... M. de Saint-Mégrin? Il avait aussi un costume très-brillant; mais, aujourd'hui, il en a commandé un autre, tout simple, un costume d'astrologue, semblable à celui que porte Côme Ruggieri.

LA DUCHESSE DE GUISE.

Ruggieri?... Dites-moi, Ruggieri ne demeure-t-il pas rue de Grenelle, près l'hôtel de Soissons?

MARIE.

Oui.

LA DUCHESSE DE GUISE, à part.

Plus de doute!... c'était chez lui... J'avais cru le reconnaître... (Haut.) N'est-il venu aucune autre personne?

MADAME DE COSSÉ.

Si.. M. Brantôme, pour vous offrir le volume de ses *Dames galantes*... Je l'ai déposé sur cette table... La reine de Navarre y joue un grand rôle... Et puis M. Ronsard est aussi venu... il voulait absolument vous voir... Vous lui avez reproché, l'autre jour, chez madame de Montpensier, de ne pas assez soigner ses rimes, et il vous apportait une petite pièce de vers.

LA DUCHESSE DE GUISE, avec distraction.

Sur la rime?...

MADAME DE COSSÉ.

Non, madame; mais mieux rimée qu'il n'a coutume de le faire. Madame la duchesse veut-elle les entendre?

LA DUCHESSE DE GUISE.

Donnez à Arthur, il les lira.

ARTHUR, lisant.

Mignonne, allons voir si la rose
Qui, ce matin, avoit desclose
Sa robe de pourpre au soleil,
N'a point perdu, cette vesprée,
Les plis de sa robe pourprée,
Et son teint au vostre pareil.

Las! voyez comme en peu d'espace,
Mignonne, elle a, dessus la place,
Là, là, ses beautés laissé choir.
O vrayment marastre nature!
Puisqu'une telle fleur ne dure
Que du matin jusques au soir!

Or donc, écoutez-moi, mignonne :
Tandis que votre âge fleuronne,
Dans sa plus verte nouveauté,
Cueillez, cueillez votre jeunesse;
Comme à cette fleur, la vieillesse
Fera ternir votre beauté.

LA DUCHESSE DE GUISE, toujours distraite.

Mais il me semble qu'ils sont bien, ces vers.

ARTHUR.

Oh! M. de Saint-Mégrin en fait au moins d'aussi jolis...

LA DUCHESSE DE GUISE.

M. de Saint-Mégrin?...

MADAME DE COSSÉ.

Ce ne sont pas des vers amoureux, toujours...

ARTHUR.

Et pourquoi cela?

MADAME DE COSSÉ.

Il est probable qu'il n'a encore trouvé aucune femme digne

de son amour, puisqu'il est le seul, parmi tous les jeunes gens de la cour, qui ne porte pas le chiffre de sa dame sur son manteau.

ARTHUR.

Et s'il aimait quelqu'un dont il ne pût porter le chiffre?... Cela peut être.

LA DUCHESSE DE GUISE.

Oui,... cela peut être.

MADAME DE COSSÉ, à Arthur.

Mais qu'a donc de si remarquable ce petit comte de Saint-Mégrin, pour être l'objet de votre enthousiasme?

ARTHUR.

Si remarquable?... Ah! je ne demande rien que d'être digne de devenir son page, quand je ne pourrai plus être celui de ma belle cousine.

LA DUCHESSE DE GUISE.

Tu l'aimes donc bien?...

ARTHUR.

Si j'étais femme, je n'aurais pas d'autre chevalier.

LA DUCHESSE DE GUISE, vivement.

Mesdames, je puis achever seule ma toilette; je vous rappellerai, si j'ai besoin de vous... Reste, Arthur, reste; j'ai quelques commission à te donner.

SCÈNE III.

LA DUCHESSE DE GUISE, ARTHUR.

ARTHUR.

J'attends vos ordres.

LA DUCHESSE DE GUISE.

Bien; mais je ne sais plus ce que j'avais à t'ordonner. Je suis distraite, préoccupée... Que tu es bizarre, avec ton fanatisme pour ce jeune vicomte de Joyeuse!

ARTHUR.

Joyeuse?... Non... Saint-Mégrin.

LA DUCHESSE DE GUISE.

Ah! oui,... c'est vrai; mais que trouves-tu de si extraordinaire en ce jeune homme? Moi, je cherche en vain.

ARTHUR.

Vous ne l'avez donc pas vu courir la bague avec le roi?

LA DUCHESSE DE GUISE.

Si.

ARTHUR.

Et qui donc pourriez-vous lui comparer pour l'adresse? S'il monte à cheval, c'est toujours le cheval le plus fougueux qui est le sien ; s'il se bat moins souvent que les autres, c'est que l'on connaît sa force, et qu'on hésite à lui chercher querelle. Le roi seul, peut-être, pourrait se défendre contre lui. Tous nos jeunes seigneurs de la cour lui portent envie, et cependant la coupe de leur pourpoint et de leur manteau est toujours réglée sur celle des siens.

LA DUCHESSE DE GUISE.

Oui, oui, c'est vrai... Il est homme de bon goût; mais madame de Cossé parlait de sa froideur pour les dames, et tu ne voudrais pas prendre pour modèle un chevalier qui ne les aimât pas.

ARTHUR.

La dame de Sauve est là pour témoigner du contraire.

LA DUCHESSE DE GUISE, vivement.

La dame de Sauve!... On dit qu'il ne l'a jamais aimée.

ARTHUR.

S'il ne l'aime plus, il en aime certainement une autre.

LA DUCHESSE DE GUISE.

T'aurait-il choisi pour son confident?... Il ne ferait pas preuve de prudence, en le prenant si jeune...

ARTHUR.

Si j'étais son confident, ma belle cousine, on me tuerait plutôt que de m'arracher son secret... Mais il ne m'a rien confié... J'ai vu.

LA DUCHESSE DE GUISE.

Tu as vu... quoi?... qu'as-tu vu?

ARTHUR.

Vous vous rappelez le jour où le roi invita toute la cour à visiter les lions qu'il avait fait venir de Tunis, et qu'on avait placés au Louvre avec ceux qu'il y nourrit déjà?...

LA DUCHESSE DE GUISE.

Oh! oui... Leur aspect seul m'a effrayée, quoique je les visse d'une galerie élevée de dix pieds au-dessus d'eux.

ARTHUR.

Eh bien, à peine en étions-nous sortis, que leur gardien poussa un cri; je rentrai : M. de Saint-Mégrin venait de s'élancer dans l'enceinte des animaux pour y ramasser un bouquet qu'y avait laissé tomber une dame...

LA DUCHESSE DE GUISE.

Le malheureux! ce bouquet était le mien.

ARTHUR.

Le vôtre, ma belle cousine?

LA DUCHESSE DE GUISE.

Ai-je dit le mien?... Oui, le mien, ou celui de madame de Sauve... Vous savez qu'il a éperdument aimé madame de Sauve... Le fou!... Et que faisait-il de ce bouquet?

ARTHUR.

Oh! il l'appuyait avec passion sur sa bouche, il le pressait contre son cœur... Le gardien ouvrit une porte, et le fit sortir presque de force... Il riait comme un insensé, lui jetait de l'argent; puis il m'aperçut, cacha le bouquet dans sa poitrine, s'élança sur un cheval qui l'attendait dans la cour du Louvre, et disparut.

LA DUCHESSE DE GUISE.

Est-ce tout?... est-ce tout?... Oh! encore, encore!... parle-moi encore de lui!

ARTHUR.

Et depuis, je l'ai vu, il...

LA DUCHESSE DE GUISE.

Silence, enfant!... M. le duc... Reste près de moi, Arthur; ne me quitte pas que je ne te l'ordonne...

SCÈNE IV

LES Mêmes, LE DUC DE GUISE.

LE DUC DE GUISE.

Vous étiez levée, madame... Alliez-vous rentrer dans votre appartement?

LA DUCHESSE DE GUISE.

Non, monsieur le duc, j'allais appeler mes femmes, pour ma toilette.

LE DUC DE GUISE.

Elle est inutile, madame: le bal n'a pas lieu, et vous devez en être contente, vous paraissiez n'y aller qu'à contre-cœur?

LA DUCHESSE DE GUISE.

Je suivais vos ordres, et j'ai fait ce que j'ai pu pour que vous ne vissiez pas qu'ils m'étaient pénibles.

LE DUC DE GUISE.
Que voulez-vous !... J'ai compris que cette reclusion à laquelle vous vous condamniez était ridicule à votre âge... et qu'il fallait, de temps en temps, vous montrer à la cour ; certaines personnes, madame, pourraient y remarquer votre absence, et l'attribuer à des motifs... Mais il s'agit d'autre chose, madame... Arthur, laissez-moi...

LA DUCHESSE DE GUISE.
Et pourquoi éloigner cet enfant, monsieur le duc ? est-ce donc un entretien secret que vous voudriez ?...

LE DUC DE GUISE.
Et pourquoi le retenir, madame ? Craindriez-vous de rester seule avec moi ?

LA DUCHESSE DE GUISE.
Moi, monsieur ! et pourquoi ?

LE DUC DE GUISE.
En ce cas, sortez, Arthur... Eh bien ?...

ARTHUR.
J'attends les ordres de ma maîtresse, monsieur le duc.

LE DUC DE GUISE.
Vous l'entendez, madame ?

LA DUCHESSE DE GUISE.
Arthur, éloignez-vous.

ARTHUR.
J'obéis.

(Il sort.)

SCÈNE V

LA DUCHESSE DE GUISE, LE DUC DE GUISE.

LE DUC DE GUISE.
Vrai-Dieu ! madame, il est bizarre que les ordres donnés par ma bouche aient besoin d'être ratifiés par la vôtre...

LA DUCHESSE DE GUISE.
Ce jeune homme m'appartient, et il a cru devoir attendre de moi-même.

LE DUC DE GUISE.
Cette obstination n'est pas naturelle, madame ; on connaît Henri de Lorraine, et l'on sait qu'il a toujours chargé son poignard de réitérer un ordre de sa bouche.

LA DUCHESSE DE GUISE.

Eh! monsieur, quelle conséquence pouvez-vous tirer du plus ou moins d'obéissance de cet enfant?

LE DUC DE GUISE.

Moi? Aucune... Mais j'avais besoin de son absence pour vous exposer plus librement le motif qui m'amène... Voulez-vous bien me servir de secrétaire?

LA DUCHESSE DE GUISE.

Moi, monsieur! Et pour écrire à qui?

LE DUC DE GUISE.

Que vous importe! c'est moi qui dicterai. (En approchant une plume et du papier.) Voilà ce qu'il vous faut.

LA DUCHESSE DE GUISE.

Je crains de ne pouvoir former un seul mot; ma main tremble; ne pourriez-vous par une autre personne?...

LE DUC DE GUISE.

Non, madame, il est indispensable que ce soit vous.

LA DUCHESSE DE GUISE.

Mais, au moins, remettez à plus tard...

LE DUC DE GUISE.

Cela ne peut se remettre, madame; d'ailleurs, il suffira que votre écriture soit lisible... Écrivez donc.

LA DUCHESSE DE GUISE.

Je suis prête....

LE DUC DE GUISE, dictant.

« Plusieurs membres de la Sainte-Union se rassemblent cette nuit à l'hôtel de Guise; les portes en resteront ouvertes jusqu'à une heure du matin; vous pouvez, à l'aide d'un costume de ligueur, passer sans être aperçu... L'appartement de madame la duchesse de Guise est au deuxième étage... »

LA DUCHESSE DE GUISE.

Je n'écrirai pas davantage, que je ne sache à qui est destiné ce billet...

LE DUC DE GUISE.

Vous le verrez, madame, en mettant l'adresse.

LA DUCHESSE DE GUISE.

Elle ne peut être pour vous, monsieur; et à tout autre, elle compromet mon honneur...

LE DUC GUISE.

Votre honneur... Vive-Dieu! madame; et qui doit en être

plus jaloux que moi ?... Laissez-m'en juge, et suivez mon désir...
LA DUCHESSE DE GUISE.
Votre désir?... Je dois m'y refuser.
LE DUC DE GUISE.
Obéissez à mes ordres, alors...
LA DUCHESSE DE GUISE.
A vos ordres?... Peut-être ai-je le droit d'en demander la cause...
LE DUC DE GUISE.
La cause, madame ? Tous ces retardements me prouvent que vous la connaissez.
LA DUCHESSE DE GUISE.
Moi ! et comment?
LE DUC DE GUISE.
Peu m'importe!... écrivez...
LA DUCHESSE DE GUISE.
Permettez que je me retire...
LE DUC DE GUISE.
Vous ne sortirez pas...
LA DUCHESSE DE GUISE.
Vous n'obtiendrez rien de moi en me contraignant à rester.
LE DUC DE GUISE, la forçant à s'asseoir.
Peut-être, vous réfléchirez, madame : mes ordres, méprisés par vous, ne le sont point encore par tout le monde... et, d'un mot, je puis substituer à l'oratoire élégant de l'hôtel de Guise l'humble cellule d'un cloître.
LA DUCHESSE DE GUISE.
Désignez-moi le couvent où je dois me retirer, monsieur le duc ; les biens que je vous ai apportés comme princesse de Porcian y payeront la dot de la duchesse de Guise.
LE DUC DE GUISE.
Oui, madame ; sans doute, vous jugez en vous-même que ce ne serait qu'une faible expiation. D'ailleurs, l'espoir vous suivrait au delà de la grille ; il n'est point de murs si élevés qu'on ne puisse franchir, surtout si on y est aidé par un chevalier adroit, puissant et dévoué... Non, madame, non, je ne vous laisserai pas cette chance. Mais revenons à cette lettre ; il faut qu'elle s'achève.
LA DUCHESSE DE GUISE.
Jamais, monsieur, jamais !

LE DUC DE GUISE.

Ne me poussez pas à bout, madame ; c'est déjà beaucoup que j'aie consenti à vous menacer deux fois.

LA DUCHESSE DE GUISE.

Eh bien, je préfère une reclusion éternelle.

LE DUC DE GUISE.

Mort et damnation ! croyez-vous donc que je n'aie que ce moyen ?

LA DUCHESSE DE GUISE.

Et quel autre ?... (Le duc verse le contenu d'un flacon dans une petite coupe.) Ah ! vous ne voudriez pas m'assassiner... Que faites-vous, monsieur de Guise ? que faites-vous ?

LE DUC DE GUISE.

Rien... J'espère seulement que la vue de ce breuvage aura une vertu que n'ont point mes paroles.

LA DUCHESSE DE GUISE.

Eh quoi !... vous pourriez ?... Ah !

LE DUC DE GUISE.

Écrivez, madame, écrivez.

LA DUCHESSE DE GUISE.

Non, non. Oh ! mon Dieu ! mon Dieu !

LE DUC DE GUISE, saisissant la coupe.

Eh bien ?...

LA DUCHESSE DE GUISE.

Henri, au nom du ciel ! Je suis innocente, je vous le jure... Que la mort d'une faible femme ne souille pas votre nom. Henri, ce serait un crime affreux, car je ne suis pas coupable ; j'embrasse vos genoux ; que voulez-vous de plus ? Oui, oui, je crains la mort.

LE DUC DE GUISE.

Il y a un moyen de vous y soustraire.

LA DUCHESSE DE GUISE.

Il est plus affreux qu'elle encore... Mais non, tout cela n'est qu'un jeu pour m'épouvanter. Vous n'avez pas pu avoir, vous n'avez pas eu cette exécrable idée.

LE DUC DE GUISE, riant.

Un jeu, madame !

LA DUCHESSE DE GUISE.

Non... Votre sourire m'a tout dit... Laissez-moi un instant pour me recueillir.

(Elle abaisse la tête entre ses mains, et prie.)

LE DUC DE GUISE.

Un instant, madame, rien qu'un instant.

LA DUCHESSE DE GUISE, après s'être recueillie.

Et maintenant, ô mon Dieu ! aie pitié de moi !

LE DUC DE GUISE.

Êtes-vous décidée ?

LA DUCHESSE DE GUISE, se relevant toute seule.

Je le suis.

LE DUC DE GUISE.

A l'obéissance ?

LA DUCHESSE DE GUISE, prenant la coupe.

A la mort !

LE DUC DE GUISE, lui arrachant la coupe et la jetant à terre.

Vous l'aimiez bien, madame !... Elle a préféré... Malédiction ! malédiction sur vous et sur lui !... sur lui surtout qui est tant aimé ! Écrivez.

LA DUCHESSE DE GUISE.

Malheur ! malheur à moi !

LE DUC DE GUISE.

Oui, malheur ! car il est plus facile à une femme d'expirer que de souffrir. (Lui saisissant le bras avec son gant de fer). Écrivez.

LA DUCHESSE DE GUISE.

Oh ! laissez-moi.

LE DUC DE GUISE.

Écrivez.

LA DUCHESSE DE GUISE, essayant de dégager son bras.

Vous me faites mal, Henri.

LE DUC DE GUISE.

Écrivez, vous dis-je !

LA DUCHESSE DE GUISE.

Vous me faites bien mal, Henri; vous me faites horriblement mal... Grâce ! grâce ! ah !

LE DUC DE GUISE.

Écrivez donc.

LA DUCHESSE DE GUISE.

Le puis-je? Ma vue se trouble... Une sueur froide... O mon Dieu ! mon Dieu ! je te remercie, je vais mourir.

(Elle s'évanouit.)

LE DUC DE GUISE.

Eh ! non, madame.

I. 10.

LA DUCHESSE DE GUISE.

Qu'exigez-vous de moi?

LE DUC DE GUISE.

Que vous m'obéissiez.

LA DUCHESSE DE GUISE, accablée.

Oui! oui! j'obéis. Mon Dieu! tu le sais, j'ai bravé la mort;... la douleur seule m'a vaincue,... elle a été au delà de mes forces. Tu l'as permis, ô mon Dieu! le reste est entre tes mains.

LE DUC DE GUISE, dictant.

« L'appartement de madame la duchesse de Guise est au deuxième étage, et cette clef en ouvre la porte. » L'adresse maintenant.

(Pendant qu'il plie la lettre, madame de Guise relève sa manche, et l'on voit sur son bras des traces bleuâtres.)

LA DUCHESSE DE GUISE.

Que dirait la noblesse de France, si elle savait que le duc de Guise a meurtri un bras de femme avec un gantelet de chevalier?

LE DUC DE GUISE.

Le duc de Guise en rendra raison à quiconque viendra la lui demander. Achevez : « A Monsieur le comte de Saint-Mégrin. »

LA DUCHESSE DE GUISE.

C'était donc bien à lui?

LE DUC DE GUISE.

Ne l'aviez-vous pas deviné?

LA DUCHESSE DE GUISE.

Monsieur le duc, ma conscience me permettait d'en douter, du moins.

LE DUC DE GUISE.

Assez, assez. Appelez un de vos pages, et remettez-lui cette lettre (allant à la porte du salon et ôtant la clef) et cette clef.

LA DUCHESSE DE GUISE.

Ah! monsieur de Guise! puisse-t-on avoir plus pitié de vous que vous n'avez eu pitié de moi!

LE DUC DE GUISE.

Appelez un page.

LA DUCHESSE DE GUISE.

Aucun n'est là...

LE DUC DE GUISE.

Arthur, votre page favori, ne doit pas être loin; appelez-le, je vous l'ordonne! appelez-le!... Mais, auparavant, madame, faites bien attention que je suis là, derrière cette portière... Un seul signe, un seul mot, cet enfant est mort... et c'est vous qui l'aurez tué... (Il siffle.) Songez-y madame...

LA DUCHESSE, appelant.

Arthur !

SCÈNE VI

Les Mêmes, ARTHUR.

ARTHUR.

Me voilà, madame; Dieu!... grand Dieu! que vous êtes pâle !...

LA DUCHESSE DE GUISE.

Moi, pâle? Non, non,... tu te trompes... (Lui tendant la lettre et la retirant.) Ce n'est rien... Éloigne-toi, Arthur, éloigne-toi...

ARTHUR.

Moi, vous quitter, quand vous souffrez !... Voulez-vous que j'appelle vos femmes ?

LA DUCHESSE DE GUISE.

Garde-t'en bien, Arthur!... Prends cette lettre,... cette clef,... et va-t'en... Pars!... pars!...

ARTHUR, lisant.

« A Monsieur le comte de Saint-Mégrin... » Oh! qu'il sera heureux, madame !... Je cours...

(Il sort.)

LA DUCHESSE DE GUISE.

Heureux ?... Oh ! non... non, reviens!... reviens, Arthur!... Arthur!...

LE DUC DE GUISE, lui mettant la main sur la bouche.

Silence, madame !

LA DUCHESSE DE GUISE, tombant dans ses bras.

Ah!...

LE DUC DE GUISE, l'emportant dans le salon, et refermant la porte avec une double clef.

Et, maintenant, que cette porte ne se rouvre plus que pour lui !

ACTE QUATRIÈME

Même décoration qu'au deuxième acte.

SCÈNE PREMIÈRE

ARTHUR, puis SAINT-MÉGRIN.

ARTHUR.

Dans la salle du conseil, l'appartement de M. de Saint-Mégrin, à gauche... (Saint-Mégrin sort de son appartement.) Pour vous, comte.

SAINT-MÉGRIN.

Cette lettre et cette clef sont pour moi, dis-tu ? Oui... « A Monsieur le comte de Saint-Mégrin. » De qui les tiens-tu ?...

ARTHUR.

Quoique vous ne les attendissiez de personne, ne pouviez-vous les espérer de quelqu'un ?

SAINT-MÉGRIN.

De quelqu'un ?... Comment ?... Et qui es-tu, toi-même ?

ARTHUR.

Êtes-vous si ignorant en blason, comte, que vous ne puissiez reconnaître les armes réunies de deux maisons souveraines ?...

SAINT-MÉGRIN.

La duchesse de Guise !... (Lui mettant la main sur la bouche.) Tais-toi !... Je sais tout... (Il lit.) Elle-même t'a remis cette lettre ?...

ARTHUR.

Elle-même.

SAINT-MÉGRIN.

Elle-même !... Jeune homme, ne cherche pas à m'abuser !... Je ne connais pas son écriture... Avoue-le-moi, tu as voulu me tromper...

ARTHUR.

Moi, vous tromper ?... Ah !...

SAINT-MÉGRIN.

Où t'a-t-elle remis cette lettre ?

ARTHUR.

Dans son oratoire.

SAINT-MÉGRIN.

Elle était seule ?

ARTHUR.

Seule.

SAINT-MÉGRIN.

Et que paraissait-elle éprouver ?

ARTHUR.

Je ne sais, mais elle était pâle et tremblante.

SAINT-MÉGRIN.

Dans son oratoire! seule, pâle et tremblante!... Tout cela devait être, et cependant j'étais si loin de m'attendre... Non, c'est impossible. (Il relit.) « Plusieurs membres de la Sainte-Union se rassemblent cette nuit à l'hôtel de Guise ; les portes en resteront ouvertes jusqu'à une heure du matin. A l'aide d'un déguisement de ligueur, vous pouvez passer sans être aperçu. L'appartement de madame la duchesse de Guise est au deuxième étage, et cette clef en ouvre la porte. — A Monsieur le comte de Saint-Mégrin. » C'est bien à moi... pour moi ; ce n'est point un songe,... ma tête ne s'égare pas... Cette clef,... ce papier,... ces lignes tracées, tout est réel !... il n'y a point là d'illusion... (Il porte la lettre à ses lèvres.) Je suis aimé !... aimé !...

ARTHUR.

A votre tour, comte, silence !...

SAINT-MÉGRIN.

Oui, tu as raison, silence ! et à toi aussi, jeune homme, silence !... Sois muet comme la tombe... Oublie ce que tu as fait, ce que tu as vu, ne te rappelle plus mon nom, ne te rappelle plus celui de ta maîtresse. Elle a montré de la prudence en te chargeant de ce message. Ce n'est point parmi les enfants qu'on doit craindre les délateurs.

ARTHUR.

Et moi, comte, je suis fier d'avoir un secret à nous deux.

SAINT-MÉGRIN.

Oui ;... mais un secret terrible ; un de ces secrets qui tuent. Ah ! fais en sorte que ta physionomie ne le trahisse pas, que tes yeux ne le révèlent jamais... Tu es jeune : conserve la gaieté et l'insouciance de ton âge. S'il arrive que nous nous rencontrions, passe sans me connaître, sans m'apercevoir; si tu avais encore dans l'avenir quelque chose à m'apprendre, ne l'exprime point par des paroles, ne le confie pas au papier; un signe, un regard me dira tout... Je devinerai le moindre de tes gestes; je comprendrai ta plus secrète pensée. Je ne puis te récompenser du bonheur que je te dois... Mais, si jamais tu avais besoin de mon aide ou de mon secours, viens à moi, parle... et ce que tu demanderas, tu l'auras, sur mon âme, fût-ce mon sang. Sors, sors, maintenant, et garde que personne ne te voie... Adieu, adieu!

ARTHUR, lui pressant la main.

Adieu, comte, adieu!

SCÈNE II

SAINT-MÉGRIN, puis GEORGES.

SAINT-MÉGRIN.

Va, jeune homme, et que le ciel veille sur toi! Ah! je suis aimé!... Mais il est dix heures; j'ai à peine le temps de me procurer le costume à l'aide duquel... Georges! Georges! (Son valet entre.) Il me faut pour ce soir un costume de ligueur; occupe-toi à l'instant de te le procurer. Que je le trouve ici quand j'en aurai besoin; va. (Georges sort.) Mais qui vient ici?... Ah! c'est Côme Ruggieri.

SCÈNE III

SAINT-MÉGRIN, RUGGIERI.

SAINT-MÉGRIN.

Viens, oh! viens, mon père, que je te remercie. Eh bien, toutes tes prédictions se sont réalisées. Je te rends grâce, car je suis heureux; oh! oui, oui, plus heureux que tu ne peux le croire... Tu ne me réponds pas, tu m'examines!

RUGGIERI, le conduisant vers la lumière

Jeune homme, avance avec moi.

SAINT-MÉGRIN.

Oh! que peux-tu lire sur mon front, si ce n'est un avenir d'amour et de bonheur?...

RUGGIERI.

La mort, peut-être.

SAINT-MÉGRIN.

Que dites-vous, mon père!...

RUGGIERI.

La mort!...

SAINT-MÉGRIN, riant.

Ah! mon père, de grâce, laissez moi vivre jusqu'à demain, c'est tout ce que je vous demande.

RUGGIERI.

Mon fils, souviens-toi de Dugast.

SAINT-MÉGRIN.

Dugast!... Il est vrai que je cours un danger; demain, je me bats avec le duc de Guise.

RUGGIERI.

Demain! à quelle heure?

SAINT-MÉGRIN.

A dix heures.

RUGGIERI.

Ce n'est pas cela. Si demain, à dix heures, tu vois encore la lumière du ciel, compte alors sur des jours longs et heureux. (Allant à la fenêtre.) Vois-tu cette étoile?

SAINT-MÉGRIN.

Qui brille près d'une autre plus brillante encore?

RUGGIERI.

Oui; et, à l'occident, distingues-tu ce nuage sombre qui n'est encore qu'un point dans l'immensité?

SAINT-MÉGRIN.

Oui; eh bien?...

RUGGIERI.

Eh bien, dans une heure, cette étoile aura disparu sous ce nuage, et cette étoile, c'est la tienne.

(Il sort.)

SCÈNE IV

SAINT-MÉGRIN, puis JOYEUSE.

SAINT-MÉGRIN.

Cette étoile, c'est la mienne ! Ruggieri, arrête !... Il ne m'entend pas ; il entre chez la reine mère. Cette étoile, c'est la mienne ; et ce nuage !... Vive-Dieu ! je suis bien insensé de croire aux paroles de ce visionnaire... Ces signes ne l'ont jamais trompé, dit-il. Dugast, Dugast ! et toi aussi, tu volais comme moi à un rendez-vous d'amour, lorsque tu es tombé assassiné ; et ton sang, en sortant de tes vingt-deux blessures, bouillait encore d'espérance et de bonheur. Ah ! si je dois mourir aussi, mon Dieu ! mon Dieu ! que je ne meure du moins qu'au retour !

(Entre Joyeuse.)

JOYEUSE.

Je te cherchais, Saint-Mégrin. Eh bien, que fais-tu là ? Est-ce que tu lis dans les astres, toi ?

SAINT-MÉGRIN.

Moi ? Non.

JOYEUSE.

Je t'avais pris en entrant pour un astrologue. Quoi ! encore ? Mais qu'as-tu donc ?

SAINT-MÉGRIN.

Rien, rien : je regarde le ciel.

JOYEUSE.

Il est superbe ! les étoiles étincellent.

SAINT-MÉGRIN, avec mélancolie.

Joyeuse, crois-tu qu'après notre mort, notre âme doive habiter un de ces globes brillants, sur lesquels notre vue s'est arrêtée tant de fois pendant notre vie ?

JOYEUSE.

Ces pensées ne me sont jamais venues, sur mon âme ; elles sont trop tristes... Tu connais ma devise : *Hilariter*, joyeusement !... voilà pour ce monde... Quant à l'autre, peu m'importe ce qu'il sera, pourvu que je m'y trouve bien.

SAINT-MÉGRIN, sans l'écouter.

Crois-tu que, là, nous serons réunis aux personnes que nous

avons aimées ici-bas?... Dis; crois-tu que l'éternité puisse être le bonheur?...

JOYEUSE.

Vrai-Dieu! tu deviens fou, Saint-Mégrin; quel diable de langage me parles-tu là? Arrange-toi de manière que, demain, à pareille heure, M. de Guise puisse t'en donner des nouvelles sûres, et ne me demande pas cela, à moi. J'ai déjà le cou tout disloqué d'avoir regardé en l'air.

SAINT-MÉGRIN.

Tu as raison; oui, je suis un insensé...

JOYEUSE.

Voici le roi... Voyons, éloigne cet air soucieux. On dirait, sur mon âme, que ce duel t'inquiète. Est-ce que tu serais fâché?...

SAINT-MÉGRIN.

Moi, fâché?... Vrai-Dieu! s'il me tue, Joyeuse, ce ne sera pas ma vie que je regretterai, ce sera de lui laisser la sienne.

SCÈNE V

Les Mêmes, HENRI, D'ÉPERNON, SAINT-LUC, BUSSY, DU HALDE, plusieurs Pages et Seigneurs; puis CATHERINE DE MÉDICIS.

HENRI.

Soyez tranquilles, messieurs, soyez tranquilles: toutes nos mesures sont prises. Seigneur de Bussy, nous vous rendons notre amitié, en récompense de la manière dont vous avez secondé notre brave sujet le comte de Saint-Mégrin.

BUSSY D'AMBOISE.

Sire!

HENRI, à Saint-Mégrin.

Te voilà, mon digne ami; pourquoi n'es-tu pas venu me voir? Messieurs, ma mère assistera à la séance; prévenez-la qu'elle va s'ouvrir. Ah! auparavant, sur la première marche, placez un tabouret pour M. le comte de Saint-Mégrin. (A Saint-Mégrin.) J'ai à te parler... Par la mort-Dieu! nous voilà tous rassemblés, messieurs; il ne nous manque plus que notre beau cousin de Guise...

CATHERINE, entrant.

Il ne se fera pas attendre, mon fils ; j'ai aperçu ses pages dans l'antichambre.

HENRI.

Ils seront les bienvenus, ma mère. Messieurs, prenez vos places. D'Épernon, la tienne est devant cette table ; c'est toi qui seras notre secrétaire, en l'absence de Morvilliers...

CATHERINE.

Surtout, sire...

HENRI.

Soyez tranquille, ma mère, soyez tranquille, vous avez ma parole,

SCÈNE VI

Les Mêmes, LE DUC DE GUISE.

HENRI.

Entrez, mon beau cousin, entrez. Nous avions songé d'abord à faire dresser, nous-même, l'acte de reconnaissance que nous avions promis ; mais nous avons pensé, depuis, que celui que M. d'Humières a fait signer aux nobles de Péronne et de la Picardie serait ce qu'il y aurait de mieux. Quant à celui de nomination du chef, un article au bas du premier suffira, et déjà vous avez sans doute quelques idées pour sa rédaction ?

LE DUC DE GUISE.

Oui, sire, je m'en suis occupé. J'ai voulu épargner à Votre Majesté la peine... l'ennui...

HENRI.

Vous êtes bien aimable, mon cousin ; veuillez donner cet acte à M. le baron d'Épernon : lisez-le-nous à haute et intelligible voix, baron. Or, écoutez, messieurs.

D'ÉPERNON, lisant.

« Association faite entre les princes, seigneurs, gentilshommes et autres, tant de l'état ecclésiastique que de la noblesse du pays de Picardie. Premièrement... »

HENRI.

Attends, d'Épernon. Messieurs, nous connaissons tous cet acte, dont je vous ai montré copie ; il est donc inutile de lire les dix-huit articles dont il se compose : passez à la fin ; et vous, monsieur le duc, approchez et dictez vous-même. Réfléchissez qu'il s'agit de nommer un chef à une grande association ! Il faut donc que ce chef ait de grands pouvoirs... Enfin, mon beau cousin, faites comme pour vous.

LE DUC DE GUISE.

Je vous remercie de votre confiance, sire, vous serez content.

SAINT-MÉGRIN.

Que faites-vous, sire ?...

HENRI.

Laisse-moi.

LE DUC DE GUISE, dictant.

« 1º L'homme que Sa Majesté honorera de son choix devra être issu d'une maison souveraine, digne de l'amour et de la confiance des Français par sa conduite passée et sa foi à la religion catholique. 2º Le titre de lieutenant général du royaume de France lui sera octroyé, et les troupes seront mises à sa disposition. 3º Comme ses actions auront pour but le plus grand bien de la cause, il ne devra en rendre compte qu'à Dieu et à sa conscience. »

HENRI.

Très-bien.

SAINT-MÉGRIN.

Bien !... Et vous pouvez approuver de semblables conditions, sire !... revêtir un homme d'une pareille puissance !

HENRI.

Silence !

JOYEUSE.

Mais, sire...

HENRI.

Silence, messieurs ! nous désirons, entendez-vous, nous désirons positivement que, quel que soit le choix que nous allons faire, il vous soit agréable. Mon cousin, donnez-leur donc, en bon et loyal sujet, un exemple de soumission. Vous êtes le premier de mon royaume après moi, mon beau cousin, et, dans ce cas surtout, vous êtes intéressé à ce qu'on m'obéisse...

LE DUC DE GUISE.

Sire, je reconnais d'avance pour chef de la Sainte-Union

celui que vous allez désigner, et je regarderai comme rebelle quiconque osera braver ses ordres.
HENRI.
C'est bien, monsieur le duc. Écris, d'Épernon. (Se levant devant son trône.) « Nous, Henri de Valois, par la grâce de Dieu, roi de France et de Pologne, approuvons, par le présent acte rédigé par notre féal et amé cousin Henri de Lorraine, duc de Guise, l'association connue sous le nom de la Sainte-Union... et, de notre autorité, nous nous en déclarons le chef. »
LE DUC DE GUISE.
Comment !...
HENRI.
« En foi de quoi, nous l'avons fait revêtir de notre sceau royal (descendant du trône et prenant la plume), et l'avons signé de notre main. HENRI DE VALOIS. » (Passant la plume au duc de Guise.) A vous, mon cousin ; à vous qui êtes le premier du royaume, après moi... Eh bien, vous hésitez ? Croyez-vous que le nom de Henri de Valois et les trois fleurs de lis de France ne figurent pas aussi dignement au bas de cet acte que le nom de Henri de Guise et les trois merlettes de Lorraine ? Par la mort-Dieu ! vous vouliez un homme qui possédât l'amour des Français... Est-ce que nous ne sommes pas aimé, monsieur le duc ? Répondez d'après votre cœur. Vous vouliez un homme d'une haute noblesse ; je me crois aussi bon gentilhomme que qui que ce soit ici. Signez donc, monsieur le duc, signez ; car vous avez dit vous-même que quiconque ne signerait pas, serait un rebelle.
LE DUC DE GUISE, à Catherine, à part.
O Catherine, Catherine !
HENRI, indiquant la place où Guise doit signer.
Là, monsieur le duc, au-dessous de moi.
JOYEUSE.
Vive-Dieu ! je ne m'attendais pas à celle-là. (Tendant la main pour prendre la plume.) Après vous, monsieur de Guise.
HENRI.
Oui, messieurs, signez, signez tous. D'Épernon, tu veilleras à ce que des copies de cet acte soient envoyées dans toutes les provinces de notre royaume.
D'ÉPERNON.
Oui, sire.

SAINT-PAUL, à demi-voix, au duc de Guise.

Nous n'avons pas été heureux, monsieur le duc, dans notre première entreprise.

LE DUC DE GUISE, de même, à Saint-Paul.

La fortune nous doit un dédommagement; la seconde réussira. Mayenne est arrivé. Vous prendrez ses ordres.

HENRI.

Messieurs, nous vous demandons bien pardon de cette longue séance; cela n'a pas été tout à fait aussi amusant qu'un bal masqué; mais prenez-vous-en à notre beau cousin de Guise; c'est lui qui nous y a forcé. Adieu, monsieur le duc, adieu. Veillez toujours sur les besoins de l'État, en bon et fidèle sujet, comme vous venez de le faire, et n'oubliez pas que quiconque n'obéira pas au chef que j'ai nommé, sera déclaré coupable de haute trahison. Sur ce, je vous abandonne à la garde de Dieu, messieurs. Reste, Saint-Mégrin... Êtes-vous contente de moi, ma mère?

CATHERINE.

Oui, mon fils; mais n'oubliez pas que c'est moi...

HENRI.

Non, non, ma mère; d'ailleurs, vous vous chargeriez de m'en faire souvenir,... n'est-ce pas?

SAINT-MÉGRIN, à part.

Elle m'attend, et le roi m'a dit de rester.

(Tous sortent.)

SCÈNE VII

HENRI, SAINT-MÉGRIN.

HENRI.

Eh bien, Saint-Mégrin, j'ai profité, je l'espère, de tes conseils; j'ai détrôné mon cousin de Guise, et me voilà roi des ligueurs, à sa place.

SAINT-MÉGRIN.

Puissiez-vous ne pas vous en repentir, sire! mais cette idée n'est pas de vous. J'y ai reconnu...

HENRI.

Eh bien, quoi?... Parle...

SAINT-MÉGRIN.

La politique cauteleuse de votre mère... Elle croit avoir tout gagné, lorsqu'elle a gagné du temps. Je me doutais qu'elle machinait quelque chose contre le duc de Guise... Je l'avais entendue, en lui parlant, l'appeler son ami. Quant à vous, sire, c'est à regret que je vous ai vu signer cet acte. Vous étiez roi, vous n'êtes plus qu'un chef de parti.

HENRI.

Et que fallait-il donc faire?

SAINT-MÉGRIN.

Repousser la politique florentine, et agir franchement.

HENRI.

De quelle manière?

SAINT-MÉGRIN.

En roi... Vive-Dieu! les preuves de la rébellion de M. le duc de Guise ne vous auraient pas manqué.

HENRI.

Je les avais.

SAINT-MÉGRIN.

Il fallait donc vous en servir et le faire juger.

HENRI.

Les parlements sont pour lui.

SAINT-MÉGRIN.

Il fallait imposer aux parlements la puissance de votre volonté. La Bastille a de bonnes murailles, de larges fossés, un gouverneur fidèle; et M. de Guise, en s'y rendant, n'aurait eu qu'à suivre les traces des maréchaux de Montmorency et de Cossé.

HENRI.

Mon ami, il n'y a pas de murailles assez solides pour enfermer un tel prisonnier... Je ne connais qu'un cercueil de plomb et un tombeau de marbre qui puissent m'en répondre... Mets-le seulement en état d'y entrer, Saint-Mégrin,... et je me charge de faire fondre l'un et d'élever l'autre.

SAINT-MÉGRIN.

Et, cela étant, sire, il sera puni, il est vrai, mais non pas comme il l'aura mérité.

HENRI.

Peu m'importe la différence des moyens, quand le résultat est le même... J'espère, Saint-Mégrin, que tu n'as rien négligé pour te préparer à ce combat?

SAINT-MÉGRIN.

Non, sire; mais je n'ai pas encore eu le temps d'accomplir mes devoirs religieux.

HENRI.

Comment, tu n'en a pas eu le temps?... As-tu donc oublié le duel de Jarnac et de la Chataigneraie?... Il avait été fixé à quinze jours de celui du défi... Eh bien, ces quinze jours, Jarnac les a passés en prières, tandis que la Chataigneraie courait de plaisirs en plaisirs, sans penser autrement à Dieu... Aussi, Dieu l'a puni, Saint-Mégrin.

SAINT-MÉGRIN.

Sire, mon intention est d'accomplir tous mes devoirs de chrétien; mais, auparavent, il en est d'autres qui m'appellent... Permettez...

HENRI.

Comment, d'autres?

SAINT-MÉGRIN.

Sire, ma vie est entre les mains de Dieu... et, s'il a décidé ma mort, sa volonté soit faite!

HENRI.

Eh!... que dites-vous là?... Votre existence vous appartient-elle, monsieur, pour en faire si peu de cas?... Non, par la mort-Dieu! elle est à nous qui sommes votre roi et votre ami. Quand il s'agira de vos affaires, vous vous laisserez tuer, si tel est votre bon plaisir; mais, quand il s'agira des nôtres, monsieur le comte, nous vous prions d'y regarder à deux fois.

SAINT-MÉGRIN.

Vrai-Dieu! sire, je ferai de mon mieux; soyez tranquille.

HENRI.

Tu feras de ton mieux?... Ce n'est point assez: fais-lui jurer qu'il n'a ni plastron, ni talisman, ni armes cachées; et, quand il l'aura fait, alors rappelle toute ta force, tout ton courage; pousse vivement à lui.

SAINT-MÉGRIN.

Oui, sire.

HENRI.

Une fois délivré de lui, vois-tu, nous ne sommes plus deux en France, je suis vraiment roi,... vraiment libre... Ma mère va être fière du conseil qu'elle m'a donné; car, tu avais raison, il vient d'elle, et il faudra que je le paye en obéissance...

SAINT-MÉGRIN.

Sire, Dieu et mon épée me seront en aide.

HENRI.

Ton épée, je veux en juger par moi-même... (Il appelle.) Du Halde! apporte des épées émoussées.

SAINT-MÉGRIN.

Sire, est-ce à une pareille heure, quand Votre Majesté doit avoir besoin de repos?...

HENRI.

Du repos!... du repos!... Ils sont tous à me parler de repos!... Crois-tu qu'il dorme, lui?... ou, s'il dort, que rêve-t-il? Qu'il commande insolemment sur le trône de France, et que moi... moi, son roi... je prie humblement dans un cloître... Un roi ne dort pas, Saint-Mégrin. (Appelant.) Du Halde! donne-nous ces épées.

SAINT-MÉGRIN, à part.

L'heure s'envole; elle m'attend. (Haut.) Sire, il m'est impossible; vous m'avez rappelé des devoirs sacrés, il faut que je les accomplisse.

HENRI.

Eh bien, écoute, demain... (L'heure sonne.) Attends; c'est minuit, je crois?

SAINT-MÉGRIN.

Oui, sire, c'est minuit.

HENRI

Chaque fois que sonne cette heure, je prie Dieu de bénir le jour où je vais entrer... Il faut que je te quitte; mais viens me trouver demain avant le combat. Du Halde, porte ces épées dans ma chambre.

SAINT-MÉGRIN.

J'irai, sire, j'irai.

HENRI.

Bien! je compte sur toi.

SAINT-MÉGRIN.

Maintenant, je puis me retirer. Votre Majesté est satisfaite.

HENRI.

Oui, le roi est si content, que l'ami veut faire quelque chose pour toi... Tiens, voici un talisman sur lequel Ruggieri a prononcé des charmes; celui qui le porte ne peut mourir, ni par le fer, ni par le feu. Je te le prête; tu me le rendras, au moins, après le combat?

SAINT-MÉGRIN.

Oui, sire...

HENRI.

Adieu, Saint-Mégrin.

SAINT-MÉGRIN.

Adieu, sire, adieu!...

(Le roi sort.)

SCÈNE VIII

SAINT-MÉGRIN, GEORGES.

SAINT-MÉGRIN.

Je suis seul, enfin. (Appelant.) Georges!... Ah! te voilà... Mon costume... Bien... Aide-moi!... aide-moi!...

GEORGES.

Vous allez sortir... Voulez-vous que je fasse venir une chaise à porteurs?...

SAINT-MÉGRIN.

Non...

GEORGES.

Le temps est à l'orage.

SAINT-MÉGRIN.

Oui. (Allant à la fenêtre, avec un rire convulsif.) Il n'y aura bientôt plus une étoile au ciel...

GEORGES.

Et vous allez sortir à pied?

SAINT-MÉGRIN.

Oui, à pied...

GEORGES.

Sans armes?...

SAINT-MÉGRIN.

J'ai mon épée et mon poignard, cela suffit.. Cependant, donne-moi l'épée de Schomberg; elle est plus forte. (A part.) Je vais la voir; encore un instant et je suis à ses pieds.

GEORGES.

La voici... Voulez vous que je vous accompagne?

SAINT-MÉGRIN.

Non. Il faut que je sorte seul.

I. 11.

GEORGES.

A minuit passé!... que dirait votre mère si elle savait?...

SAINT-MÉGRIN, à la fenêtre.

Ma mère!... oui, oui, tu as raison... L'orage s'étend... Ma pauvre mère!... je voudrais bien la revoir,... ne fût-ce qu'un instant. Écoute : tu lui donneras cette chaîne (coupant une boucle de ses cheveux avec son poignard), ces cheveux, demain, si tu ne me vois pas, entends-tu?

GEORGES.

Et pourquoi, pourquoi?...

SAINT-MÉGRIN.

Tu ne sais pas, tu ne sais pas... Donne-moi mon manteau...

GEORGES.

Mon maître,... mon jeune maître,... ne sortez pas, au nom du ciel!... La nuit sera terrible.

SAINT-MÉGRIN.

Oui, peut-être terrible... (A part.) N'importe, il le faut, elle m'attend; j'ai tardé beaucoup... Malédiction! s'il était trop tard...

GEORGES.

Au nom du ciel, laissez-moi vous suivre.

SAINT-MÉGRIN, avec colère.

Reste, je te l'ordonne.

GEORGES.

Mon maître!

SAINT-MÉGRIN, lui tendant la main.

Non! embrasse-moi... Adieu... N'oublie pas ma mère.

ACTE CINQUIÈME

Le salon dans lequel la duchesse de Guise est enfermée.

SCÈNE PREMIÈRE

LA DUCHESSE DE GUISE, seule.

Elle a encore sur la tête les fleurs dont elle était parée au troisième acte ; elle écoute sonner l'heure.

Minuit et demi... Avec quelle lenteur l'heure se traîne... Oh! s'il pouvait m'aimer assez peu pour ne pas venir... Jusqu'à une heure du matin, les portes de l'hôtel resteront ouvertes; déjà j'y ai vu entrer les ligueurs qui doivent s'y réunir. Sans doute, il n'était pas avec eux. Encore une demi-heure d'angoisses et de tourments... et, depuis deux heures que je suis enfermée dans cette chambre, je n'ai fait qu'écouter si je n'entendais point le bruit de ses pas. J'ai voulu prier;... prier!... (Écoutant en se rapprochant de la porte.) Ah! mon Dieu! Non... non... ce n'est pas encore lui... (Allant à la fenêtre.) Si cette nuit était moins sombre, je pourrais l'apercevoir, et, par quelque signe, peut-être, l'avertir du danger; mais nul espoir!... La porte de l'hôtel se referme!... il est sauvé! pour cette nuit du moins... Quelque obstacle l'aura arrêté loin de moi. Arthur n'aura pu le trouver; et peut-être, demain, sera-t-il quelque moyen de lui faire connaître le piège où on voulait l'attirer. Oh! oui, oui, j'en trouverai... je... (Écoutant.) J'ai cru entendre. (S'approchant de la porte). Des pas, encore! Sont-ce ceux de M. de Guise?... Non, non... On monte; on s'arrête. Ah! on se rapproche... On vient! (Avec effroi.) N'entrez pas! n'entrez pas! fuyez! Fuir, et comment? C'était derrière lui que la porte s'était refermée. Ah! mon Dieu! plus d'espoir!

(La porte s'ouvre; elle recule à mesure que Saint-Mégrin s'avance.)

SCÈNE II

LA DUCHESSE DE GUISE, SAINT-MÉGRIN.

SAINT-MÉGRIN.

Je ne m'étais donc pas trompé; c'était votre voix que j'avais entendue; elle m'a guidé.

LA DUCHESSE DE GUISE

Ma voix! ma voix ! elle vous disait de fuir.

SAINT-MÉGRIN.

Que j'étais insensé! je ne pouvais croire à tant de bonheur!

LA DUCHESSE DE GUISE.

Cette porte est encore ouverte! fuyez, monsieur le comte, fuyez !

SAINT-MÉGRIN.

Ouverte! oui... Imprudent que je suis !

(Il la referme.)

LA DUCHESSE DE GUISE.

Monsieur le comte, écoutez-moi !

SAINT-MÉGRIN.

Oh! oui, oui ! parle! j'ai besoin de t'entendre, pour croire à ma félicité.

LA DUCHESSE DE GUISE.

Fuyez, fuyez! la mort est là!... des assassins !...

SAINT-MÉGRIN.

Que dites-vous ! quels sont ces mots de mort et d'assassins ?

LA DUCHESSE DE GUISE.

Oh! écoutez-moi,... écoutez-moi... Au nom du ciel! sortez de ce délire insensé... Il y va de la vie, vous dis-je ! ils vous ont attiré dans un piége infernal ; ils veulent vous assassiner.

SAINT-MÉGRIN.

M'assassiner ! cette lettre n'était donc pas de vous ?

LA DUCHESSE DE GUISE.

Elle était de moi; mais la violence, la torture... Voyez! (Elle lui montre son bras.) Voyez...

SAINT-MÉGRIN.

Ah !

LA DUCHESSE DE GUISE.

C'est moi qui ai écrit ce billet;... mais c'est le duc qui l'a dicté.

SAINT-MÉGRIN, le déchirant.

Le duc ! et j'ai pu croire ?... Non, non, je ne l'ai pas cru un seul instant. Mon Dieu! mon Dieu ! elle ne m'aime pas!

LA DUCHESSE DE GUISE.

Maintenant que vous savez tout, fuyez, fuyez! je vous l'ai dit, il y va de la vie.

SAINT-MÉGRIN, sans l'écouter.

Elle ne m'aime pas...

(Il met sa main dans sa poitrine, et la meurtrit.)

LA DUCHESSE DE GUISE.

O mon Dieu! mon Dieu!

SAINT-MÉGRIN, riant.

C'est ma vie, dites-vous, qu'ils veulent? Eh bien, je vais la leur porter, mais sans rien conserver de vous ! tenez, voilà ce bouquet, que mon existence a failli payer. D'un mot, vous m'avez détaché de la vie, comme ces fleurs de leur tige... Adieu! adieu! pour jamais! (Il veut rouvrir la porte.) Cette porte est refermée.

LA DUCHESSE DE GUISE.

C'est lui! il sait déjà que vous êtes ici.

SAINT-MÉGRIN.

Ah! qu'il vienne! qu'il vienne! Henri!... Henri! n'auras-tu de courage que pour meurtrir le bras d'une femme?... Ah! viens, viens!

LA DUCHESSE DE GUISE.

Ne l'appelez pas! ne l'appelez pas! il doit venir!...

SAINT-MÉGRIN.

Que vous importe? je vous suis indifférent. Ah! la pitié! oui...

LA DUCHESSE DE GUISE.

Mais, si vous m'aidiez, peut-être pourriez-vous fuir.

SAINT-MÉGRIN.

Moi, fuir! et pourquoi? ma mort et ma vie ne sont elles pas des événements également étrangers dans votre existence?... Fuir! et fuirais-je aussi votre indifférence, votre haine peut-être?

LA DUCHESSE DE GUISE.

Mon indifférence! ma haine! ah! plût au ciel!...

SAINT-MÉGRIN.

Plût au ciel! dis-tu? Un mot, un mot encore, et je t'obéirai aveuglément... Dis; ma mort doit-elle être pour toi plus affreuse que l'assassinat d'un homme?

LA DUCHESSE DE GUISE.

Grand Dieu! il le demande... Oh! oui, oui.

SAINT-MÉGRIN.

Tu ne me trompes pas! je te rends grâce! Tu parlais de fuir!

de moyens! Quels sont-ils? Fuir! moi, fuir devant le duc de Guise?... Jamais!...

LA DUCHESSE DE GUISE.

Ce n'est pas devant le duc de Guise que vous fuiriez, c'est devant des assassins. Retenu dans une autre partie de l'hôtel, par cette réunion de ligueurs, il a voulu s'assurer qu'une fois ici, vous ne sauriez lui échapper. Si nous pouvions seulement fermer cette porte, nous aurions encore quelques instants; mais la barre en a été enlevée; une seconde clef est entre ses mains (cherchant), et l'autre...

SAINT-MÉGRIN.

N'est-ce que cela? Attendez. (Il brise la pointe de son poignard dans la serrure.) Maintenant, cette porte ne s'ouvrira plus qu'on ne l'enfonce.

LA DUCHESSE DE GUISE.

Bien! bien! cherchons un moyen, une issue... Mes idées se heurtent! ma tête se brise!...

SAINT-MÉGRIN, s'élançant vers la fenêtre.

Cette fenêtre...

LA DUCHESSE DE GUISE.

Gardez-vous-en bien! vous vous tueriez!

SAINT-MÉGRIN.

Me tuer sans vengeance! Vous avez raison; je les attendrai.

LA DUCHESSE DE GUISE.

O mon Dieu! mon Dieu! secourez-nous! Oh! toutes les mesures de vengeance ne sont que trop bien prises... Et c'est moi, moi qui n'ai pas pu souffrir... (Tombant à genoux.) Comte, au nom du ciel! votre pardon (se relevant), ou plutôt, non, non, ne me pardonnez pas... et, si vous mourez, je mourrai avec vous!

(Elle tombe dans un fauteuil.)

SAINT-MÉGRIN, à ses pieds.

Eh bien, rends-moi donc la mort plus douce. Dis, dis-moi que tu m'aimes... C'est un pied dans la tombe que je t'en conjure. Je ne suis plus pour toi qu'un mourant. Les préjugés du monde disparaissent, les liens de la société se brisent devant l'agonie. Entoure mes derniers moments des félicités du ciel... Ah! dis, dis-moi que je suis aimé.

LA DUCHESSE DE GUISE.

Eh bien, oui, je vous aime! et depuis longtemps. Que de combats je me suis livrés pour fuir vos yeux, pour m'éloigner de votre voix ! Vos regards, vos paroles me poursuivaient partout. Non ! pour nous, la société n'a plus de liens, le monde n'a plus de préjugés... Écoute-moi donc : oui, oui, je t'aime... Ici, dans cette même chambre, que de fois j'ai fui un monde que ton absence dépeuplait pour moi ! que de fois je suis venue m'isoler avec mon amour et mes pleurs ! Et, alors, je revoyais tes yeux, j'entendais encore tes paroles, et je te répondais. Eh bien, ces moments, ils ont été les plus doux de ma vie.

SAINT-MÉGRIN.

Oh ! assez, assez ! tu ne veux donc pas que je puisse mourir ?... Malédiction !... Là, toutes les félicités de la terre, et, là, la mort, l'enfer... Oh ! tais-toi, ne me dis plus que tu m'aimes... Avec ta haine, j'aurais bravé leurs poignards ; et, maintenant, ah ! je crois que j'ai peur ! Tais-toi ! tais-toi !

LA DUCHESSE DE GUISE

Saint-Mégrin, oh ! ne me maudis pas.

SAINT-MÉGRIN.

Si, si, je te maudis, pour ton amour qui me fait entrevoir le ciel et mourir !... mourir, jeune, aimé de toi ! Est-ce que je puis mourir ?... Non, non ; redis-moi que tout cela n'était qu'illusion et mensonge !

(On entend du bruit.)

LA DUCHESSE DE GUISE.

Écoutez !... Ah ! ce sont eux !

SAINT-MÉGRIN.

Ce sont eux. (Tirant son épée et s'appuyant dessus avec calme.) Éloigne-toi ; tu m'as vu faible, insensé ; en face de la mort, je redeviens un homme... Éloigne-toi !

LA DUCHESSE DE GUISE, après un moment de réflexion.

Saint-Mégrin ! écoutez,... écoutez. Cette fenêtre, oui, oui ! je m'en souviens... Il y a un balcon au premier étage ; si vous l'atteignez une fois,... une ceinture,... une corde ; vous pouvez descendre jusque-là, et alors vous êtes sauvé. (Cherchant.) Mon Dieu ! rien, rien.

SAINT-MÉGRIN.

Calme-toi ! calme-toi ! (Allant à la fenêtre.) Si je pouvais seulement distinguer ce balcon !... mais rien qu'un gouffre.

LA DUCHESSE DE GUISE.

Écoute... On entend du bruit dans la rue. (Se précipitant vers la fenêtre.) Qui que vous soyez, au secours ! au secours !

SAINT-MÉGRIN, l'arrachant de la fenêtre.

Que fais-tu? veux-tu les avertir? (Un paquet de cordes tombe dans la chambre.) Qu'est cela?

LA DUCHESSE DE GUISE.

Ah! vous êtes sauvé! (Elle prend la corde.) D'où cela vient-il? Un billet. (Elle lit.) « Quelques mots que j'ai entendus m'ont tout appris. Je n'ai que ce moyen de vous sauver et je l'emploie. ARTHUR. » Arthur! ô cher enfant! (A Saint-Mégrin.) C'est Arthur; fuyez, fuyez vite!

SAINT-MÉGRIN, attachant la corde.

En aurai-je le temps? Cette porte (on l'agite violemment), cette porte...

LA DUCHESSE DE GUISE.

Attendez.

(Elle passe son bras entre les deux anneaux de fer.)

SAINT-MÉGRIN.

Ah! Dieu! que faites-vous?

LA DUCHESSE DE GUISE.

Laisse! laisse! c'est le bras qu'il a déjà meurti.

SAINT-MÉGRIN.

J'aime mieux mourir.

LE DUC DE GUISE, ébranlant la porte.

Ouvrez, madame, ouvrez.

LA DUCHESSE DE GUISE.

Fuyez, fuyez! En fuyant, vous sauvez ma vie; si vous restez, je jure de mourir avec vous, et je mourrai déshonorée... Fuyez, fuyez!

SAINT-MÉGRIN.

Tu m'aimeras toujours?

LA DUCHESSE DE GUISE.

Oui, oui.

LE DUC DE GUISE, en dehors.

Des leviers, des haches,... que j'enfonce cette porte.

LA DUCHESSE DE GUISE.

Pars donc! oui... oui... adieu!

SAINT-MÉGRIN.

Adieu!... Vengeance!...

(Il met met son épée entre ses dents et descend par la fenêtre.)

LA DUCHESSE DE GUISE.

Mon Dieu! mon Dieu! je te remercie, il est sauvé. (Un moment de silence; puis tout à coup des cris, un cliquetis d'armes.) Ah! (Elle quitte la porte, court à la fenêtre.) Arthur! Saint-Mégrin!

(Elle pousse un second cri, et revient tomber au milieu de la scène.)

SCÈNE III

LA DUCHESSE DE GUISE, presque évanouie; LE DUC DE GUISE, suivi de SAINT-PAUL, et de PLUSIEURS HOMMES.

LE DUC DE GUISE, après un coup d'œil rapide.

Il sera descendu par cette fenêtre... Mais Mayenne était dans la rue avec vingt hommes, et le bruit des armes... Va, Saint-Paul; vous, suivez-le. Va, et tu me diras si tout est fini. (Heurtant du pied la duchesse.) Ah! c'est vous, madame. Eh bien, je vous ai ménagé un tête-à-tête.

LA DUCHESSE DE GUISE.

Monsieur le duc, vous l'avez fait assassiner!

LE DUC DE GUISE.

Laissez-moi, madame; laissez-moi.

LA DUCHESSE DE GUISE, à genoux, le prenant à bras-le-corps.

Non, je m'attache à vous.

LE DUC DE GUISE.

Laissez-moi, vous dis-je!... ou bien, oui, oui. Venez! à la lueur des torches, vous pourrez le revoir encore une fois (Il la traîne jusqu'à la fenêtre.) Eh bien, Saint-Paul?

SAINT-PAUL, dans la rue.

Attendez; il n'est pas tombé seul. Ah! ah!

LE DUC DE GUISE.

Est-ce lui?

SAINT-PAUL.

Non, c'est le petit page.

LA DUCHESSE DE GUISE.

Arthur! Ah! pauvre enfant!

LE DUC DE GUISE.

L'auraient-ils laissé fuir?... Les misérables!...

LA DUCHESSE DE GUISE, avec espoir.

Oh!...

SAINT-PAUL.

Le voici.

LE DUC DE GUISE.

Mort?

SAINT-PAUL.

Non, couvert de blessures, mais respirant encore.

LA DUCHESSE DE GUISE.

Il respire! On peut le sauver. Monsieur le duc, au nom du ciel...

SAINT-PAUL.

Il faut qu'il ait quelque talisman contre le fer et contre le feu...

LE DUC DE GUISE, *jetant par la croisée le mouchoir de la duchesse de Guise.*

Eh bien, serre-lui la gorge avec ce mouchoir; la mort lui sera plus douce; il est aux armes de la duchesse de Guise.

LA DUCHESSE DE GUISE.

Ah!

(Elle tombe.)

LE DUC DE GUISE, *après avoir regardé un instant dans la rue.*

Bien! et maintenant que nous avons fini avec le valet, occupons-nous du maître.

FIN DE HENRI III ET SA COUR

CHRISTINE

OU

STOCKHOLM, FONTAINEBLEAU ET ROME

TRILOGIE DRAMATIQUE EN CINQ ACTES, EN VERS

AVEC PROLOGUE ET ÉPILOGUE

Odéon. — 30 mars 1830.

Throughout !...

A SON ALTESSE ROYALE MONSEIGNEUR LE DUC D'ORLÉANS

Hommage de respect et de reconnaissance.

ALEX. DUMAS.

Paris, 30 mars 1830, onze heures du soir.

DISTRIBUTION

CHRISTINE, reine de Suède..................	Mlle GEORGES.
CHARLES-GUSTAVE, son successeur..............	MM. A. VINCENT;
LE COMTE JEAN DE MONALDESCHI, grand écuyer..	LOCKROY.
SENTINELLI, capitaine des gardes de la reine........	LIGIER.
PAULA.....	Mlles NOBLET.
EBBA, comtesse de Sparre.................	EUL. DUPUIS.
DESCARTES................................	MM. DELAFOSSE.
LE BARON DE STEINBERG.................	LEBRUN.
STEINBERG neveu........................	JOURDAN.
LE COMTE MAGNUS DE LA GARDIE...........	CHILLY.
OXENSTIERN.............................	DELAISTRE.
LE COMTE DE BRAHÉ......................	...
FLEMING, amiral........................	MÉNÉTRIER.
CORNEILLE.............................	ÉRIC-BERNARD.
LA CALPRENÈDE........................	VIZENTINI.
LE PÈRE LEBEL........................	ARSÈNE.
BORRI, médecin........................	DUPONT.
CLAUTER } gardes........................ {	DUPARAY.
LANDINI	STOCKLEIT.
OXENSTIERN neveu......................	LEROUX.
DE BRAHÉ fils.........................	CHAMPION.
UN HÉRAUT D'ARMES....................	VALKIN.
UN ARCHITECTE........................	BLANVALET.
UN HUISSIER, SEIGNEURS, GARDES, PEUPLE, etc., etc.	

Le prologue et les deux premiers actes à Stockholm ; les troisième, quatrième et cinquième actes à Fontainebleau, et l'épilogue à Rome.

PROLOGUE

DESCARTES

Le port de Stockholm; l'avant de plusieurs vaisseaux de ligne que visitent la reine et ses courtisans; sur la jetée, un fanal et un palais.

DESCARTES, STEINBERG; UN JEUNE PAGE, appuyé contre le fanal.

STEINBERG.

Cher Descartes, je suis heureux, sur ma parole!
De Paris à Stockholm, je ne viens pas, je vole;
J'achève en quinze jours, sans le moindre accident,
Un voyage éternel, et, lorsqu'en descendant
On me dit que mon oncle est auprès de la reine,
Qui visite sa flotte, un vague instinct m'entraîne;
J'arrive, et je vous vois... Vrai-Dieu! j'hésiterais
Presque à vous reconnaître! Au milieu des marais,
Je vous croyais encore au fond de la Hollande,
Cherchant quelque problème, errant sur quelque lande.

DESCARTES.

Ainsi faisais-je; mais Christine m'écrivit
Qu'elle voulait me voir; je vins, elle me vit,
En physique avec moi soutint un savant thème,
Reçut le philosophe, et railla le système.

STEINBERG.

Comment! vos tourbillons, vos atomes crochus?...

DESCARTES.

Du droit de bourgeoisie, à Stockholm, sont déchus.
En échange, j'habite un beau palais gothique,
Là-bas, entre le lac Mælar et la Baltique.

STEINBERG.

Et vous êtes heureux?

DESCARTES.

Heureux! du moins content!
Pour combler mes désirs, il ne fallait pas tant;
Il n'est pas un endroit qu'à l'autre je préfère,
Et, pourvu qu'on me donne un compas, une sphère.

Pendant de longues nuits un ciel bien étoilé,
Fussé-je malheureux, je serais consolé.

STEINBERG.

Vous soupirez pourtant!

DESCARTES.

Oui, quelquefois, peut-être;
De sinistres pensers je ne suis pas le maître.
Je sens qu'il me faudrait un air plus attiédi.
Combien de fois, Steinberg, tourné vers le Midi,
Lorsqu'un souffle d'été passait sur la falaise,
Je sentais que mon sein respirait plus à l'aise!
Alors je me couchais, et, sans plus rien penser,
Riais aux souvenirs qui me venaient bercer.
L'aile du souvenir bien vite nous entraîne :
Je retrouvais les champs de ma belle Touraine;
Comme une vision, je voyais s'approcher
Tours et ses vieux remparts, Blois et son haut clocher.
Je croyais m'endormir à ce bruit monotone
De la Loire roulant son flot tranquille et jaune,
Et puis je m'écriais à mon réveil fatal :
« Oh! que le songe est doux de son pays natal! »
Mais, toi, mon jeune ami, quelle est ton espérance,
Et pour ce froid pays pourquoi quitter la France?

STEINBERG.

De mes nobles aïeux héritier sans renom,
Triste, j'y languissais, écrasé par mon nom :
De ce nom, deux aînés soutenaient la mémoire,
Et m'enlevaient ma part de fortune et de gloire.
Mon père, un beau matin, me déclara tout net
Qu'il fallait devenir ou moine ou lansquenet;
Confiant dans le sort que le ciel me destine,
Je me souvins d'un oncle à la cour de Christine;
Puis de voir cette cour dès longtemps le désir
Me pressait; tout à coup, je me sentis saisir
De ce besoin puissant de marcher dans la voie
Qui s'ouvre devant nous, qu'elle soit peine ou joie.
Mon oncle à cette cour est, dit-on, tout-puissant;
Nous verrons aujourd'hui s'il reconnait son sang,
Car je ne l'ai pas vu depuis dix ans; en somme,
J'ignore ce qu'il est...

DESCARTES.
C'est un excellent homme.
Chez ton oncle, mon cher, pour l'intellectuel,
La nature a peu fait ; mais, pour le ponctuel,
En formant un seul homme, elle s'est ruinée.
Cet homme m'a fait croire à l'étiquette innée.
La reine l'a nommé son grand introducteur.
Qu'on emploie avec lui flatterie ou hauteur,
Rien ne l'émeut, il faut qu'à son tour chacun passe;
Il connaît ce qu'entre eux doivent garder d'espace,
Le comte, le baron, le duc et le marquis ;
Les titres mérités et les titres acquis;
Ceux pour qui deux battants s'ouvrent avec mesure,
Ceux qui doivent passer au trou de la serrure.
Peut-être que tu crus, en venant sur le port,
Qu'à la reine il pourrait te présenter d'abord ?

STEINBERG.
Sans doute.

DESCARTES.
Point ! il faut, auparavant, écrire
Au grand introducteur. Oh ! ce n'est point pour rire !
Il recevra ta lettre, et, ce soir, te verra
Sans t'en dire un seul mot; demain, te répondra
Pour te marquer le jour où la reine s'apprête
A te faire audience ou publique ou secrète :
Voilà la marche à suivre.

(En ce moment, on hisse les pavillons et l'on entend sur les vaisseaux des roulements de tambour qui annoncent l'arrivée de la reine. Les soldats présentent les armes.)

STEINBERG.
Eh ! mais, en attendant,
Pourrai-je au moins la voir?

DESCARTES,
Sans doute ! en regardant
Sur l'avant de ce brick ; c'est notre souveraine
Au milieu de sa cour.

STEINBERG.
Eh quoi !

LE PEUPLE, envahissant sur la jetée.
Vive la reine !

STEINBERG.
Vous ne me trompez pas? c'est elle que voilà?
DESCARTES.
Qu'en dis-tu?
STEINBERG.
Je la crus plus grande que cela.
DESCARTES.
Eh bien, mon cher Steinberg, puisqu'à ce point nous sommes,
Je veux peindre à tes yeux quelques-uns de ces hommes
Qui la suivent. Des cours le terrain est glissant;
On n'y tombe jamais sans le tacher de sang;
Il est donc important de savoir, dans la lutte,
Qui peut nous soutenir ou hâter notre chute.
De ton drame aujourd'hui commence l'action :
C'est ce que l'on appelle une exposition.

STEINBERG.
Avant tout, cher René, parlez-moi de Christine.
DESCARTES.
Christine ! elle s'amuse à la guerre intestine,
Que rallument toujours tant d'intérêts divers;
Renverse des complots en rimant quelques vers;
Sous le dais ou la tente est toujours à son aise;
Laisse là le conseil pour aller voir Saumaise;
Quand les fonds épuisés manquent à son trésor,
Se mêle du grand œuvre et veut faire de l'or;
En dépit des docteurs, qui la traitent d'impie,
Écrit à son cousin le roi d'Éthiopie;
Déclare que Bragance est un usurpateur,
Et qu'elle reconnaît Cromwell lord protecteur;
Puis, lorsque les états lui viennent, d'un air grave,
Pour maître et pour époux offrir Charles-Gustave,
Leur discours pour réponse obtient un *non* bien sec,
En russe, italien, latin, français ou grec,
Voilà Christine.

STEINBERG.
Ensuite?
DESCARTES.
Être debout me lasse.
Attends, nous verrons mieux, je crois, de cette place.
(Ils s'asseyent sur les degrés du palais.)

STEINBERG.

Oui.

DESCARTES, désignant sur les vaisseaux Sentinelli et Monaldeschi.

Peux tu distinguer, à leurs fronts basanés,
Ces deux Italiens? A Florence, ils sont nés.
C'étaient de vieux amis ; un caprice de reine
De leur vieille amitié fit une jeune haine.
D'un seul mot leur pouvoir peut être apprécié :
L'un est rival heureux, l'autre disgracié.
Le premier seulement est donc vraiment à craindre.
Occupons-nous de lui, laissons l'autre se plaindre ;
Monaldeschi n'est point un de ces courtisans
Qui n'exigent, pour prix de leurs soins complaisants,
Qu'un titre, une faveur, un cordon, une place :
Pour avancer d'un pas, nul dégoût ne le lasse :
Du trône, chaque jour, on le voit s'approcher ;
Car il rampe aussitôt qu'il ne peut plus marcher.
Pour se mieux assurer la puissance suprême,
Ce qu'il veut de Christine est Christine elle-même.
Nul ne sait mieux des cours ce magique alphabet
Qui nous conduit au trône ou nous hisse au gibet.
Il n'a qu'un seul ami, qu'un confident : un page
Qui ne parle qu'à lui, dans un autre langage.
Au fanal adossé, d'ici tu peux le voir :
C'est ce jeune homme triste, au teint pâle, à l'œil noir.
Et toujours près de lui l'on voit ce page étrange,
Comme près d'un démon Dieu placerait un ange.

STEINBERG, regardant Monaldeschi.

Cet homme est jeune encor ?

DESCARTES.

Il peut avoir trente ans.

STEINBERG.

Et cet autre, qu'il suit de ses yeux insultants?

DESCARTES.

C'est le grand trésorier Magnus de la Gardie ;
Hélas! il eut aussi la démarche hardie,
Le front dur, les yeux secs, et le parler hautain.
Il n'a plus maintenant qu'un aspect incertain ;
C'est un type vieilli ; son crédit, qui s'efface,
A de ses traits heurtés arrondi la surface.
Sa chute se trahit à tout œil vigilant ;

Car, depuis quinze jours, il est moins insolent :
Or, un bon courtisan peut, quand il est de race,
D'avance quinze jours flairer une disgrâce.
La sienne est sûre.
STEINBERG.
 Bien.
DESCARTES.
 Regarde cet enfant
Que du poison des cours l'innocence défend.
De sa seule beauté son jeune front se pare.
Cet enfant, c'est Ebba, la comtesse de Sparre.
Dieu laisse quelquefois échapper de ses mains
Des anges qu'il oublie aux bords de nos chemins,
Pour que le voyageur qu'un trop lourd fardeau lasse,
S'arrête consolé quand devant eux il passe.
STEINBERG.
Quel est cet homme en noir, assis?
DESCARTES.
 C'est un savant
Qui, ne parlant jamais, va toujours écrivant.
Tous les mots qu'il a dits font le quart d'un volume ;
C'est un monosyllabe à deux pieds et sans plume ;
Mais sur la danse grecque il vient, incognito,
D'imprimer à ses frais cinq tomes in-quarto.
STEINBERG.
Vrai-Dieu ! c'est fort aimable.
DESCARTES.
 Ah ! Steinberg, examine
Ces hommes que tu vois s'approcher de Christine.
L'un d'eux se nomme Guême, et l'autre Pimentel ;
Pour la reine, tous deux ont un dévouement tel,
Que leurs corps, dont chacun loge l'âme d'un fourbe,
Semblent s'être à la fin changés en demi-courbe ;
(Dans ce moment, Guême et Pimentel s'inclinent de chaque côté de la reine.)
Si bien qu'à voir la reine entre eux, lorsqu'arrêtés,
Ils se tiennent debout tous deux à ses côtés,
De leur geste éternel applaudissant ses thèses,
On dirait une phrase entre deux parenthèses.
Ces hommes, enfermant des secrets inconnus,
Ne sont point à Stockholm sans mission venus ;
Rome, pour compléter sa couronne italique,

A besoin dans le Nord d'un fleuron catholique;
Christine...

STEINBERG.
Vous croyez que Christine à sa foi
Renoncerait un jour?...

DESCARTES, avec amertume.
Oh! je ne crois rien, moi,
La vérité fût-elle à deux fois constatée;
N'ont-ils pas dit chez vous que j'étais un athée?

STEINBERG.
Descartes...

DESCARTES.
Je le vois, ma gaîté vous surprend;
Amère, n'est-ce pas? c'est celle d'un mourant
Que révolte l'arrêt auquel il va souscrire;
Parfois, en expirant, on grimace le rire.

STEINBERG.
Sur un sombre avenir pourquoi toujours fixer
Vos yeux? Que bien plutôt vous devriez chasser
Cette crainte de mort, que je crois être vaine!
(Il se lève.)
Pendant que nous causions, de ce côté la reine
Se rapproche; voyez, d'ici, l'on saisirait
Sans doute quelques mots de ce qu'elle dirait.
Écoutons!

CHRISTINE, à bord du vaisseau, s'adressant à Fleming.
Amiral, je ne saurais comprendre
Comment on a, chez nous, tant de peine à se rendre
A l'évidence, et par quel désastreux hasard
L'usage si longtemps l'emporte encore sur l'art.
Il semble, quand partout son progrès nous assiége,
Que les Suédois, eux seuls, les pieds pris dans leur neige,
En un culte érigeant leurs vieilles passions,
Ne peuvent point marcher au pas des nations.
Nous en sommes encore au temps d'Éric le Bègue;
Ces trésors du passé, qu'un siècle à l'autre lègue,
Chez nous seuls méconnus, ne s'accroîtront-ils pas?
L'Angleterre, monsieur, nous devance à grands pas;
En marine, elle vaut mieux que nous, sur mon âme!
Si j'en sais bien juger avec mes yeux de femme,
Ces vaisseaux amarrés sous pavillon anglais,

Là-bas, sont mieux construits que ceux-ci ; voyez-les ;
Sur l'autre bord, venez !

(Elle passe d'un bord à l'autre.)

FLEMING.

Madame, on se hasarde
En traversant ainsi ; que Dieu vous soit en garde !

(La reine disparaît, accompagnée de Monaldeschi.)

TOUT LE MONDE, la suivant des yeux.

Ah !...

(Cris d'effroi ; grand mouvement sur le vaisseau.)

FLEMING.

La chaloupe en mer...

STEINBERG, jetant manteau et pourpoint.

C'est la reine, je cours !

(Il s'élance dans la mer.)

LE JEUNE PAGE.

Le marquis ! le marquis ! Au secours ! au secours !

(Il tombe évanoui dans les bras de Descartes. — La foule se presse en tumulte sur la jetée.)

ACTE PREMIER

PAULA

Un appartement du palais de Stockholm. Au fond, une porte qui, en s'ouvrant, laisse découvrir la mer.

—

SCÈNE PREMIÈRE

MONALDESCHI, SENTINELLI, GUÊME, PIMENTEL, FLEMING, MAGNUS DE LA GARDIE, LE BARON DE STEINBERG, STEINBERG, DESCARTES ; puis CHRISTINE, LE PAGE ; COURTISANS.

LE BARON DE STEINBERG, faisant ranger les Courtisans, qui se pressent en foule à l'entrée de l'appartement de la reine.

La reine va venir, et l'étiquette exige
Que vous vous écartiez. — Écartez-vous, vous dis-je !

DEUX PAGES, entrant, se rangent de chaque côté de la porte.

La reine !

FLEMING, s'avançant au-devant de Christine, qui entre avec Ebba.
Oh! Majesté, que d'éternels regrets...
CHRISTINE, continuant la conversation commencée sur les vaisseaux.
Je disais donc, monsieur, que les vaisseaux anglais,
Bien plus que nos vaisseaux, mettent au vent leurs voiles,
Et sur l'eau portent moins de bois et plus de toiles.
LE PAGE, entrant pâle, et fendant la foule.
Monaldeschi !
DESCARTES, à demi-voix.
Sauvé.
LA PAGE.
Mais où donc est-il ?
DESCARTES, lui montrant le marquis.
Là.
LE PAGE, courant à Monaldeschi.
Marquis !...
MONALDESCHI, tressaillant.
Que faites-vous ? Vous me perdez, Paula.
Pourquoi venir ici ?...
PAULA.
Monseigneur !
CHRISTINE, se retournant.
Quel tapage !...
Je ne vous savais pas, marquis, ce jeune page ;
Par un roi cependant il serait avoué...
MONALDESCHI, passant devant Paula.
C'est un jeune Romain qui m'est tout dévoué,
Et qui, voyant en moi son seul appui sur terre,
N'a pas su contenir sa joie involontaire.
Grâce...
CHRISTINE.
Mais vous prenez un inutile soin.
Grâce pour lui, marquis ? Il n'en est pas besoin.
Parmi vos serviteurs j'aime à voir qu'on vous aime.
Pour vous comme pour moi, le danger fut extrême :
Heureusement qu'à moi vous avez eu recours,
Et n'avez point lâché ma robe de velours ;
Vous saviez que jamais ne se noie une reine...
SENTINELLI.
Et nous savons aussi qu'à notre souveraine
A la vie, à la mort il était attaché...

CHRISTINE.
On a des concetti, monsieur, à bon marché;
Les amis sont plus chers.
LA GARDIE, s'approchant.
Mais cette catastrophe...
CHRISTINE, sèchement et l'interrompant.
Vous avez un pourpoint d'une admirable étoffe,
Qui vous sied à ravir, mais qu'un rien doit souiller,
Vous avez fort bien fait de ne le pas mouiller,
Comte Magnus. — Mais Dieu m'aurait-il par un ange
Fait tirer du péril?... car ce sauveur étrange
Est invisible. — Oh! si c'était quelqu'un de vous,
J'aurais déjà heurté son front de mes genoux.
LE BARON DE STEINBERG.
Ne vous étonnez pas, Majesté. — Je soupçonne
Que mon neveu, sachant que près votre personne
Je suis l'introducteur de tout noble étranger,
A la formalité ne veut pas déroger.
CHRISTINE.
Quoi! c'est votre neveu qui m'a sauvé la vie?
LE BARON DE STEINBERG, embarrassé.
L'étiquette par lui n'a pas été suivie
En cette occasion; mon neveu, Majesté,
Vous vit et vous parla sans être présenté;
Mais vous pardonnerez: dans ce péril extrême,
Il a cru qu'il pouvait se présenter lui-même.
CHRISTINE.
Et je l'en remercie. — Où donc est-il? — Eh bien,
Beau cavalier, venez! vous me craignez donc bien?
Votre témérité de faiblesse est suivie;
Vous étiez plus hardi pour me sauver la vie.
STEINBERG.
Madame, pardonnez; mais, tremblant et surpris,
Il me semble qu'un rêve agite mes esprits;
Et je crains que soudain ce rêve ne s'envole
Si je quitte ma place, ou dis une parole.
Je doute, je me touche...
CHRISTINE.
Après cet examen,
De vos lèvres, monsieur, touchez aussi ma main;

Vous ne douterez plus. — A votre accent, je pense
Que vous êtes Français. Çà, quelle récompense
A mérité l'enfant d'un pays si lointain,
Qui vient au nôtre exprès pour heurter le destin?
Sans lui, c'en était fait, vous n'aviez plus de reine,
Entendez-vous, messieurs?

MONALDESCHI

Oh! notre souveraine
Avec lui ne doit pas s'acquitter à demi.

LA GARDIE.

Des titres...

SENTINELLI.

Des honneurs...

CHRISTINE.

Il sera notre ami,
D'abord;... puis, s'il veut moins, il pourra prendre ensuite
Tel rang qu'il lui plaira parmi vous, à ma suite...
Donc, vous venez de France?

STEINBERG.

Oui, reine.

CHRISTINE.

Voulez-vous
Nous dire en ce pays ce qu'on pense de nous?

STEINBERG.

Que votre règne est beau, sublime, grandiose.

CHRISTINE.

Oh! que c'est fatigant, toujours la même chose!
Il semble pour louer qu'ils ont tous même voix.
Descarte, asseyez-vous; vous souffrez, je le vois,
Et notre frère Louis?

STEINBERG.

Oh! contre la régence
D'Anne d'Autriche, tout paraît d'intelligence;
Par qui doit l'étouffer le trouble est fécondé.
C'est toujours Mazarin, et c'est toujours Condé,
Disputant le pouvoir aux deux côtés du trône
Et sur le front de Louis tiraillant sa couronne.
Contre le Mazarin aujourd'hui de retour,
Condé, le roi d'hier, et l'exilé du jour,
Ramène l'Espagnol, qu'il combattit naguère.

CHRISTINE.
Condé fait une tache à son harnois de guerre.
Ah! que si la régente avait, en temps et lieu,
Su frapper et punir...! — Et pourtant Richelieu,
Ministre à robe rouge et prêtre au cœur de bronze,
Pour Louis-Quatorze avait continué Louis-Onze.
Il comprenait le trône, et que, ses quatre pieds,
Au front des grands vassaux se trouvant appuyés,
Mal assortir leur taille était puissantes fautes;
C'est pour ce qu'il passa sur les têtes trop hautes
La hache du bourreau comme un niveau de plomb.
Il fit gîter le trône en le mettant d'aplomb.
(Se levant.)
Que si j'avais été la régente de France,
Dès que j'eusse des grands soupçonné l'espérance,
En appelant contre eux à mon peuple loyal,
J'aurais conduit le roi sur son balcon royal;
Puis, ramenant à moi ma puissance usurpée,
Couvrant mon noble enfant d'une lame d'épée,
En nous montrant tous deux, j'aurais dit sans effroi :
« Celle-ci, c'est la reine, et celui-là, le roi. »
(S'asseyant.)
A tout prendre, échappant à la guerre civile,
Quand le bruit du tocsin décroît dans chaque ville,
Un peuple est bien heureux; — car, après cet effort,
Son siècle va marcher et plus large et plus fort.
Le baptême de pleurs a rajeuni sa tête :
C'est pour épurer l'air que gronde la tempête,
Et quelque homme toujours magnifique et puissant
Naît sur un sol fumé par un engrais de sang.
Continuez, monsieur; mais changeons la nature
De l'entretien. — Que fait votre littérature?

STEINBERG.
Les comédiens du roi donnaient, le mois dernier,
(Cherchant.)
Un drame de Corneille — ou, je crois, de Garnier;
Non, c'était de Corneille.

CHRISTINE.
Et son titre est?...

STEINBERG.
Horace.

CHRISTINE.

Qu'en dit-on?

STEINBERG, avec conviction.

Que l'auteur n'a pas suivi la trace
Des grands maîtres ; qu'il est et trivial et bas;
Que ce n'est point ainsi que parlent Dubartas,
Desmarets, Saint-Sorlin, Bois-Robert et Jodelle,
Qui du suprême goût ont offert le modèle.

CHRISTINE.

Et qui donc dit cela?

STEINBERG.

L'Académie.

CHRISTINE.

Encor !

STEINBERG.

Oui, Votre Majesté ; ses membres sont d'accord
Que c'est un novateur dont le culte idolâtre
Sacrifie à Baal et perd le beau théâtre ;
Qu'eux seuls sont du bon goût arbitres signalés,
Et que *Cid*, et qu'*Horace* à bon droit sont sifflés.

CHRISTINE.

Au bruit de ces sifflets d'une troupe ennemie,
Que fait Paris?

STEINBERG.

Paris siffle l'Académie (1).

CHRISTINE.

Oui ! lorsqu'il est écrit sur le livre du sort
Qu'un homme vient de naître au front large, au cœur fort,
Et que Dieu sur son front, qu'il a pris pour victime,
A mis du bout du doigt une flamme sublime,
Au-dessous de ces mots, la même main écrit :
« Tu seras malheureux si tu n'es pas proscrit ! »
Car à ses premiers pas sur la terre où nous sommes,
Son regard dédaigneux prend en mépris les hommes;
Comme il est plus grand qu'eux, il voit avec ennui
Qu'il faut vers eux descendre, ou les hausser vers lui.

(1) Quelques personnes ont cru trouver dans cet hémistiche une épigramme contre l'Académie moderne; elles se sont trompées : ce n'est point au moment où elle vient de recevoir Lamartine qu'elle mérite une semblable application.

Alors, dans son sentier profond et solitaire,
Passant sans se mêler aux enfants de la terre,
Il dit aux vents, aux flots, aux étoiles, aux bois,
Les chants de sa grande âme avec sa forte voix ;
La foule entend ces chants, elle crie au délire,
Et, ne comprenant pas, elle se prend à rire.
Mais, à pas de géant sur un pic élevé,
Après de longs efforts, lorsqu'il est arrivé,
Reconnaissant sa sphère en ces zones nouvelles,
Et sentant assez d'air pour ses puissantes ailes,
Il part majestueux, et qui le voit d'en bas,
Qui tente de le suivre, et qui ne le peut pas,
Le voyant à ses yeux échapper comme un rêve,
Pense qu'il diminue à cause qu'il s'élève,
Croit qu'il doit s'arrêter où le perd son adieu,
Cherche dans la nuée... Il est aux pieds de Dieu !
Notre terre du Nord est une rude mère,
Steinberg, et nous n'avons point encor eu d'Homère,
De Virgile. — Pour nous, à peine l'alphabet
De science est ouvert. — Ma sœur Élisabeth
Fut plus grande que moi, non pas que je la craigne !
Mais elle avait Shakspear pour élargir son règne ;
Les heureux Médicis ont eu Machiavel ;
Corneille est près de Louis, Milton près de Cromwell.
(Se retournant et apercevant les quatre Vieillards tuteurs du royaume.)
Mais ce que n'ont point France, Italie, Angleterre,
Voyez, Steinberg, ce sont, à la démarche austère,
Ces quatre grands vieillards qui s'avancent vers moi,
Qui me prirent enfant et me laissèrent roi,
A qui le sol du Nord a cédé de sa force,
Et dont le cœur est beau sous cette rude écorce.
Regardez-les, Steinberg ; ne penseriez-vous pas
Voir s'avancer les dieux de nos âpres climats ?
Comme nos vieux cyprès que la tempête assiége,
Les ouragans des cours les ont couverts de neige,
Et, sans cesse contre eux déchaînés et soufflants,
Ont fait leur barbe grise et puis leurs cheveux blancs !

SCÈNE II

Les Mêmes, OXENSTIERN, trois autres Vieillards.

CHRISTINE.
Viens, Oxenstiern ! — Mon père, oh ! tu le sais sans doute,
Ta fille allait périr, si le ciel sur sa route
N'eût amené secours, ne frappant qu'à moitié ;
Car, la voyant si jeune, il l'a prise en pitié !
OXENSTIERN.
Oui, ma fille, je sais, et nous venons encore
Te dire par nos voix que la Suède t'implore ;
Car en tes vieux tuteurs elle voit ses soutiens,
Et tombe à nos genoux, comme je tombe aux tiens.
CHRISTINE.
Mon père, que fais-tu ? Relève toi...
OXENSTIERN.
Ma fille !
Au nom de tes aïeux, de rois vieille famille,
Au nom du grand Gustave, en notre nom à nous,
Ma fille, auprès de toi fais asseoir un époux ;
Car, s'il nous advenait, ce qu'au Seigneur ne plaise,
Que nous te perdissions, combien en serait aise
Chaque autre nation qui jalouse nos vœux !
Et nous, qui sait combien nous serions malheureux !
Mais, si de ton hymen un rejeton illustre
De ton règne après toi continuait le lustre,
Nous aurions, accusant le destin de rigueur,
Des larmes dans les yeux, mais de l'espoir au cœur.
Que si, du trône ainsi renforçant l'équilibre,
Tu consens à nos vœux, nous te laisserons libre
Du choix de ton époux ; — puis nous lui jurerons,
Quel qu'il soit, d'obéir, et nous obéirons.
(Tous les yeux se tournent vers Monaldeschi.)
CHRISTINE.
Oui, tu dis vrai, mon père, et la voix de ta bouche
Comme la voix de Dieu me convainc et me touche ;
Oui, tu dis vrai, mon père ; — et, depuis bien longtemps,
Je nourris un projet ; — qu'on le sache ! il est temps !
Mai finit aujourd'hui sa dernière journée,

Que, le seize de juin de la présente année,
Les quatre ordres d'états, à ma voix appelés,
Dans mon palais d'Upsal se trouvent assemblés;
Là, je m'expliquerai.

OXENSTIERN.
Bien, ma fille.

CHRISTINE.
Mon père,
Allons supplier Dieu que ce jour soit prospère :
Dans son temple venez prier à deux genoux,
Car Dieu seul est puissant! — Vous, messieurs, suivez-nous.

(Tous les courtisans sortent. Monaldeschi reste le dernier et va vivement à Paula.)

SCÈNE III

MONALDESCHI, PAULA.

MONALDESCHI.
Sur le premier vaisseau voguant pour l'Italie,
Vous partirez, Paula.

PAULA.
Marquis, je vous supplie !

MONALDESCHI.
Vous partirez !...

PAULA.
Marquis, au nom du ciel, restez.
Oh ! je veux vous parler un instant, écoutez,
Écoutez-moi !

MONALDESCHI.
J'écoute.

PAULA.
Est-ce ma faute, dites,
Si l'effroi m'arracha ces paroles maudites?
Je vous avais cru mort; quand je rouvris les yeux,
Je vous revis vivant. — Oh ! mon cœur trop joyeux
D'un bonheur aussi grand ne put porter la charge;
Mon sein pour l'enfermer n'était pas assez large !
Il devait s'exhaler en paroles, en cris;
Et, pour ce crime, — toi, — c'est toi qui me proscris!

MONALDESCHI.
Pourquoi me suivre ici?

PAULA.

             Pourquoi ! — Pourquoi mon âme
S'en va-t-elle avec toi quand tu t'en vas ?

MONALDESCHI.

                     Madame !

PAULA.

Monaldeschi, pardonne. — Oh ! si je l'avais su,
Que le moindre soupçon en dût être conçu,
Oui, je serais restée, et triste et résignée,
De mon Monaldeschi tout le jour éloignée,
Tout le soir, sans d'un mot accuser sa rigueur,
Comptant chaque seconde aux élans de mon cœur ;
Puis, lorsque tu serais rentré, sur ton visage
Du sort qui m'attendait épiant le présage,
J'aurais ri, si j'avais vu ton front éclairé,
Et, si je l'avais vu triste, j'aurais pleuré !...

MONALDESCHI.

Oui, Paula, vous m'aimez, je le crois...

PAULA.

                         Quel blasphème !
Tu le crois ! tu n'en es pas certain ! — Mais je t'aime
Comme au jour où mon cœur, cédant à tous tes vœux,
Se fondit en amour dans mes premiers aveux ;
Comme au jour où, glissant de ta lèvre à mon âme,
Ton baiser dévorant passa comme une flamme ;
Comme au jour où, pour toi désertant mon pays,
Ma mère et mon devoir furent tous deux trahis.
Eh bien, souffrant par toi, pour toi, quelquefois ai-je,
Sous ce ciel nébuleux et sur ce sol de neige,
Ai-je, par un soupir, par un mot, regretté
Mon ciel brillant et pur et mon sol enchanté ?
Suis-je — lorsque j'appris qu'aux anges réunie,
Ma mère, dont j'avais fait la longue agonie,
Était, dans sa douleur et dans son abandon,
Morte sans prononcer sur moi le mot pardon, —
Suis-je venue en pleurs et d'une voix amère
Te dire : « Tu m'as fait maudire de ma mère ?... »

MONALDESCHI.

Non, tu fus bonne et douce.

PAULA.

                Et, lorsque de ta main

Je reçus ces habits, et que, sans examen,
Je les mis, t'ai-je dit ce que souffrait mon âme ;
Que je devinais tout ;... qu'aux regards d'une femme,
C'était pour me cacher que ton soin déguisait
Mon sexe ? Et dans mon cœur l'enfer me le disait
Pourtant ! — Non, dans ce cœur palpitaient mes blessures,
Et le sourire encor recouvrait mes tortures,
Et mes accents joyeux te dérobaient mes maux,
Quand j'aurais tout donné pour pleurer à sanglots !
Mon Dieu !...

MONALDESCHI.

Je t'aimais, oui, — Paula, je t'aime encore ;
Mais ne comprends-tu pas quel espoir me dévore ?
Quand à Stockholm, au sein d'une autre nation,
J'apportai les projets de mon ambition,
J'étais loin d'espérer que jamais souveraine
Daignerait m'accueillir sous son manteau de reine :
Elle l'a fait ! Sais-tu ce que peut être un jour
L'homme qui de Christine aura surpris l'amour ?
Cet homme, eh bien, c'est moi : chaque jour, enlacée
Dans mes mille replis, je la tiens plus pressée ;
Un pas encore, et maître et roi publiquement,
Je m'assieds sur le trône à ma place d'amant.
N'as-tu pas entendu ? maintenant, elle implore
La grâce du Seigneur ; mais le nom qu'elle adore
Pour elle vibrera jusque dans le saint lieu,
Et la voix de son cœur sera la voix de Dieu.
Tu parles de douleur, tu parles de torture :
Pour oser en parler, aurais-tu d'aventure
Vu, découvert à nu le cœur d'un favori,
Quand pendant un long jour à tout il a souri ?
O mon Dieu ! qu'est-ce donc que le bras qui nous pousse ?
Quand notre vie aurait pu passer libre et douce,
Marcher dans cet enfer, où des démons, riant,
Nous suivent pas à pas d'un regard flamboyant ;
Monter aux flancs roidis d'une montagne aride,
Sans que rien en chemin nous soutienne ou nous guide ;
Ne s'arrêter jamais qu'afin de ramasser
Un cordon qu'on ne peut prendre sans se baisser ;
Sentir trembler sous soi, de sa fortune esclave,
Un sol mouvant pétri de cendres et de lave ;

Monter, monter encor, toujours, — et n'oser pas
Se retourner jamais pour regarder en bas,
De peur qu'épouvanté des hauteurs où nous sommes,
Nous ne retombions nous briser parmi les hommes.

PAULA.

Ah ! j'ignorais qu'il fût des supplices si grands.
Oui, tu l'avais bien dit, c'est affreux ! je comprends...
Eh bien, puisque c'est moi qui suis la plus heureuse,
Laisse-moi soutenir ta marche aventureuse.
Pour te faire oublier les affronts essuyés,
Il te faut à ton tour à fouler à tes pieds
Quelqu'un. — Ah ! garde-moi, je serai ta servante ;
Tout ce qu'une amour pure ou délirante invente
De bonheurs, oui, pour toi je les inventerai ;
Quand tu me maudiras, moi, je te bénirai ;
J'aurai des mots d'amour qui te guériront l'âme.
Garde-moi ! je consens qu'une autre soit ta femme ;
Je promets de l'aimer, d'obéir à sa loi ;

(Se jetant à son cou.)

Mais, par le Dieu vivant, garde-moi, garde-moi !...

MONALDESCHI.

Non, la reine t'a vue et peut te voir encore,
Apprendre d'un seul mot ce qu'il faut qu'elle ignore.
Dans un sombre regard, j'ai vu Sentinelli
Fixer sur toi ses yeux de tigre : — j'ai pâli...
Pour que tu restes, — non, — trop de terreur m'assiége.
Si la reine voulait te voir, que lui dirais-je ?

PAULA.

Oh ! n'est-ce que cela ? Partout où tu voudras,
Ne puis-je me cacher, moi ? Veux-tu ? Tu diras
Tout ce que ton esprit inventera. Qu'importe !...
Dis que je suis partie ou dis que je suis morte,
Si c'est mieux. — N'as-tu pas, dis-moi, dans ta maison,
Quelque coin, quelque tour, quelque étroite prison,
Sans issue au dehors, obscure, sans fenêtre,
Où jamais un rayon de soleil ne pénètre ?
J'y resterai toujours ; on ne pourra savoir
Où je suis, si je vis ; nul ne pourra m'y voir
Que toi ; tu me diras dans ma sombre demeure,
Quand tu seras sorti, si tu veux que je pleure,

Ou non ; — toi seul viendras me donner l'eau, le pain,
Et, quand tu m'oublieras, j'aurai soif, j'aurai faim !...

MONALDESCHI.

Paula...

PAULA.

Monaldeschi, vois mes pleurs sur mes joues,
Mes tourments oubliés, ceux auxquels tu me voues ;
Avant ces pleurs déjà tant de pleurs sont passés,
Que je ne suis plus belle aujourd'hui, je le sais.
Tu m'en veux, et pourtant c'est ton amour fatale
Qui m'a rendu l'œil sombre et m'a fait le front pâle.

(Se traînant sur ses genoux.)

Mon corps faible, en tes bras tant de fois soulevé,
A tes pieds se meurtrit, rampant sur le pavé ;
Veux-tu mon sang, mes jours ? Prends mon sang, prends mon âme ;
Ouvre avec ton poignard ma poitrine de femme,
Que j'y sente mon cœur entre tes mains broyé,
Et je souffrirai moins que je souffre. — Oh ! pitié !

MONALDESCHI, attendri.

Paula !...

PAULA.

Pitié, mon Dieu !

MONALDESCHI, la relevant.

Dis-moi... Voyons, écoute.
Si tu pouvais rester, je le voudrais sans doute.

PAULA, se jetant dans ses bras.

Monaldeschi...

(On entend la cloche du temple où prie Christine.)

MONALDESCHI.

Qu'entends-je ! — A la reine voilà
Dieu qui parle de moi.

(La repoussant.)

Vous partirez, Paula.

(Il sort.)

ACTE DEUXIÈME

CHARLES-GUSTAVE

La salle du trône au palais d'Upsal.

SCÈNE PREMIÈRE

CHRISTINE, entrant, suivie d'UN HUISSIER et d'UN AUTRE HOMME ; PAULA, cachée derrière un rideau.

CHRISTINE, à l'Huissier, qui lui remet une lettre.
(Lisant.)
Donnez. « Charles-Gustave, à vos ordres rendu,
Est au palais d'Upsal à l'instant descendu.
Seize juin. » Est-ce tout ?

L'HUISSIER.
Oui, Majesté.

CHRISTINE, montrant la seconde personne.
Cet homme ?...

L'HUISSIER.
Est votre architecte...

CHRISTINE.
Ah ! monsieur, l'on vous renomme
Pour votre promptitude et votre habileté.

L'ARCHITECTE.
Reine !...

CHRISTINE.
Un grand homme est mort. Il aurait mérité
De ne point expirer sur la terre étrangère ;
La terre où l'on naquit au cercueil est légère.
Dans l'église d'Upsal, élevez son tombeau.
Comme un tombeau de roi, je le veux grand et beau,
Point d'éloges surtout dont le bon goût s'écarte ;
Gravez-y seulement son nom : René Descarte...

(L'Huissier et l'Architecte sortent ; tandis que Christine les suit des yeux, Paula sort de derrière le rideau où elle était cachée, et se met à genoux.)

PAULA.
Majesté ! Majesté !

CHRISTINE.
Hein !... Que me voulez-vous,
Enfant ?
PAULA.
Oh ! Majesté, je suis à vos genoux.
CHRISTINE.
Où vous ai-je donc vu, mon beau page ? Il me semble
Que nous avons déjà dû nous trouver ensemble.
PAULA.
Au palais de Stockholm, le jour...
CHRISTINE.
Je me souviens.
Vous êtes au marquis, n'est-ce pas ? Allons, viens...
Relève-toi... J'avais oublié cette histoire.
PAULA.
Elle doit plus longtemps rester en ma mémoire,
A moi...
CHRISTINE.
Vous êtes donc au marquis ?
PAULA.
Majesté,
Je ne suis plus à lui depuis...
CHRISTINE.
En vérité,
Notre grand écuyer vous devait, que je pense,
Pour votre dévouement meilleure récompense.
Qu'avez-vous donc fait ?
PAULA.
Rien.
CHRISTINE.
Rien ?...
PAULA.
Rien, sur mon honneur !
Mais le marquis me craint.
CHRISTINE.
Il vous craint ?
PAULA.
Son bonheur
Dépend d'un grand secret dont je suis seul le maître
Avec lui.

CHRISTINE.
Ce secret quel est-il ?
PAULA.
Oh ! peut-être
Plus que je ne le suis devrais-je être discret ;
Car vous aussi, madame, êtes de ce secret.
CHRISTINE.
Çà, mon fils, la harangue est bien mystérieuse.
De savoir nos secrets nous sommes curieuse :
Expliquez-vous donc vite...
PAULA, laissant tomber sa tête dans ses mains.
Oh ! je l'avais bien dit
Que vous vous fâcheriez... C'est que je suis maudit...
CHRISTINE.
Non. Voyons, qu'est cela ?... Cette crainte est trop forte ;
D'avance, quel que soit ton tort, peu nous importe.
Nous t'absolvons.
PAULA.
Eh bien, madame, vous savez
Qu'à Stockholm, tous les deux, nous sommes arrivés
D'Italie... ensemble.
CHRISTINE
Oui, je le sais.
PAULA.
Et peut-être
Vous a-t-il dit aussi qu'excepté lui, mon maître,
Au milieu de ce monde auquel j'ai dit adieu,
Je n'avais d'autre espoir que dans la tombe et Dieu.
CHRISTINE.
Je le sais, vous n'avez plus ni père ni mère.
PAULA.
Jugez donc si jamais douleur fut plus amère
Que la mienne, aussitôt qu'il m'eut dit qu'il fallait
Que je partisse !
CHRISTINE.
Vous, le quitter ?
PAULA.
Qu'il voulait
Que d'un exil sans fin ma faveur fût suivie,
Et que je ne devais le revoir de ma vie !

CHRISTINE.
A quelle occasion vous a-t-il dit cela?
Voilà ce que je veux savoir...

PAULA.
C'est que voilà
Ce que je n'ose dire, à vous.

CHRISTINE.
Miséricorde!...
Vous me criez merci, d'avance je l'accorde,
Sans demander pourquoi vous voulez ce pardon ;
Et puis vous hésitez?... Mais, vrai-Dieu! parlez donc!

PAULA.
Eh bien, vous comprenez que, n'ayant que mon maître,
Ne le quittant jamais..., je devais le connaître
Comme je me connais, et que tout sentiment
Qui frappait sur son cœur, presque au même moment
Retentissait au mien ; c'est ainsi que mon âme
(Christine fait un mouvement.)
Devina qu'il aimait, avant mes yeux. — Madame,
Je vous l'avais bien dit ; — mais, si vous le voulez,
Je puis me taire encor. Dites un mot...

CHRISTINE.
Parlez!...

PAULA.
C'est ainsi que, voyant sa tristesse croissante,
Je sus que son amour serait longue et puissante ;
Ainsi je devinai, voyant moins soucieux
Son front, que sur la terre il espérait les cieux,
Être aimé! Son espoir bientôt fut de la joie,
Il l'était! Ces cheveux où votre main se noie,
Madame, ne sont pas et plus beaux et plus noirs
Que ceux qu'avec amour il baisait tous les soirs.
Puis sa joie augmenta ;... c'était presque un délire...
Il pleurait... et soudain se reprenait à rire...
Un soir que je rentrais, je vis, oh! sans chercher
A le voir, un portrait!... Entendant s'approcher
Quelqu'un, il le cacha... trop lentement encore ;
Car c'était le portrait de celle qu'il adore.
Ainsi que vos cheveux, les siens étaient ornés
D'une couronne.

CHRISTINE, se soulevant sur son fauteuil.
Hein !
PAULA.
Madame, pardonnez !
Tant de hardiesse aura récompense sanglante
Peut-être... Vengez-vous...
CHRISTINE, souriant.
Étais-je ressemblante?
PAULA.
Oh! oui!... car ce portrait, objet de tant d'ardeur,
Fut, depuis qu'il l'obtint, nuit et jour sur son cœur.
CHRISTINE.
Un vieux flatteur, enfant, pour mon âme attendrie,
N'aurait pas inventé meilleur flatterie
Que ce que tu dis là... Tu veux donc d'un seul coup
Avoir beaucoup de moi?
PAULA.
Reine !... oui, je veux beaucoup,
Car je n'ai pas tout dit. Le jour où vous promîtes
De choisir un époux, aujourd'hui même, dites
Avez-vous oublié que, dans son cœur d'amant,
Chaque mot pénétrait et tremblait sourdement,
Comme un stylet lancé par une main trop sûre
Frappe à fond, et longtemps tremble dans la blessure?
Voilà ce qu'il souffrit... Et, le soir, en rentrant,
Cet homme heureux hier, aujourd'hui délirant,
De son amour cessa de me faire mystère ;
Me dit tout, puis pensa qu'il eût dû tout me taire,
Et que me mettre en tiers dans un secret royal
Était affreux, fussé-je un confident loyal.
C'est alors qu'il voulut, peut-être avec justice,
Que de Stockholm pour Rome à l'instant je partisse.
J'implorai... Pour garant, j'offris mon sang, mes jours,
S'il cessait de vouloir ;... mais il voulut toujours.
Alors je me sauvai, fou, délirant, stupide ;
Puis, à travers le front comme un éclair rapide,
Un espoir me passa ; je sentis qu'il fallait
Partir, et je me dis : « Si la reine voulait,
Je ne partirais pas ; qu'elle veuille, et, fidèle
A l'ordre qui, pour moi, vers lui descendra d'elle
Monaldeschi pourra me rattacher à lui. »

Je vous suivis partout ;... mais ce n'est qu'aujourd'hui
Que j'eus ce grand bonheur de voir ma souveraine,
Pour tomber à ses pieds que je supplie,... ô reine !...
CHRISTINE.
L'homme qu'un autre homme aime et peut aimer ainsi,
Doit être grand et bon... Viens, mon enfant, merci !
Je l'ignorais encor, tu me l'as fait connaître.
Oh ! non,... tu ne dois pas, enfant, quitter ton maître.
Garde-nous les secrets confiés à ta foi ;
J'accueille ta prière en t'attachant à moi.
PAULA.
A vous, madame, à vous ! vous vous trompez, je pense ?
CHRISTINE.
Non, ton amour pour lui mérite récompense ;
Le marquis t'en doit une, et je veux l'acquitter.
Reste donc avec moi pour ne le plus quitter.
PAULA.
Mais,...
CHRISTINE.
Assez. Qu'est cela ? Ton nom ?
PAULA.
Paulo.
CHRISTINE.
Ton âge ?
PAULA.
Quinze ans.
CHRISTINE.
Paulo, je vais te charger d'un message
Secret... Charles-Gustave arrive en ce moment
Dans ce château d'Upsal ; vers cet appartement,
Sans que personne ici vous entende ou vous voie,
Tu pourras l'amener. Cette secrète voie,
En tournant le palais, à sa chambre conduit ;
Tu prendras un flambeau, car tu vois qu'il fait nuit
Dans ce passage. — Ah ! tiens, la clef de l'autre porte.
PAULA, à part, en sortant.
Ai-je réussi ? — Non. Mais je reste. — Qu'importe !

SCÈNE II

CHRISTINE, seule.

Oh ! que c'est un spectacle à faire envie au cœur,

Que voir ce sentiment, de tout autre vainqueur,
Cette ardente amitié qui soi-même s'oublie,
Et que mes courtisans appelleraient folie !
Ce miracle du cœur, Monaldeschi, pour toi,
Peut à la voix de Dieu naître ; — tu n'es pas roi.
Que c'est une effrayante et sombre destinée,
Que celle de cette âme au trône condamnée !
Qui pourrait vivre, aimer, être aimée à son tour ;
Qui, dans elle, sentait palpiter de l'amour,
Et qui voit qu'à ce faîte où le destin la place,
Tous les cœurs sont couverts d'une couche de glace,
Comme au haut d'un grand mont le voyageur lassé,
Part tout brûlant d'en bas, puis arrive glacé.
Sans qu'un éclair de joie un seul instant y brille,
User à le rider son front de jeune fille,
Sentir une couronne en or, en diamant,
Prendre place à ce front d'une bouche d'amant ;
Marcher sur du velours, mais, partout où nous sommes,
Sentir que nous marchons sur la tête des hommes ;
Voir tous ceux sur lesquels nos pieds ne pèsent pas,
Qui relèvent le front, et qui grondent tout bas ;
Deviner, quand de près notre œil les examine,
Sous chaque habit croisé, couvrant chaque poitrine,
Une main qui se cache en cachant un poignard...
César, Ladislas-Six, Henri-Quatre, Stuart !...
La foule,... flot bruyant qui mugit et qui roule,
Dès qu'un trône s'élève, ou qu'un trône s'écroule,
La foule, forte, immense, hydre aux cent mille pieds,
Par qui passent les rois constamment épiés,
Qui dans l'ombre sans cesse autour de nous tournoie,
Nous suit de tous ses yeux, et dont chaque œil flamboie ;
Se dresse devant nous à notre lit de mort,
Et qui, si nous souffrons, soudain crie au remord ;
Bourdonne pour troubler la royale agonie,
Ne nous quitte pas même alors qu'elle est finie ;
Et, sur la tombe fraîche où nous fuyons en vain,
Pour funèbre oraison, ne dit qu'un mot : « Enfin !... »
Voilà ce qu'est régner... A travers la vallée,
Courir en se jouant, bruyante, échevelée,
Vivre d'air, de bonheur, de joie ; à tout moment,
Rire avec des éclats ou pleurer librement ;

Choisir avec son cœur parmi tous un seul homme,
Qu'on aimera ; l'aimer! — visiter Paris, Rome;
Être seule avec soi,... n'avoir pas toujours là,
L'histoire qui vous dit : « Ne faites pas cela. »
N'être plus d'aucun poids au mouvant équilibre
De ce monde... voilà ce que c'est qu'être libre !

(Elle entend du bruit et se retourne.)

(A Paula, qui entre.)

Le prince ?... Ah ! bien ! — Passez dans cet appartement,
Jeune homme, et laissez-nous...

(Paula sort.)

SCÈNE III

CHRISTINE, CHARLES-GUSTAVE.

CHARLES-GUSTAVE.

O Majesté! comment
Pourrai-je...?

CHRISTINE.

Écoutez-moi, la circonstance est grave,
Et j'ai de hauts desseins sur vous, Charles-Gustave.
Il m'a plu vous nommer un jour grand amiral,
Puis gouverneur d'Heilbronn, ensuite général
De mes troupes, puis duc, et puis encore prince
Palatin de Pologne, avec une province
A vous, et puis, enfin, présomptif héritier
Du trône, s'il advient qu'avec moi tout entier
Mon nom meure; à la cour, pas un qui ne vous cède
Le pas, car je vous ai fait le second en Suède ;
Mais ce n'est point assez, et pour vous et pour moi;
Il me plaît aujourd'hui que je vous fasse roi...
Vous l'êtes !

CHARLES-GUSTAVE.

Majesté, que votre auguste aïcule...

CHRISTINE.

Il me plaît maintenant que vous me laissiez seule :
J'irai vous retrouver quand il en sera temps. .

(Charles-Gustave entre dans l'appartement de Christine.)

SCÈNE IV

CHRISTINE, puis MONALDESCHI.

(Christine sonne ; un Page entre.)

CHRISTINE, au Page.
(Monaldeschi entre.)
Appelez le marquis. — Marquis, je vous attends.
MONALDESCHI.
Majesté, me voici, prêt à suivre ou transmettre
Vos ordres.
CHRISTINE.
Ce n'est point cela : venez vous mettre
Ici. Pour vous parler, j'ai de fortes raisons !
Asseyez-vous, marquis, sur ce siége, et causons.
MONALDESCHI, regardant autour de lui.
Madame...
CHRISTINE.
Nul ne peut nous voir ni nous surprendre,
Quittez donc l'étiquette.
MONALDESCHI.
Oh ! si j'ose comprendre,
Vous daignez m'accorder un de ces doux moments
Qui me feraient sourire au milieu des tourments
Les plus affreux.
CHRISTINE.
Marquis, toujours je vous écoute
Avec joie, et pourtant le ciel sait que je doute...
MONALDESCHI.
Vous doutez ? O mon Dieu ! dis-moi, pour rassurer
Le cœur aimé qui craint, par quoi faut-il jurer ?
Quel est le saint puissant, la puissante madone,
Qui, lorsqu'on jure en vain, jamais ne le pardonne ?
Dis-moi leurs noms, mon Dieu, car je veux aujourd'hui,
Pour rassurer son cœur, jurer par elle et lui !
CHRISTINE.
Point de serments, marquis ; l'éclat qui m'environne,
Le feu des diamants que jette ma couronne,
N'a-t-il pas, dis-le-moi, de ton esprit vainqueur,
Plus ébloui tes yeux, que moi séduit ton cœur ?

MONALDESCHI.

O Christine! pourquoi me faire cette injure?
Moi, t'aimer pour ton rang? Oh! non, je te le jure,
Que, quel que fût le rang que le ciel t'eût donné,
J'aurais aimé ton front même découronné,
Partout... Oui, si j'avais vu dans l'Andalousie
Tes yeux noirs à travers la verte jalousie,
J'aurais aimé tes yeux! Le théorbe à la main,
Assise au fût brisé d'un vieux tombeau romain,
Chantant un chant d'amour, si je t'avais trouvée,
J'aurais aimé ton chant, car je t'avais rêvée!
Et, de mon vague amour éprouvant le pouvoir,
Je croyais te connaître avant que de te voir.
Oh! oui, j'avais osé, dans mes songes de l'âme,
Créer un ange à moi sous des formes de femme;
Il avait ce regard et ce sourire-là,
Et, lorsque je te vis, je me dis : « Le voilà! »

CHRISTINE.

Que les yeux du Seigneur regardent dans ton âme
Si tu dis vrai, marquis; car jamais une femme,
Dans son amour puissant, ne fera pour un roi
Ce que, reine, aujourd'hui, je vais faire pour toi!
Qu'on ouvre.

(On ouvre ; tous les Courtisans entrent.)

Je reviens avec sceptre et couronne.
Attendez-moi, marquis.

MONALDESCHI.

Où, reine?

CHRISTINE.

Au pied du trône.

(Le Marquis lui baise la main et va, lorsqu'elle est sortie, se placer le pied sur la première marche du trône.)

SCÈNE V

MONALDESCHI, TOUS LES COURTISANS, puis CHARLES-GUSTAVE.

LA GARDIE, entrant avec le baron de Steinberg.

Avez-vous vu, baron? il vient de déposer,
Devant nous, sur la main de la reine un baiser;

Il ne se cache plus ; sa victoire est complète,
Un baiser sur la main !...
LE BARON DE STEINBERG.
Ce n'est pas d'étiquette,
J'en conviens.
LA GARDIE, à Sentinelli.
Vous l'avez peut-être aussi vu, vous?
SENTINELLI, d'un air sombre.
Oui.
PIMENTEL.
Guême, nous pouvons rendre grâce à genoux
Au ciel. A nous servir je crois que Dieu s'applique.
Le marquis sera roi ; c'est un bon catholique.
GUÊME.
Mais d'où vient qu'on reçoit ici l'ambassadeur
De Portugal ?
PIMENTEL.
Celui de milord protecteur
S'y trouve bien.
OXENSTIERN, montant derrière le trône avec les trois autres Vieillards.
Amis, reprenez votre place
Près du trône. Aujourd'hui, du fardeau qui vous lasse,
A qui doit le porter nous remettrons le poids !
Placez-vous, mes amis, pour la dernière fois.
LA GARDIE, à Sentinelli.
Regardez-donc, il a sur le velours du trône
Déjà posé le pied.
SENTINELLI.
Pour mettre la couronne,
Dites-moi, croyez-vous, baron, qu'il ôtera
Son chapeau, qu'avec nous il garde ?
LE BARON DE STEINBERG.
Il le devra !
Les grands d'Espagne seuls, lorsqu'ils sont en présence
Du roi, gardent le leur ; c'est un droit de naissance !
STEINBERG.
Mon oncle, la comtesse Ebba doit-elle ici
Accompagner la reine ?
LE BARON DE STEINBERG.
Oui, sans doute.

STEINBERG.

Merci!...

LE BARON DE STEINBERG.

Elle est dame d'honneur. Beau titre!

STEINBERG.

Oh! peu m'importe!

(La porte de la reine s'ouvre ; un Huissier paraît.)

SENTINELLI.

Voilà sa royauté qui vient par cette porte;
Messieurs, à tout espoir il nous faut dire adieu!

L'HUISSIER, annonçant.

Le prince palatin, Charles-Gustave.

MONALDESCHI, tressaillant.

Dieu!...

L'héritier présomptif!...

SENTINELLI.

Oh! pour une couronne,
Ils sont deux maintenant. Un de trop!

LE BARON DE STEINBERG, s'avançant.

Près du trône,
Altesse, l'étiquette a marqué votre rang.

CHARLES-GUSTAVE.

J'y vais monter avec la reine.

MONALDESCHI, d'une voix sourde.

Tête et sang!...

SCÈNE VI

Les Mêmes, CHRISTINE, suivie du COMTE DE BRAHÉ, qui porte le globe royal, et du COMTE DE GORLZ, qui porte la main de justice.

L'HUISSIER.

La reine!

CHRISTINE.

A tous salut! Que Dieu nous ait en garde;
Car c'est nous aujourd'hui que le monde regarde.
Il tournera les yeux vers d'autres dès demain.
Prince Charles-Gustave, offrez-moi votre main,

(Elle monte quelques marches du trône.)

Et restez là. — Messieurs, ce jour aura, j'espère,
Un heureux résultat. — Le croyez-vous, mon père?

LA GARDIE, s'inclinant.
Reine, nous en avons tous la conviction.
CHRISTINE.
Comte, nous acceptons votre démission
De grand trésorier.
LA GARDIE.
Quoi! j'aurais pu vous déplaire?
CHRISTINE, à Steinberg.
Je vous fais chevalier de l'Étoile polaire,
Steinberg.
STEINBERG.
O Majesté!
CHRISTINE.
Vous avez le cordon
De l'Aigle de Suède.
STEINBERG.
O madame!
CHRISTINE, après avoir jeté un regard autour d'elle.
Qu'est-ce-donc?
Dans mon palais d'Upsal, l'envoyé de Bragance!
Comte de Gondemar, c'est par trop d'arrogance.
Bragance se méprend en nous traitant d'égal :
Philippe-Quatre seul est roi de Portugal.
(A l'ambassadeur de Cromwell.)
Monsieur de Whitelock, dites à votre maître
Que Christine aujourd'hui devant tous fait connaître
L'alliance signée avec lui. — Pour milord,
Vous lui direz, à lui, que je l'estime fort.
Vous le voyez, messieurs, par sa faveur très-haute
Dieu veut qu'en ce moment rien ne nous fasse faute.
D'une durable paix je lui dois la douceur;
L'Angleterre nous aime et nous nomme sa sœur!
A la Suède la France est toute dévouée ;
Seul, l'empire est fidèle à la haine vouée
Entre nous... Mais son aigle est faible et saigne aux flancs,
Car le lion du Nord la secoue en ses dents ;
Et, palpitante encor des dernières défaites,
Un seul coup maintenant tranchera ses deux têtes.
Quand mon père à Lutzen succomba triomphant,
Éveillée en sursaut dans mon berceau d'enfant,
Faible, je me levai; j'avais quatre ans à peine·

Je regardai mon peuple. Il dit : « Voilà la reine ! »
Je grandis vite; car, avec son bras puissant,
La gloire paternelle était là me berçant;
Je grandis vite, dis-je, et j'endurcis mon âme
A ces travaux qui font que je ne suis point femme :
Je suis le roi Christine ! — Et, dites moi, plus fort
Mon trône a-t-il pesé sur vous de cet effort?
Non. Quand le ciel était noir et chargé d'orages,
Quand pâlissaient les fronts, quand pliaient les courages,
Je vous disais : « Enfants, dormez, le ciel est beau, »
Et je vous abritais sous mon vaste manteau;
Mais, comme ce géant qui soutient les deux pôles,
J'ai courbé sous leur poids mon front et mes épaules.
Je voudrais maintenant, pour les jours qui viendront,
Relever mon épaule et redresser mon front,
Car je suis fatiguée. Eh bien, qu'un autre porte
La charge qui me lasse et me paraît trop forte.
Mon rôle est achevé. — Le tien commence; — à toi
La couronne. — Salut, Charles-Gustave roi !

(Prenant le globe des mains de Brahé.)

Reçois de tes deux mains ce monde que j'y jette;
Christine n'est plus rien que ton humble sujette.
Monte au trône, Gustave !

OXENSTIERN, tremblant.

O reine ! écoute-nous
Avant que d'abdiquer... Comtes, ducs, à genoux !

(Aux Vieillards.)

A genoux ! vous aussi, pour lui faire comprendre
Qu'aussi bas qu'elle croit elle ne peut descendre;
Que, malgré son vouloir, tous les genoux plieront,
Et qu'elle doit toujours nous dépasser du front.
Seul je te parlerai debout, car je t'adjure !
Le plus vieux des vieillards, Christine, t'en conjure,
Renonce à ton dessein, c'est un dessein fatal !
Pour quitter tes Suédois, que t'ont-ils fait de mal ?
Crois-moi, plus d'une fois au pied du sanctuaire,
Charles-Quint, regrettant la pourpre sous la haire,
Et pleurant un exil qu'il s'était seul donné,
Sur le marbre frappa son front découronné...
Et tu ferais ainsi ? — Dans ta tête profonde,

Dis-moi, que comptes-tu mettre en place du monde ?
Tu le regretteras.

CHRISTINE.

Mon père, embrassez-moi.

(On se relève.)

Merci !... merci !... — Salut, Charles-Gustave roi !
Ce n'est point le projet d'une ardeur insensée ;
C'est un projet longtemps mûri dans ma pensée,
Qui, longtemps combattu, s'accrut par cet effort,
Et qui vient d'en sortir plus constant et plus fort :
Ne m'en parlez donc plus. — Brahé, viens à ta reine
Rendre un dernier devoir, où ta place t'enchaîne ;
Viens, Pierre de Brahé, comte et sujet loyal,
Détacher ma couronne et mon manteau royal.

LE COMTE DE BRAHÉ.

Oter votre manteau,... moi ?... — votre diadème ?
Oh ! non, jamais.

CHRISTINE.

Eh bien, je te les rends moi-même.
Des insignes royaux que Charles soit orné.

(On présente à Charles-Gustave la couronne sur un coussin de velours ; il l'essaye et la remet sur le coussin ; un grand de l'État porte le manteau royal.)

UN HÉRAUT D'ARMES, au peuple.

Charles-Gustave, roi, vient d'être couronné.
Vive Charles-Gustave !

CHRISTINE, descendant deux marches et prenant une attitude de suppliante.

A mon tour, je désire
Dons et faveur ; veuillez me les octroyer, sire.
De mes vastes États, que je quitte si beaux,
Vous plaît-il m'accorder, sire, quelques lambeaux ?

CHARLES-GUSTAVE.

Ordonnez.

CHRISTINE.

Comme bien personnel, je demande
Les îles de Gottland, d'Usedom, et d'Olande,
Et d'Osel. — Je voudrais et Pole, et Nyckloster,
Et Wolgast, et que nul ne me les pût ôter,
Pas même vous. — Ces biens me suffiront pour vivre.

CHARLES-GUSTAVE.

Vous les avez.

CHRISTINE.
J'entends que l'on me laisse suivre
Par tous ceux qui voudront s'en aller où je vais,
Et partager mon sort, qu'il soit bon ou mauvais ;
(D'une voix forte.)
J'entends avoir sur eux droit de justice haute ;
Et, quel que soit le roi dont je devienne l'hôte,
Il n'aura rien à faire aux gens de ma maison,
Et j'y pourrai punir de mort la trahison.
CHARLES-GUSTAVE.
Vous en aurez le droit.
CHRISTINE.
Maintenant, je désire
Que vous alliez au temple et rendiez grâce, sire,
Au Seigneur, qui m'a dit : « Fais de Gustave un roi ; »
Et que vous y priiez pour l'État et pour moi.
CHARLES-GUSTAVE.
Je m'y rends.
CHRISTINE.
Cependant, ceux pour qui la fortune
D'une ex-reine n'est pas tout à fait importune,
Dans un quart d'heure au plus me trouveront ici.
Nous partons aujourd'hui, messieurs.
SENTINELLI.
Reine, merci.
STEINBERG, à Ebba.
Un mot, madame. Auprès de notre souveraine
Restez-vous ?
EBBA.
Oui, monsieur ; partout je suis la reine.
STEINBERG.
Bien.
EBBA.
Mais quel intérêt de savoir où j'irai
Avez-vous ?
STEINBERG,
Un très-grand.
OXENSTIERN, descendant et baisant la main de Christine.
Ma fille, j'en mourrai.
(Tout le monde sort. Christine reste en haut des degrés du trône ; Monaldeschi, en bas. On entend au dehors la foule crier.)

LE PEUPLE.

Vive le roi !

CHRISTINE.

La foule à son tour l'environne.
On dit : « Vive le roi ! » C'est « Vive la couronne ! »
Qu'il faudrait dire. — Eh bien, à quoi donc pensons-nous ?
C'est Christine, marquis ; la reconnaissez-vous ?

MONALDESCHI.

Oh ! madame...

CHRISTINE.

La reine aux cieux est remontée ;
Mais la femme qui t'aime est près de toi restée.
Mon diadème d'or contrariait tes vœux,
Quand tu voulais passer ta main dans mes cheveux.

MONALDESCHI.

Oui, vous m'avez compris, et je vous en rends grâce...
(A part.)
Qui m'eût dit que j'aurais envié ta disgrâce,
Magnus de la Gardie !

CHRISTINE.

Allons, marquis, adieu !
Vous savez que se vont rassembler en ce lieu
Ceux qui suivent mon sort malheureux ou prospère ;
Je n'aurai pas besoin de vous presser, j'espère !

(Christine sort ; Monaldeschi lui baise la main, et, en se retournant, aperçoit Paula.)

SCÈNE VII

MONALDESCHI, PAULA.

MONALDESCHI.

Paula !... Révé-je donc ?... Paula, que faites-vous
ici ?

PAULA.

J'attends qu'on parte.

MONALDESCHI.

Et tu pars avec nous ?

PAULA.

Oui.

MONALDESCHI.

Tu pars ?

PAULA.

Oui.

MONALDESCHI.

Tu pars, dis-tu?

PAULA.

Je pars, te dis-je,.
T'accompagner en France, est-ce donc un prodige?

MONALDESCHI.

Par ordre de la reine, avec elle, Paula,
Ses gens seuls partiront.

PAULA.

Eh bien donc, me voilà !
Puisqu'il faut qu'à quelqu'un toujours je m'asservisse,
D'aujourd'hui, pour le sien, j'ai quitté ton service ;
Voilà tout. — Ah ! tu crois qu'on peut impunément
Trahir qui nous a cru sur la foi du serment ;
Qu'à sa suite l'on peut traîner la jeune fille
Qui pour nous a perdu pays, honneur, famille,
La livrer au mépris de ce monde insultant,
Et qu'elle s'en ira, quand on dira : « Va-t'en? »
Oh ! que non pas ! — Je suis l'ombre de ta maîtresse;
Comme un remords vivant, devant toi je me dresse.
Marquis, tu m'as fait prendre un chemin hasardeux ;
Mais, quelque part qu'il mène, il nous mène tous deux ;
Quelque part que tes yeux se détournent, mon ombre
Toujours à l'horizon passera triste et sombre,
Et, sur la tombe ouverte au bout de ton chemin,
Tu me retrouveras pour te donner la main.
C'est bien : de ton stylet tourmente la poignée;
Mais, lorsque par la mort tu m'auras éloignée,
Tes soins seront sanglants et seront superflus.
Tu me sentiras là, quoique je n'y sois plus;
Et mieux vaut voir sortir, crois-moi, quand la nuit tombe,
Un poignard du fourreau qu'un spectre d'une tombe.
Tu pensais que mon cœur, comprimé par l'effroi,
N'oserait éclater?...

MONALDESCHI, apercevant Sentinelli qui entre.

Sentinelli ! — Tais-toi.

SCÈNE VIII

Les Mêmes, SENTINELLI, puis STEINBERG et EBBA, puis CHRISTINE.

SENTINELLI.
Vous êtes prêt, marquis?
MONALDESCHI.
Oui, comte.
SENTINELLI.
Bien!
MONALDESCHI.
Sans doute
Vous venez avec nous?
SENTINELLI.
Certes, sans qu'il m'en coûte;
Et ce n'est pas à vous à le trouver mauvais :
Nous sommes vieux amis; où vous allez, je vais.
CHRISTINE, entrant.
Vous êtes cinq en tout; — cortége respectable
Pour une majesté d'hier. — J'ai sur ma table
Oublié mon écrin; allez me le querir,
Paulo. — Voyons, messieurs, nous allons donc courir
Le monde, — et visiter d'abord Rome, la France
Après. — Déjà Cromwel, on m'en fait l'assurance,
Était très-bien pour moi; mais, maintenant, c'est mieux :
Sans couronne, mon front blessera moins ses yeux.
Notre troupe est peu forte, — elle en sera plus vive.
Allons, partons, messieurs, et qui m'aime me suive!
(Elle sort avec Ebba et Steinberg. Monaldeschi les suit; Paula sort du cabinet de la reine avec l'écrin.)
PAULA.
Vous oubliez quelqu'un, marquis; attendez-moi.
(Elle sort, entraînant Monaldeschi, qui regarde Sentinelli resté derrière lui.)

SCÈNE IX

SENTINELLI, seul.

Ne crains rien, me voilà. — Marquis, je suis à toi!
Crois-tu que le lion, prêt à saisir la proie

Qu'il poursuivit un an, abandonne sa voie?
Ne crains rien, me voilà... Trop longtemps comprimé,
Mon cœur dans son espoir est las d'être enfermé.
Il est temps à la fin que le volcan s'allume,
Depuis un an déjà qu'il mugit et qu'il fume.
Il est temps qu'à la fin il rejette au dehors
Sa haine qui bouillonne et surmonte ses bords.
Sa haine, seulement, que chaque instant aggrave,
Ne refroidira pas comme fait une lave.
Tu veux fuir ton destin ; mais, jusqu'à ton trépas,
A ton ombre attachés, mes pas suivront tes pas !

(Il sort.)

ACTE TROISIÈME

CORNEILLE

Un appartement du palais de Fontainebleau. Au fond, les portes de la chambre à coucher de la reine; à gauche, une porte latérale conduisant aux appartements de Monaldeschi.

SCÈNE PREMIÈRE

MONALDESCHI, sortant de l'appartement de la reine; PAULA, debout, appuyée contre la porte de l'appartement de Monaldeschi.

MONALDESCHI.

Encor?

PAULA.

Toujours.

MONALDESCHI.

Paula!

PAULA.

Monaldeschi!

MONALDESCHI.

Pourquoi
Me poursuivre ainsi?... Dis ! que veux-tu donc de moi?
Parle.

PAULA.

Je ne veux rien ; seulement, je suis l'ombre
Que le ciel à ton jour mêle pour qu'il soit sombre ;
Le songe qui, la nuit, tourmente ton sommeil,
Et la voix qui te dit : « Malheur ! » à ton réveil.

MONALDESCHI.

Paula, depuis trois ans, je souffre ta démence ;
C'est assez.

PAULA.

C'est assez ?... De sa parole immense,
Au jour du jugement, où tu crieras merci,
Quand Dieu t'appellera, je dirai : « Me voici ! »
C'est assez ? Oh ! non, non...

MONALDESCHI, *réfléchissant un moment, puis allant à elle.*

Eh bien, encor peut-être,
Si vous voulez, Paula, je puis faire renaître
Le bonheur dans les jours qui vous sont réservés.
Voulez-vous être heureuse encor, vous le pouvez.

PAULA.

Serait-ce de ta bouche une ironie affreuse,
Que de me dire à moi : « Voulez-vous être heureuse ? »
Sous le poids des douleurs j'ai si longtemps plié,
Que, pour moi, le bonheur est un mot oublié.
Quand la lente infortune a creusé notre joue,
Sillonné notre cœur, crois-tu qu'on la secoue,
Comme le voyageur, de son chemin lassé,
Ferait d'un peu de poudre à ses pieds amassé ? —
Dis, cependant.

MONALDESCHI.

Paula, je hais mon esclavage.
Porter toujours un masque, et jamais un visage
Me gêne ; et l'avenir, que d'ici j'entrevois,
Déjà sur mon présent pèse de tout son poids.
Lasse de son repos, Christine, qui conspire,
Sur elle ne me peut pardonner mon empire ;
Toujours un mot amer, un regard courroucé,
Soulèvent de son cœur mon amour repoussé ;
Et, pour se dérober à son propre anathème,
Elle verse sur moi le mépris d'elle-même.
Pour oublier les siens, elle me fait des torts ;
Il lui faut toujours là quelqu'un pour ses remords.

Le vieillard l'avait dit de sa voix solennelle,
Que l'heure du regret arriverait pour elle;
Que manqueraient, un jour, cherchés par elle en vain,
La couronne à son front, et le sceptre à sa main.
Aussi, dans son ennui, maintenant que fait-elle?
Souillant son avenir d'une tache immortelle,
Pour ressaisir un sceptre imprudemment quitté,
Christine sourdement conspire.

PAULA, avec indifférence.

En vérité,
Je ne sais pas, marquis, ce que vous voulez dire.
Eh! que me font, à moi, les débats d'un empire?

MONALDESCHI

Mais ce n'est point à moi qu'ils importent si peu.
Tous ces débats de roi ne me sont point un jeu,
Qu'en leurs destins divers mon regard accompagne,
Sans qu'il soit inquiet de qui perd ou qui gagne;
Je vis et je touchai le trône de trop près,
Pour m'en être éloigné sans d'éternels regrets.

PAULA.

Eh bien, Monaldeschi, puisque Christine tente
D'y remonter, ton âme est, j'espère, contente?

MONALDESCHI.

Deux choses adviendront: ou Gustave saura
Qu'on conspire, et, dès lors le complot échouera;
Ou, conduit avec l'art que Christine possède,
Il la replacera sur le trône de Suède.
Si Gustave est vainqueur, comme j'ai conspiré,
D'un exil éternel je puis être assuré.
Si Christine triomphe, à me perdre enhardie,
Je devine pour moi le sort de la Gardie;
J'ai tout prévu. Magnus ne doit point à demi
De qui l'humilia s'être fait l'ennemi.
Une lettre par moi lui vient d'être adressée;
J'y dénonce en détail l'espérance insensée
Que Christine a conçue, et j'y demande au roi,
A la cour de Stockholm, un refuge pour moi.
Pour tant de dévouement, le moins qu'il puisse faire
Est de me replacer dans mon ancienne sphère;
La Gardie est chargé de régler avec lui

Ce que nous demandons tous les deux ; aujourd'hui
Ou demain, je reçois sa réponse peut-être.

PAULA.

Vous avez oublié qu'on lit dans une lettre
Sans la décacheter. — Vous disiez vrai, l'enjeu
Est important, marquis : votre tête est au jeu.

MONALDESCHI.

Mes mesures, je crois, ont été trop bien prises
Pour que je me fatigue à craindre des surprises.
Adressée à Christine, une lettre viendra ;
Mais c'est Sentinelli qu'elle dénoncera.
Lors de Fontainebleau je m'éloigne sur l'heure ;
Puis, une fois parti, que Sentinelli meure
Ou vive, peu m'importe !

PAULA.

          Et dans quel intérêt
Me mettez-vous, marquis, d'un aussi grand secret ?

MONALDESCHI.

J'ai besoin de quelqu'un qui d'un mot me comprenne,
Lorsqu'il en sera temps, qui sorte et qui m'amène
Les chevaux qui d'ici me doivent emporter,
Sans que sa longue absence ait droit d'inquiéter ;
Alors nous partirons, et, hors de sa présence
Une fois, mon amour et ma reconnaissance,
Ma Paula, te feront oublier tes tourments.
Tu me retrouveras tel qu'autrefois.

PAULA, le regardant.

                Tu mens !...
N'importe, l'on ne peut trahir sa destinée :
La mienne est à la tienne à jamais enchaînée.
Compte sur moi.

MONALDESCHI, avec joie.

        Paula, de mes biens la moitié
Est à toi, ma Paula.

PAULA, le repoussant.

        Vous me faites pitié.

SCÈNE II

Les Mêmes, STEINBERG et EBBA, entrant d'un côté, appuyés sur le bras l'un de l'autre ; SENTINELLI, entrant du côté opposé.

SENTINELLI.

Ah ! monsieur de Steinberg, suis-je en retard ? la reine
M'a-t-elle demandé ?

STEINBERG.
　　　　　Non.

EBBA.
　　　　　Notre souveraine
Repose encore ; hier, vous vous souvenez bien
Que d'un double savant, grand théologien,
Elle a dans la soirée accueilli les hommages !
Ils ont, sur le sanscrit et le culte des mages,
Argumenté jusqu'à deux heures du matin.

MONALDESCHI.

C'était fort amusant.

EBBA.
　　　　Oui, l'on parlait latin.

MONALDESCHI.

Pour moi, j'ai de la reine admiré la harangue.

EBBA.

Je ne vous savais pas si fort sur cette langue.

SENTINELLI.

Un courtisan, madame ! eh ! que dites-vous donc ?
Des langues en naissant ces messieurs ont le don.
Et, lorsque, par hasard, quelquefois il arrive
Que des mots prononcés d'une façon plus vive
Intimident l'un d'eux au point que vainement
Il cherche quelle langue on parle en ce moment,
En efforts maladroits bien loin de se confondre,
Il s'incline plus bas, et c'est encor répondre.

MONALDESCHI.

D'un tel propos, monsieur, je puis me plaindre

SENTINELLI.
　　　　　　　　　　　　　　A qui ?

MONALDESCHI.

A la reine, monsieur...

SENTINELLI.
Seigneur Monaldeschi,
J'ai, d'un propos amer quand mon âme est frappée,
Ma confidente aussi.
MONALDESCHI.
Laquelle?
SENTINELLI.
Mon épée.

SCÈNE III

Les Mêmes, CHRISTINE; un Huissier, annonçant: LA REINE.

CHRISTINE, entrant.
A tous salut! Qui donc peut, ici, s'il vous plaît,
Me dire, d'entre vous, messieurs, l'heure qu'il est?
STEINBERG.
Neuf heures.
CHRISTINE.
Se peut-il que si tard on demeure
Dans un lit loin du jour. Mieux vaut, je crois, qu'on meure,
Que de cette manière exister à moitié.
MONALDESCHI.
Mais nous avons besoin...
CHRISTINE.
Mais nous faisons pitié.
MONALDESCHI.
Madame, vous dormiez du sommeil de la gloire,
Et le repos est doux après une victoire.
CHRISTINE.
Que dit notre écuyer?
MONALDESCHI.
Il fait allusion
A vos combats d'hier, à la confusion
Du savant qui vous vit résoudre ce problème,
Qu'il pouvait rencontrer plus savant que lui-même.
CHRISTINE.
Mon ennemi n'était rien moins que confondu,
Et mon latin, je crois, est du latin perdu.
Je n'ai pu du vrai texte entendre une syllabe;
Au lieu de ce latin, si j'avais su l'arabe...
Mais ce n'est point ici l'heure de discuter.

Avez-vous ce matin quelqu'un à présenter,
Marquis?
####### MONALDESCHI.
Oui, deux Français, l'un fat, l'autre poëte.
####### CHRISTINE.
Eh bien, prévenez-les que, pendant sa toilette
Christine jugera de leurs talents divers,
Et que nous causerons de modes et de vers.

(Monaldeschi sort.)

(A Sentinelli.)
Monsieur le commandant de notre grande armée,
Qui de douze soldats pour l'instant est formée,
A notre grand lever, nous recevrons encor
Les deux officiers qui font l'état-major.

(Sentinelli sort.)

Quant à toi, chère Ebba, je te garde la peine
De charger de bijoux le front de ton ex-reine.
Choisis ceux qu'elle doit supporter aujourd'hui;
Tous ces détails pour moi sont d'un mortel ennui.
####### EBBA.
Ils ont trouvé parfois votre âme moins rebelle :
A Votre Majesté souffrez que je rappelle
Les soins qu'à sa toilette elle-même donna,
Lorsqu'elle prit le nom du comte de Dohna.
####### CHRISTINE.
Ce n'était plus alors des vêtements de femme.
Dieu pour un autre sexe avait créé mon âme;
Je sentais, sous l'habit d'un jeune cavalier,
Ma volonté plus libre et mon cœur plus altier.
Ainsi qu'à moi, Steinberg, il vous souvient peut-être
Du plaisir qu'à mes yeux vous avez vu paraître,
Lorsque, pour retomber sur le sol étranger,
Je franchissais joyeuse, et d'un pied plus léger,
Le ruisseau dont le cours a marqué la limite
Qu'au Danemark jadis la Suède avait prescrite;
Et que, dans un transport soudain, je m'écriais:
« A tout jamais adieu, terre et ciel que je hais! »
Eh bien, sous le ciel pur de France et d'Italie,
J'ai souvent regretté, dans ma mélancolie,
Cet air froid, ce ciel dur, ces horizons glacés,
Où s'effacent des monts l'un sur l'autre entassés;

Ces vieux ifs que l'hiver de ses frimas assiége,
Géants enveloppés dans leur manteau de neige;
Et ces légers traîneaux, qu'en mon illusion,
Je vois glisser encor comme une vision.
Oh! c'est qu'ils sont puissants sur notre âme attendrie,
Ces souvenirs lointains d'enfance et de patrie!
(Elle tombe dans une profonde rêverie, et en sort tout à coup.)
Mais nous la reverrons bientôt, rassurez-vous.
En attendant, Ebba, demande mes bijoux.
Nos courtisans sont là; pour leur troupe frivole
Le temple va s'ouvrir, il faut parer l'idole.
Venez ici, Steinberg, vous qui m'avez parfois
Par votre dévouement rappelé mes Suédois.

SCÈNE IV

Les Mêmes, MONALDESCHI, SENTINELLI, CORNEILLE, LA CALPRENÈDE, deux Officiers, le secrétaire GALDEMBLAD, PAULA, au fond; deux Femmes à la toilette de la reine.

CHRISTINE.
Venez, messieurs, venez; de vous voir je suis fière;
Votre patrie aussi me fut hospitalière.
Je ne l'oublierai pas, et je voudrais pouvoir
Vous rendre cet accueil qu'elle crut me devoir.
LA CALPRENÈDE, avec un léger accent gascon.
Je viens, poëte indigne, et chevalier profane,
Comme jadis Cyrus à la cour de Mandane,
N'osant envisager votre front glorieux,
De peur que trop d'éclat n'éblouisse mes yeux.
CHRISTINE.
Depuis qu'il a perdu sa royale couronne
L'éclat de notre front n'éblouit plus personne.
LA CALPRENÈDE.
Mais ce front, où le ciel imprima la grandeur,
En perdant sa couronne, a gardé sa splendeur.
CHRISTINE.
Dites-le, c'est très-bien : mais, moi, je le dénie.
(A Corneille.)
Et vous, que lisez-vous sur mon front?
CORNEILLE.
Du génie.

CHRISTINE.
(A Monaldeschi.)
Oh! j'accepte cela. — Voyez donc, cher marquis,
C'est l'ombre d'une cour, c'est Stockholm en croquis.
MONALDESCHI.
Madame, en abdiquant le grandeur souveraine,
De tous les cœurs encor vous demeurez la reine;
Les arts sont accourus sur vos pas protecteurs.
CHRISTINE.
C'est une cour, Ebba : nous avons des flatteurs.
De l'art du courtisan il a fait une étude,
Et vous voyez l'effet d'une vieille habitude.
Vous ne me flattez pas, vous, Steinberg.
STEINBERG.
J'en conviens.
CHRISTINE.
Vous êtes Français, vous; mais ces Italiens,
L'idiome mielleux qui détrempe leurs âmes
Semblerait fait exprès pour un peuple de femmes.
D'énergiques accents ont peine à s'y mêler.
Un homme est là, l'on croit qu'en homme il va parler :
Il parle, on se retourne, et, par un brusque échange,
A la place d'un homme, on trouve une louange.
(A la Calprenède.)
Que si je comprends bien, monsieur jadis brillait
Parmi les beaux esprits de l'hôtel Rambouillet;
Là s'assemblait la fleur de la littérature :
Bois-Robert, Desmarets, Benserade, Voiture.
LA CALPRENÈDE.
Vous oubliez leur chef, l'immortel Scudéri,
Docteur en doux parler, maître en style fleuri.
CHRISTINE.
Ah! vous le connaissiez? Faites-moi donc entendre
Ce que signifiait son royaume de Tendre.
LA CALPRENÈDE.
C'était, sur mon honneur, d'un goût délicieux,
J'en ai le plan, daignez y reposer les yeux.
CHRISTINE.
Voyons.
LA CALPRENÈDE, déroulant une carte.
D'abord, le Tendre était une contrée

Des vulgaires amants tout à fait ignorée,
Sise sous un ciel pur dans un pays charmant,
Que traverse en entier le fleuve Sentiment.
De ce fleuve suivez la course vagabonde ;
A sa source, d'abord il baigne de son onde
Le village isolé de Douce-Émotion.
Vous voyez son pendant Tendre-Sensation ;
Vous pouvez distinguer sur le même rivage
Les hameaux Petits-Soins, Billets-Doux et Message ;
Ces hameaux dépassés, on va vite en un jour :
On pourrait les nommer antichambres d'amour.
En deux routes ici le pays se divise :
L'une mène au castel d'Amoureuse-Entreprise ;
L'autre, dont vous pouvez comprendre la longueur,
Suit ce triste chemin que l'on nomme Langueur :
Souvent il aboutit au lac d'Indifférence ;
C'est le moins usité, l'autre a la préférence.

CHRISTINE.

Eh bien, revenons-y.

LA CALPRENÈDE.

Non loin de ce château,
Vous pouvez distinguer, au penchant d'un coteau,
Parfait-Contentement ; la forêt du Mystère
Y verse incessamment son ombre solitaire.
Heureux qui peut en paix, sous l'aile des Amours,
Aux regards envieux y dérober ses jours !
Mais, hélas ! il n'est point, pour une âme mortelle,
De jours longtemps sereins, ni de flamme éternelle ;
Et souvent de ce lieu, quand le Désir a fui,
On sort par deux chemins, le Caprice ou l'Ennui.
Eh bien, que dites-vous de la carte amoureuse ?

CHRISTINE.

L'idée en est, monsieur, on ne peut plus heureuse ;
Mais j'y cherche un chemin oublié sans raisons.

LA CALPRENÈDE.

Lequel ?

CHRISTINE.

Celui qui mène aux Petites-Maisons.

LA CALPRENÈDE.

Nos héros, qui n'ont plus de têtes si légères,
S'ils sont trahis, se font ou bergers ou bergères.

Les Petites-Maisons, vous le voyez donc bien,
Dès qu'il n'est plus de fous, ne serviraient à rien.
CHRISTINE.
C'est juste. Oh! que ne puis-je ici voir réunie
Cette troupe savante école du génie,
Où, près de Pavillon, Bois-Robert, Desmarets,
Sans doute vous brillez, *primus inter pares*.
LA CALPRENÈDE.
Sans prétendre à l'éclat de tant de renommée,
On y tenait, madame, une place estimée.
Mes ouvrages divers, empreints de leurs couleurs,
Peuvent être cités, et lus après les leurs.
De mes romans surtout le public idolâtre
A vraiment dévoré *Cassandre* et *Cléopâtre*.
Pardon si je parais en faire quelque cas,
Mais je serais le seul qui ne les louerait pas.
CHRISTINE.
Quoi! vous êtes l'auteur...? Que Dieu me soit en aide,
Si nous ne possédons monsieur la Calprenède.
LA CALPRENÈDE.
De Votre Majesté mon nom serait connu?
CHRISTINE.
Et dans quel lieu ce nom n'est-il pas parvenu?
Il n'est pas un écho si lointain qu'il n'éveille.
(A Corneille.)
Et vous, monsieur, comment vous nommez-vous?
CORNEILLE.
Corneille.
CHRISTINE, se levant.
(A sa suite.)
Corneille! — Inclinez-vous devant le vieux Romain.
(Allant à lui.)
Me ferez-vous l'honneur de me baiser la main?
Et quel guerrier, quel roi, sous son souffle magique,
Ranime maintenant votre muse tragique?
Ils sont bien grands, les traits que sa main dessina;
Que faire après *le Cid* et *l'Horace?*
CORNEILLE, avec modestie.
Cinna.
CHRISTINE.
Quel est donc ce sujet?

CORNEILLE.
         Par un titre plus juste,
Je devrais le nommer *la Clémence d'Auguste.*
                CHRISTINE.
Vous allez par ce choix courir plus d'un hasard,
Moi, j'ai bien du mépris pour ce premier César;
Il devint généreux quand Rome fut esclave,
Et dans Auguste encor je reconnais Octave.
Mais n'importe! parmi tous vos fragmens divers,
D'un fragment préféré dites-nous quelques vers.
                CORNEILLE.
Lasse d'un triple poids, c'est le moment où Rome
Commence à respirer sous le poids d'un seul homme.
Comme de l'univers, de lui-même vainqueur,
Auguste s'interroge et demande à son cœur
S'il doit punir Cinna, qui contre lui conspire,
Ou s'il doit à Cinna sacrifier l'empire.
                CHRISTINE.
Du trône redescendre au rang de citoyen
Est difficile; Auguste y demeure, et fait bien.
   CORNEILLE, après avoir dit quelques vers du monologue d'Auguste
Madame, j'ai fini.
                CHRISTINE.
         C'est beau.
                MONALDESCHI.
                 C'est admirable!...
                CORNEILLE.
Monsieur...
                CHRISTINE.
         Oh! laissez-le, c'est un mal incurable.
Il croit toujours devoir, en courtisan adroit,
Suer lorsque j'ai chaud, et trembler quand j'ai froid.
            (Regardant sa couronne.)
Mais qu'aperçois-je donc? Je crois, Dieu me pardonne,
Qu'ils ont pour ma toilette apporté ma couronne.
                EBBA.
Madame, cette erreur...
            CHRISTINE, la prenant.
         C'est elle, la voilà.
Regardez donc, messieurs; connaissez-vous cela?

CORNEILLE.
A vos regards, madame, ainsi qu'à ceux du sage,
D'or et de diamants ce n'est qu'un assemblage ;
Mais en lui des grandeurs l'homme adore le sceau.
CHRISTINE, la rejetant.
C'est un hochet royal trouvé dans mon berceau.
MONALDESCHI.
L'objet que sous ce nom votre dédain désigne,
Du plus profond respect n'en reste pas moins digne ;
Et devant ce hochet nous nous humilions.
CHRISTINE.
Je le crois bien, marquis, il vaut deux millions.
(Se levant.)
Pardon, messieurs, le soin de ma correspondance
M'oblige d'abréger mes heures d'audience.
LA CALPRENÈDE.
Pour Votre Majesté j'ai pourtant mis au net
Certain rondeau léger, certain galant sonnet.
CHRISTINE.
Vous m'enverrez les vers dont le tout se compose,
Sur beau papier vélin avec un ruban rose.
(A Corneille.)
Si vous restiez ici, j'aurais voulu ce soir
Une seconde fois, monsieur, vous recevoir ;
Mais près mon alchimiste il me faudra descendre
Il m'a de beaucoup d'or déjà fait de la cendre ;
Il doit enfin ce soir, quadruplant mon trésor,
De la cendre à son tour me refaire de l'or.
Vous sentez qu'il me faut voir une expérience
Où la nature doit céder à la science.
Mais, loin des importuns dont l'aspect nous gêna,
Venez me voir demain, vous me lirez *Cinna*.
(A son Secrétaire.)
Galdemblad, je renonce à votre ministère ;
Le marquis aujourd'hui sera mon secrétaire ;
(A Monaldeschi.)
Conduisez ces messieurs, marquis, et revenez.
Ah ! le courrier du jour ?
GALDEMBLAD.
Le voici.

CHRISTINE.
             Bien, donnez.
Salut.

SCÈNE V

CHRISTINE, puis MONALDESCHI.

CHRISTINE, ouvrant le portefeuille.
Rome, Paris, Berlin, Stockholm et Londre.
                    (Cherchant la signature.)
Stockholm d'abord. — Terlon. « De tout je puis répondre.
Notre complot promet des succès assurés ;
On n'attend plus que vous, et, quand vous le voudrez,
Tout éclatera. » — Bien ! je suis donc à l'aurore
De mon règne nouveau,
                    (Apercevant une autre lettre.)
         Comment, Stockholm encore !
   (Regardant l'adresse.)
C'est pour Sentinelli. Ces armes, ce cachet,
Sont ceux de la Gardie. Eh ! mais on me cachait
Qu'avec cet ennemi qu'exila ma vengeance
Sentinelli jamais eût quelque intelligence ;
Que peuvent-ils s'écrire ? Eh bien, on le saura.
Ce courrier sous mes yeux seulement s'ouvrira ;
Moi-même, je le veux remettre à son adresse.
On vient.
(Cachant la lettre adressée à Sentinelli et donnant à Monaldeschi la lettre de Terlon.)
       C'est vous ?... Lisez, ceci vous intéresse,
Marquis ; car je connais votre amitié pour nous.
           MONALDESCHI, après avoir lu.
Cet espoir qu'il vous donne à mon cœur est bien doux.
Et pourtant qui me dit qu'une fois sur le trône,
Au milieu des honneurs dont l'orgueil l'environne,
Vous daignerez encor ?...
             CHRISTINE.
          Marquis, sur notre foi
Reposez-vous.

CHRISTINE

MONALDESCHI.
Madame, il n'est rien là pour moi?
CHRISTINE.
Non, rien ; voyez plutôt. Rome : c'est du saint-père.
Lisez et répondez. Dites-lui que j'espère
Qu'il accomplit en paix sa sainte mission ;
Et demandez pour moi sa bénédiction.
MONALDESCHI, écrivant.
Oui, madame.
CHRISTINE, continuant d'ouvrir ses lettres.
De Louis! Lisons. Il nous invite
A nous rendre à Paris : nous lui ferons visite.
Mais notre départ presse, et nous empêchera
D'assister au ballet où le roi dansera.
Berlin : c'est de Leibnitz ; encor quelque problème ;
Nous y réfléchirons et répondrons nous-même.
Londres : John Milton. Ah ! c'est ce savant docteur,
Secrétaire-greffier de milord protecteur.
De mes nouveaux projets déguisant le mystère,
Je voudrais maintenant visiter l'Angleterre.
Me le permettra-t-on? Il faudrait à Cromwell
Envoyer un présent, mais je ne ne sais lequel.
Écrivons-lui toujours, je crains sa politique.
C'est trop d'être à la fois et reine et catholique:
Je l'entends m'opposer ou mon culte ou mon rang ;
Mais j'ai besoin de lui, son pouvoir est si grand !
Populaire tyran d'un peuple qu'il dit libre,
Il maintient par son poids l'Europe en équilibre,
Et jette aux souverains, immobiles d'effroi,
Comme un défi de mort, une tête de roi.
Il sait faire, de Charle essayant la couronne,
Du trône un échafaud, de l'échafaud un trône ;
Et, pour qu'un même objet puisse servir toujours,
Il change seulement la couleur du velours.
MONALDESCHI, apportant à Christine la lettre qu'il vient d'écrire.
Madame, j'ai fini. Je ne sais si le style
Vous conviendra : jugez.
CHRISTINE, signant sans lire.
Non, non ! c'est inutile.
J'ai dans mon cabinet laissé mon sceau royal.

MONALDESCHI.
Vous l'aurez à l'instant.
CHRISTINE.
Merci, notre féal !

SCÈNE VI

CHRISTINE, seule.

Mon sceau royal ! au monde autrefois son empreinte
Inspirait le respect et commandait la crainte.
Je devrais maintenant, pour armes, sur le sceau
Faire empreindre une aiguille en regard d'un fuseau.
Sur le chemin des rois l'oubli couvre ma trace ;
Mon nom, comme un vain bruit, s'affaiblit dans l'espace :
Ce n'est plus qu'un écho par l'écho répété,
Et j'assiste vivante à la postérité.
Je crus que plus longtemps (mon erreur fut profonde)
Mon abdication bruirait dans le monde.
Pour le remplir encore, un but m'est indiqué :
Je veux reconquérir cet empire abdiqué.
Comme je la donnai, je reprends ma couronne,
Et l'on dira que j'eus le caprice du trône.

(Prenant sa couronne.)

Eh quoi ! ce faible poids a fatigué mon front,
Et d'une autre parure il a subi l'affront.

(La mettant sur sa tête et se regardant dans une glace.)

Il m'allait pourtant bien, ce brillant diadème !
Je me souviens du jour où le pouvoir suprême
Des mains de la régence entre mes mains passa,
Où, devant mon pouvoir, tout pouvoir s'effaça ;
Et bientôt je verrai, dans sa treizième année,
Décembre ramener cette grande journée.

(Monaldeschi entre.)

Peuple, sénat, armée, inclinés devant moi,
Jurent de reconnaître et de suivre ma loi ;
Sur un trône d'argent, j'accueille leur hommage ;
A respecter leurs droits à mon tour je m'engage ;
Un cri d'amour répond à ce vœu solennel...

(Apercevant Monaldeschi.)
Grand Dieu ! Monaldeschi !...
(Arrachant sa couronne et la posant sur la lettre au protecteur.)
De ma part, à Cromwell.

ACTE QUATRIÈME

SENTINELLI

Un péristyle; deux portes, un perron au fond.

SCÈNE PREMIÈRE

MONALDESCHI, sortant du cabinet de la reine; puis SENTINELLI.

MONALDESCHI.
Tout me sert, et la reine, encor sans défiance,
Prépare pour Cromwell mes lettres de créance.
La France en fugitif devait me voir partir ;
C'est en ambassadeur que je vais en sortir.
Elle achève sa lettre et m'a dit de l'attendre...
(Se retournant.)
Quelqu'un ! — Sentinelli.

SENTINELLI.
Que viens-je donc d'entendre?
On dit ici que, près de milord protecteur,
Vous daignez accepter le rang d'ambassadeur.

MONALDESCHI.
Que ce titre soit faible ou grand pour mon mérite,
C'est le mien maintenant.

SENTINELLI.
Je vous en félicite;
Mais à Fontainebleau hâtez votre retour.

MONALDESCHI.
Et pourquoi ?

SENTINELLI.
Savez-vous quelqu'un, dans cette cour,

Qui, par son dévouement ou par sa complaisance,
Puisse faire à la reine oublier votre absence?
MONALDESCHI.
Celui sur qui jadis on me vit l'emporter,
Quand je n'y serai plus, pourra se présenter.
SENTINELLI.
N'importe, quel que soit ce serviteur fidèle,
Ce n'est que de bien loin qu'il suivra son modèle.
Saura-t-il, comme vous, par un geste élégant,
Ramasser l'éventail ou présenter le gant,
Régler tous les apprêts d'une cérémonie,
Ordonner d'un repas la savante harmonie,
A la reine qui sort amener son coursier,
De sa galante main lui faire un étrier?
Pour moi, j'y reconnais toute mon impuissance.
MONALDESCHI.
Oh! prenez donc de vous meilleure connaissance.
Quand j'obtins ma faveur, je vous vis autrefois,
Pour me la disputer, faire valoir ces droits.
SENTINELLI.
Oui; mais, nous jugeant mieux que vous-même, la reine
Vous a fait écuyer et m'a fait capitaine.
Chacun dans son emploi prouve son dévouement,
Le vôtre se consacre à son amusement :
Il doit se borner là. — Moi, ma tâche m'appelle
A des devoirs qui font moins ressortir mon zèle;
Et, quand sa voix me pousse à de sanglants débats,
Vous dressez les chevaux sur lesquels je combats.
MONALDESCHI.
S'il le fallait, monsieur, je prouverais, j'espère,
Que jusqu'à d'autres soins s'étend mon ministère.
SENTINELLI.
Tant mieux, marquis, tant mieux! car le jour n'est pas loin
Où de tous ses amis la reine aura besoin.
On pourra distinguer alors dans la carrière
Lequel doit, de nous deux, demeurer en arrière;
Et l'on saura juger qui, de vous ou de moi,
Craint le plus pour ses jours et garde mieux sa foi.
MONALDESCHI.
La vôtre aura besoin de ce grand témoignage;
Car sur elle bientôt quelque léger nuage...

SENTINELLI.

Expliquez-vous, monsieur.
MONALDESCHI.
La reine, je le croi,
Lorsqu'il en sera temps, s'expliquera pour moi.

SCÈNE II

Les Mêmes, CHRISTINE, PAULA, tenant la lettre pour Cromwell.

CHRISTINE, qui a paru sur les derniers mots échangés entre Sentinelli et Monaldeschi.

Respectant jusqu'ici ma présence royale,
Vous saviez contenir votre haine rivale ;
Et, si je surprenais ses regards menaçants,
Vous me daigniez du moins épargner ses accents.
Messieurs, faudra-t-il donc, pour finir cette guerre,
Envoyer l'un en Suède et l'autre en Angleterre?
SENTINELLI.
A cet exil déjà l'un vient de consentir ;
L'autre n'attend qu'un mot pour rester ou partir.
CHRISTINE.
Le marquis d'exilé n'emporte pas le titre :
De puissants intérêts nous le faisons l'arbitre ;
Et nous comptons prouver, à l'heure du départ,
Que de notre faveur il a gardé sa part.
Venez ce soir, marquis ; ma dernière audience
Vous fera preuve encor de notre confiance.
J'ai permis à Paulo de partir avec vous.
PAULA.
Je suis prêt.
(Monaldeschi et Paula sortent.)

SCÈNE III

CHRISTINE, SENTINELLI.

CHRISTINE.
D'exilé le titre est donc bien doux,
Comte?
SENTINELLI.
Pourquoi?

CHRISTINE.
Dès lors qu'on offre de le prendre,
C'est qu'en sa conscience on a droit d'y prétendre,
Et que, d'un jugement calculant le péril,
Ainsi qu'une faveur on recevrait l'exil.
SENTINELLI.
J'ai droit, quelle que soit la faveur qu'on m'impose,
Avant de l'accepter, d'en connaître la cause,
Madame; et dans mon cœur je sens trop de fierté
Pour que j'accepte moins que je n'ai mérité.
CHRISTINE.
Nous serons juste alors; mais je ne sais encore
Tout le prix que je dois à des soins que j'ignore.
Ce courrier seulement, en mes mains parvenu,
Me fixerait sur lui, si de son contenu
Vous vouliez bien, monsieur, me faire confidence.
SENTINELLI.
Eh! pourquoi donc la reine, en sa haute prudence,
De mon consentement tiendrait-elle à savoir
Ce que d'apprendre seule elle avait le pouvoir?
Cette lettre par elle avait été surprise :
Il lui fallait l'ouvrir.
CHRISTINE.
Vous m'avez mal comprise,
Monsieur, si vous pensez que mes yeux indiscrets
Sous le cachet sacré poursuivaient vos secrets.
Vainement mon regard avec quelques alarmes
Du traître la Gardie a reconnu les armes;
Vainement mon esprit se dit, non sans raison,
Que cette seule lettre est une trahison :
C'était par vous, dussé-je en attendre ma perte,
Que j'avais décidé qu'elle serait ouverte.
Ouvrez-la donc, monsieur, et lisez à loisir;
Puis, en nous la passant, vous nous ferez plaisir.
SENTINELLI, après avoir lu.
En effet, elle annonce une étrange nouvelle;
Vous ne vous trompiez pas, madame; on y révèle
Un complot contre vous; — mais votre jugement,
Au nom de son auteur s'est mépris seulement.
Lisez.

CHRISTINE.

Monaldeschi !... — N'est-ce point une ruse
Que, pour perdre un rival...?

SENTINELLI.

Lisez ; — lui seul s'accuse :
« Au comte la Gardie. »

CHRISTINE, lisant.

« Monsieur le comte,
» D'impérieux motifs me forcent à quitter le service de la reine Christine, et à me retirer en Suède sous la protection du roi Charles-Gustave ; j'ai pensé que le meilleur moyen de me l'assurer était de lui révéler le complot qu'elle trame contre lui ; veuillez mettre sous ses yeux les lettres ci-jointes : ce sont des copies de celles qu'elle a écrites aux différents princes qui doivent la seconder dans ce projet. — Si je connaissais un homme qui eût plus à se plaindre d'elle que vous c'est à lui que je me serais adressé.

» Comme un courrier peut être indiscret ou une lettre décachetée, je crois que le moyen le plus sûr est d'écrire à Christine pour accuser de la révélation que je vous fais, notre ennemi commun, le comte Sentinelli. — Au premier mot que m'en dira la reine, je saurai qu'il est temps de me retirer sous la protection de notre auguste maître le roi Charles-Gustave.

» Le marquis JEAN DE MONALDESCHI.

» Fontainebleau, 5 octobre 1657. »

Et c'est mon ennemi
Qui me livre un complot tramé par mon ami !,
Celui que j'exilai me sauve !... — Ce mystère,
Il avait intérêt pourtant à me le taire :
Charles-Gustave auprès de lui l'avait placé.

SENTINELLI.

Mais Gustave se meurt, madame : il s'est blessé,
En tombant de cheval. — Cette lettre l'annonce ;
A celle du marquis c'est, je crois, la réponse ;
Elle m'est adressée.

(Lisant.)

« Je vous envoie, monsieur le comte, la preuve d'un horrible complot ourdi contre notre reine et contre vous, qui êtes un de ses plus fidèles serviteurs. Je ne réclame de vous pour seule récompense que de lui faire connaître que c'est à moi qu'elle doit cette révélation ; peut-être y puisera-t-elle la conviction de l'éternel regret que j'ai d'avoir encouru sa disgrâce. — Quant au moment, elle n'en pouvait choisir un plus favorable. Le roi s'est cassé la jambe en tombant de cheval, et les médecins désespèrent de sa vie.

» Le comte MAGNUS DE LA GARDIE.

« 20 octobre 1657. »

CHRISTINE.

Ah! je comprends enfin :
Magnus du roi qu'il sert voit approcher la fin !
Mais, en bon courtisan soutenant l'aventure,
Il est déjà fidèle à sa reine future.
Le soleil de Gustave atteint son horizon ;
Du soleil de Christine il espère un rayon.
Favori par état, flatteur par habitude,
Il ne peut respirer qu'un air de servitude.
Quant à Monaldeschi, renfermant le secret
De son crime, je veux qu'il dicte son arrêt ;
A cet arrêt suprême il lui faudra souscrire,
Nous n'exécuterons que ce qu'il va prescrire.

(Montrant à Sentinelli son cabinet.)

De cet appartement suivez notre entretien,
N'en perdez pas un mot et n'en oubliez rien.
Sa bouche n'aura pas rendu de sons frivoles,
Et le vent n'aura pas emporté ses paroles.

(Sentinelli entre dans le cabinet.)

Holà ! quelqu'un !

(Un valet paraît.)

Allez leur dire qu'à l'instant,
Tous trois dans ce salon la reine les attend.

LE VALET.

Mais qui ?

CHRISTINE.

C'est juste ! Étrange effet de la pensée,
Qui d'arriver au but est toujours trop pressée,
Et par quelque vain mot veut au premier venu
Faire comprendre un sens d'elle seule connu !
Qui ? — Ma dame d'honneur ; mon premier gentilhomme ;
Puis cet Italien qui prend le titre d'homme,

Que j'ai fait tour à tour marquis, grand écuyer...
(Le valet sort.)
Et qui de mes bienfaits m'a si bien su payer !
Quelqu'un encor.
(Un autre valet entre.)
Gulrick, courez à l'abbaye,
Et songez qu'à l'instant je veux être obéie.
Demandez à parler à son supérieur :
C'est le père Lebel, le révérend prieur
Des Trinitaires.

GULRICK.
Oui.

CHRISTINE.
Dites-lui qu'on l'invite
A se rendre au palais, à s'y rendre au plus vite.
On voudrait confier un secret à sa foi.
Qu'il soit, en arrivant, introduit près de moi.
Allez !
(Gulrick sort.)
Sentinelli, vous pouvez tout entendre,
N'est-ce pas ?

SENTINELLI.
Oui, madame.

CHRISTINE.
Ils se font bien attendre !
Faut-il donc tant de temps, bon Dieu, pour prévenir
Trois personnes ? — Enfin ! je les entends venir.

SCÈNE IV

Les Mêmes, EBBA, puis STEINBERG, MONALDESCHI et PAULA.

CHRISTINE, à Ebba.
Te voilà seule, Ebba ?

EBBA.
Seule.

CHRISTINE.
Tant mieux ! Écoute.
Sur certain serviteur j'ai conçu quelque doute ;
En vous accusant tous, je veux sonder sa foi ;
De ce que je dirai, ne prends donc rien pour toi.

EBBA.

Sur un doute, un instant, — Dieu vous garde, madame,
A d'injustes soupçons d'abandonner votre âme !
Les bienfaits dont nous a comblés votre bonté
Doivent vous garantir notre fidélité.

MONALDESCHI, entrant avec Steinberg et Paula.

Notre fidélité !... Sans doute que la reine
Ne la soupçonne pas ?...

CHRISTINE.

Non ; mais je suis en peine
De comprendre comment des pensers, des secrets,
Que je n'ai confiés qu'à des amis discrets,
Qui devaient en sentir le poids et l'importance,
D'un vol aussi léger franchissant la distance,
Peuvent, d'un bout du monde à l'autre parvenus,
Dans leurs moindres détails être sitôt connus

MONALDESCHI, regardant Paula.

Ah !...

CHRISTINE

D'une trahison que pourtant je soupçonne,
J'ignore encor l'auteur et n'accuse personne.

MONALDESCHI, à Paula.

La Gardie a parlé.

CHRISTINE, continuant.

Mais il m'est bien permis
De croire qu'elle part de l'un de mes amis.
Vous êtes mes amis.

STEINBERG, montrant Ebba.

Vous n'avez pu, je pense,
De ma femme un instant soupçonner l'innocence ;
Pour moi, ce crime affreux me fût-il imputé,
Je me crois trop connu de Votre Majesté...

MONALDESCHI.

Avec cet accent vrai l'innocence s'exprime.
Non, l'on ne vous croit pas capable d'un tel crime;
Et peut-être pourrais-je, en ce doute pressant,
Guider la reine... Mais accuser un absent...

CHRISTINE.

Un absent, dites-vous, marquis ? C'est un prodige
Comme le dévouement à coup sûr nous dirige !

Sur le coupable aussi j'ai bien quelque soupçon ;
Pourtant j'hésite encore à prononcer son nom.

MONALDESCHI, vivement.

Madame, cependant, il faut trouver le traître ;
Je m'en remets au temps de le faire connaître ;
Mais, une fois connu, que Votre Majesté,
Loin d'elle repoussant tout conseil de bonté,
Ne pardonne jamais cette sanglante injure,
C'est ce dont à ses pieds ici je la conjure.

CHRISTINE.

Que vous partagez bien l'outrage qu'on me fait,
Marquis ! — Qu'a mérité l'auteur d'un tel forfait ?

MONALDESCHI, hésitant.

Il mérite...

CHRISTINE.

 Parlez plus haut.

MONALDESCHI.

   Le misérable,
De haute trahison envers son roi coupable,
Quoiqu'un jeu du hasard ait trompé son effort,
Sans pitié ni pardon a mérité la mort.

CHRISTINE.

La mort !... Mais en ces lieux votre reine outragée,
Sans juge et sans bourreau, peut-elle être vengée ?
Et, servant mon pouvoir en vain évanoui,
Si je le condamnais, le frapperiez-vous ?...

MONALDESCHI.

    Oui.
Si par quelqu'un de nous la mort est méritée,
J'offre d'exécuter la sentence portée.
Si je suis criminel, par un juste retour,
Pour juge et pour bourreau je l'accepte à mon tour.

CHRISTINE.

Eh bien, puisque vous-même avez porté la peine,
Je vous engage ici ma parole de reine
Que le coupable, atteint de haute trahison,
Doit n'attendre de moi ni pitié ni pardon.
Laissez-moi.

PAULA, bas, à Monaldeschi.

Partons-nous ?

MONALDESCHI, bas, à Paula.

Oui; mais pars la première.
Prends un cheval, et va m'attendre à la clairière.
Je vais seller le mien moi-même, et je reviens
Prendre quelques papiers, de l'or. — Tu te souviens?
A la clairière, au bout du parc.
(Il sort. — Sentinelli paraît.)

CHRISTINE.

Je vous le livre!...
Que, dans une heure au plus, il ait cessé de vivre...
(Elle sort.)

SCÈNE V

SENTINELLI, CLAUTER, LANDINI.

SENTINELLI, appelant les deux Soldats qui montent la garde à la porte.

Or çà, venez ici, mes braves. A défaut
D'exécuteur légal et d'un bon échafaud,
Pour seconder la mienne, on cherche deux épées
Dont les lames d'acier, habilement trempées,
S'adaptent au besoin à deux bras vigoureux :
(Frappant sur le fourreau de leurs épées.)
Pour les rencontrer là serai-je assez heureux?
Voyons, répondez-moi...

CLAUTER.

C'est selon, capitaine;
Dans quelle intention?

SENTINELLI.

Voici le fait : — la reine
A cru, parmi ses gens, découvrir aujourd'hui
Un traître... et sans procès veut finir avec lui.
C'est moi qu'elle a chargé de terminer la chose.

LANDINI.

C'est un assassinat alors... qu'on nous propose?

CLAUTER.

Diable! un assassinat!...

SENTINELLI.

Oh! non, certainement :
Nous exécuterons l'arrêt d'un jugement.
Vous comprenez?

CHRISTINE

LANDINI.
Si bien, que vous pouvez à d'autres
Vous adresser; pour moi, je ne suis pas des vôtres.

CLAUTER.
Ni moi...

SENTINELLI.
Votre courage est donc évanoui?

CLAUTER.
Non; mais nous refusons.

SENTINELLI.
Ah ! vous refusez?

LANDINI.
Oui.

SENTINELLI.
Comment ! vous, Landini, si fameux duelliste?
Mais ce n'est qu'un de plus à joindre à votre liste.

LANDINI.
Oh !... ce n'est point ici, maître, le même cas.

SENTINELLI.
Non. Vous tuez gratis, et j'offre cent ducats.

LANDINI.
L'or que le meurtrier reçoit pour son salaire
Porte souvent malheur, ou ne profite guère.

SENTINELLI.
A tort j'ai donc compté sur votre dévouement ?
Voyons, réfléchissez...

CLAUTER.
Non, bien décidément,
Nous ne pouvons...

SENTINELLI.
Allez me chercher Maudeville.

CLAUTER.
Maudeville?

LANDINI.
Comment?

SENTINELLI.
Il sera plus docile.
En scrupules sans doute il n'est pas si fécond,
Et se chargera bien de trouver un second

LANDINI, à Clauter.
Dis donc : s'il doit périr, nous pouvons, je le pense,
Tout aussi bien que lui gagner la récompense.
CLAUTER.
Sans doute... Quant à moi, je ne souffrirai pas
Qu'à notre détriment il touche cent ducats...
LANDINI.
Voyons, doit-il périr ?...
SENTINELLI.
Sa mort est décidée.
LANDINI.
Rien ne peut le sauver ?...
SENTINELLI.
Rien.
CLAUTER.
Nous changeons d'idée.
SENTINELLI.
Vous acceptez ?
LANDINI et CLAUTER.
Oui.
SENTINELLI.
Bien.
CLAUTER, à Landini.
A propos, compagnon,
Nous avons oublié de demander son nom.
LANDINI.
Ah ! oui, son nom ?
SENTINELLI.
Son nom ?... Monaldeschi.
LANDINI.
Cet homme,
J'en ai peur, capitaine, a des amis à Rome...
SENTINELLI.
Vous aurez cent ducats, et vous serez absous.
LANDINI.
Un ducat vaut, je crois, quatre livres dix sous :
Cent ducats feront donc quatre cents...
CLAUTER.
Eh ! qu'importe !
Tout ce que je sais, moi, c'est que la somme est forte ;
Laisse là tes calculs ; lorsque nous la tiendrons,

Bien plus facilement, nous la calculerons.
Ah çà ! sur votre honneur, vous répondez des suites ?

SENTINELLI.

J'en réponds.

CLAUTER.

On n'a pas à craindre de poursuites ?

SENTINELLI.

Aucune, et cent ducats...

CLAUTER.

Sur nous on peut compter.

SENTINELLI.

Je me chargerai seul du soin de l'arrêter.
Tenez-vous là, messieurs !
(Il les place de chaque côté de la porte ; puis, tirant son épée et la faisant plier.)
Allons, ma bonne épée,
Prouvons-lui que ta lame à Tolède est trempée.
Grâce à toi, j'ai souvent écarté le trépas :
Qu'aujourd'hui ton acier ne me trahisse pas !...
(Il entre chez Monaldeschi.)

SCÈNE VI

CLAUTER et LANDINI, de chaque côté de la porte ; LE PÈRE LEBEL
et GULRICK, se présentant au haut du perron.

CLAUTER.

On n'entre pas.

GULRICK.

Messieurs, j'ai des ordres contraires
Pour lui seul.

LANDINI.

Alors, soit.

LE PÈRE LEBEL, entrant chez la reine.

Dieu vous garde, mes frères !

LANDINI, montrant le père Lebel.

Il en est.

CLAUTER.

Landini, tu ne te doutais pas
Que du ciel aujourd'hui nous tombaient cent ducats ?

LANDINI, regardant si Monaldeschi est arrêté.
Cent ducats! — Il n'est pas encor sûr qu'on les tienne.
CLAUTER.
Dis donc,... veux-tu jouer ta part contre la mienne?
Si je perds, tous mes droits par moi te sont cédés.
LANDINI.
Je veux bien. Mais à quoi jouerons-nous?
CLAUTER.
J'ai mes dés.
En un seul coup; veux-tu?
LANDINI.
Diable! un seul, c'est bien preste!
L'argent à nous venir n'est pas toujours si leste,
Que l'on puisse risquer cent ducats d'un seul coup.
En trois coups, si tu veux.
CLAUTER.
Un seul — ou pas du tout;
Nous n'aurions pas le temps, d'ailleurs.
LANDINI.
Eh bien, commence:
En un seul, soit, j'accepte.
(Clauter tenant les dés, Landini l'arrête.)
Écoute donc: — silence! —
Je me suis trompé.
CLAUTER.
Cinq. — Au diable soit le jeu!
Je te donne le quart et retire l'enjeu.
LANDINI.
Non pas, non pas!...
CLAUTER.
(Landini jette les dés.)
Eh bien, dépêche-toi donc. — Quatre!
LANDINI.
Un instant, un instant.
CLAUTER.
Ne vas-tu pas débattre?
Un, deux, trois, quatre.
LANDINI.
Non. — Ces dés sont donc maudits!
Cent fois j'aurais gagné; regarde plutôt. — Dix.

CLAUTER.
Oui; mais il est trop tard, ta perte est avérée ;
Une dette de jeu, tu le sais, est sacrée.
LANDINI.
Ne parle pas si haut. — Tu ne tiens pas ton or,
Et j'ai perdu le prix d'un sang bien chaud encor.
CLAUTER.
Quant au remboursement, tu sais qu'il me regarde...
Mais on vient. — Du silence, et tenons-nous en garde.
C'est cent ducats, mon cher, que tu me dois.
LANDINI, d'une voix sombre.
Eh bien,
Que maudit soit le jeu ! — Je le tuerai pour rien.
Mais, par le ciel, Clauter, c'est une chose infâme
Que de frapper pour rien le coup qui perd notre âme !...

SCÈNE VII

CLAUTER et LANDINI, de chaque côté de la porte; SENTINELLI,
sortant de l'appartement de Monaldeschi.

SENTINELLI.
Nous avons en délais consumé trop de temps,
Et le traître est sorti depuis quelques instants.
(Avec fureur.)
Oh ! s'il ne revient pas, comment me vengerai-je ?
Malheur ! Mais non, lui-même a préparé le piége.
Afin de s'échapper au moindre événement,
Tout est là, tout est prêt dans son appartement.
Il faudra qu'il y rentre ; — et, pour rentrer, sans doute
Il passe par ici. — Je serai sur sa route !...
Mes affronts sont restés trop longtemps impunis.
Mort et damnation sur toi !...
LE PÈRE LEBEL, sortant de chez la reine.
Je vous bénis,
Mon fils.
SENTINELLI, le regardant s'éloigner.
Tu me bénis, vieillard, avant qu'il meure ;
Mais me béniras-tu de même dans une heure ?
(Allant pour le rejoindre.)
J'ai des doutes secrets, je veux le consulter.

(Revenant sur ses pas.)

Mais si tu me blâmais! — J'aime encor mieux douter.
Et pourtant, j'entends là, comme une voix de l'âme
Qui rédit sourdement : « L'assassin est infâme!... »
Si je le rappelais! — Mais suis-je un assassin?
N'est-ce pas lui plutôt?... N'eut-il pas le dessein
De rejeter sur moi le soupçon qui l'accable?...
Il savait que la mort réservée au coupable,
En passant près de lui, frapperait l'innocent;
A-t-il craint de s'offrir pour répandre mon sang?
Non. Il en avait soif; il se chargeait lui-même
Du soin d'exécuter la sentence suprême.
Sans remords, de son crime il m'aurait fait punir;
Et j'aurais des remords!...

(Regardant à la fenêtre.)

     Qu'il tarde à revenir!
D'ailleurs, en le frappant, ma main est innocente,
Elle cède au pouvoir d'une main plus puissante.

(Montrant les soldats.)

Et ce n'est pas, comme eux, pour quelques pièces d'or
Que je verse le sang...

(Regardant de nouveau à la fenêtre.)

    Il ne vient pas encor!...
Mais pourquoi chercherais-je à mentir à moi-même?
Est-ce bien pour venger les droits du diadème
Que ma main aujourd'hui consent à le frapper?
Non : c'est pour qu'aux bourreaux il ne puisse échapper,
C'est afin d'égaler sa peine à mon offense,
De lui rendre en un jour mes cinq ans de souffrance,
D'opposer au mépris dont l'orgueil m'accabla

(Regardant.)

La lame d'un poignard... — Le voilà! le voilà!...
Mais est-ce lui? Non... Si, si... Mon regard se trouble.
C'est bien lui; son cheval de vitesse redouble;
Je le vois accourir d'écume blanchissant;
Il se cabre; d'avance a-t-il flairé le sang?...
Mais sous ton éperon plus rapide il s'emporte;
De ce château fatal tu dépasses la porte,
Et tu n'aperçois pas au terme du chemin,
Un spectre qui t'attend une épée à la main?

(Regardant.)
Eh! mais que fait-il donc? Il hésite, il s'arrête;
M'aurait-il aperçu? — Non, sans doute il s'apprête...
Il va... C'est cela, bien; tu fais ce que je veux:
Descends de ton cheval, flatte son cou nerveux!
Ses pieds t'ont ramené d'une course rapide;
Aux mains d'un écuyer abandonne sa bride,
Et dis-lui qu'aujourd'hui pour la dernière fois
De son maître insolent il a senti le poids!
Son maître, un pas encore!... en ma puissance il tombe...
(Se penchant à la fenêtre.)
Il va toucher le seuil. — Bien! — un pied dans la tombe,
(Se rejetant sur le théâtre.)
Deux!... Ah! — Mon cœur bondit avec rapidité,
Lorsque le sien peut-être est à peine agité!
Il monte, imprévoyant du sort qui va l'attendre,
Ces degrés que vivant il ne doit plus descendre;
Et, si près de la mort, son cœur ne ressent pas
Quelque vague terreur...
(Écoutant.)
Dieu! le bruit de ses pas!
Il court donc de lui-même au but que nul n'évite!
Je l'entends, je le vois. — Il est venu bien vite!

SCÈNE VIII

SENTINELLI, MONALDESCHI; CLAUTER et LANDINI, au fond.

MONALDESCHI, entrant.
Sentinelli.
SENTINELLI, allant à lui.
C'est vous enfin! — Tant de lenteur
M'étonnait de la part de mon accusateur;
Car, dans son zèle ardent, sans retard, je dus croire
Qu'il allait procéder à l'interrogatoire.
MONALDESCHI, à part.
Sentinelli tout seul, gardé par deux soldats.
Serait-il arrêté?
SENTINELLI.
Vous ne répondez pas,
Marquis

MONALDESCHI.
Que voulez-vous que je réponde, comte ?
Que je ne savais pas qu'une rigueur si prompte
Devait... Mais ces soldats ?...
SENTINELLI.
Je ne puis le nier,
Ces soldats en ces lieux gardent un prisonnier.
MONALDESCHI, à part.
J'avais deviné juste.
SENTINELLI.
On vous a fait connaître
Que la reine cherchait à découvrir un traître.
Ses vœux, vous le savez, viennent d'être exaucés ;
Un homme est arrêté.
MONALDESCHI.
Oui, comte, je le sais.
SENTINELLI.
Je viens en ce moment d'apprendre de la reine
Qu'elle vous consulta sur le choix de la peine,
Et qu'à votre indulgence imposant un effort,
Vous seul avez voté pour la mort.
MONALDESCHI.
Pour la mort.
SENTINELLI.
Elle m'a dit aussi que votre amour pour elle
En cette occasion portait si loin le zèle,
Que, dès que du complot l'on connaîtrait l'auteur,
Vous vous étiez chargé d'être l'exécuteur.
MONALDESCHI.
Je l'ai fait.
SENTINELLI.
Maintenant, alors que le coupable
Doit, repoussant en vain le soupçon qui l'accable,
Avant la fin du jour subir son châtiment,
Vous conservez encor le même sentiment ?
MONALDESCHI.
Je n'en ai point changé.
SENTINELLI.
Mais cet arrêt suprême,
Quel que soit l'accusé, resterait-il le même ?

MONALDESCHI.

Oui, monsieur.

SENTINELLI.
Cependant, si dans cet ennemi
Votre cœur étonné trouvait un vieil ami
Que l'un de ces complots dont les cours font étude
Eût éloigné de vous, plus que l'ingratitude,
Pourrait-il espérer qu'un ancien souvenir
Arrêterait le fer levé pour le punir ?

MONALDESCHI.

Non.

SENTINELLI.
Mais, dans son espoir, s'il essayait lui-même
De fléchir la rigueur de cet arrêt suprême ;
Si, dans votre âme émue éveillant la pitié,
Il rappelait ces jours d'une ancienne amitié ;
D'après son propre cœur, si, comprenant le vôtre,
Il évoquait ces temps où, vivant l'un par l'autre,
Vous trouviez le bonheur dans le bonheur d'autrui ;
Si, te tendant la main, il te disait : « C'est lui ! »

MONALDESCHI.

Je la repousserais.

SENTINELLI.
A son heure dernière,
S'il employait l'accent de la sainte prière ;
S'il te disait : « Ami, tu ne frapperas pas
L'homme auquel tant de fois se sont ouverts tes bras,
L'homme que tu voyais, avant nos jours de haine,
Heureux de ton bonheur, et triste de ta peine,
Qui, d'un songe d'espoir prompt à te soutenir,
A te sourire encor contraignait l'avenir... »
S'il opposait soudain, aux jours d'adolescence,
Les jours plus éloignés et plus purs de l'enfance
Qui s'envolaient exempts d'amertume et de fiel,
Sur une même terre et sous un même ciel ;
S'il jetait au-devant de ta haine fatale
Ces souvenirs puissants de la terre natale,
Où chaque jour se lève et plus pur et plus beau,
Où le sol qui le couvre est léger au tombeau ;
S'il te prouvait qu'il peut, par une adroite fuite,
Des bourreaux, sans te perdre, éviter la poursuite,

Et, dans un coin du monde, ignoré pour toujours,
Aller mourir au lieu qui vit ses premiers jours ;
S'il offrait à ton cœur, dans sa douleur amère,
Son rêve de vieillesse et les pleurs de sa mère ;
Cédant à la pitié lorsque tu le verrais
Tomber à tes genoux ?...
(Il se jette aux pieds de Monaldeschi.)
MONALDESCHI, portant la main à son poignard.
Je l'y poignarderais.
SENTINELLI, se relevant.
Au nom de notre reine, indignement trompée,
Jean de Monaldeschi, rendez-moi votre épée !
(Les deux Gardes arrêtent Monaldeschi.)
A cet homme, accusé de haute trahison
Je veux bien accorder sa chambre pour prison.
Veillez sur lui, tandis que son trépas s'apprête.
Allez ! chacun de vous m'en répond sur sa tête.
(Les deux Gardes entraînent Monaldeschi d'un côté, et Sentinelli sort de
l'autre. — Paula paraît au fond.)

ACTE CINQUIÈME

MONALDESCHI

La chambre de Monaldeschi. Une grande porte latérale qui donne dans la galerie aux Cerfs ; une porte au fond.

SCÈNE PREMIÈRE

MONALDESCHI, seul, appuyé sur une table, la tête dans ses deux mains, se relevant tout à coup.

Je me trompais encor ; — non, non ; l'on ne vient pas,
Et de mes deux gardiens je n'entends que les pas.
(Allant à la porte et écoutant.)
Ils parlent à voix basse, et je les entends rire ;
Ils partagent de l'or... Cet or, que veut-il dire ?

De l'or à des soldats !... J'ai de l'or aussi, moi...
Par son attrait puissant si je tentais leur foi !
Oui ; mais, s'ils refusaient, et, par eux repoussée,
Si je voyais soudain mon offre dénoncée !...
Ils diraient que j'ai peur ; et toujours l'innocent
Doit, même lorsqu'il craint, cacher ce qu'il ressent.

(Souriant.)

Par sa sérénité, je veux que mon visage
De l'innocence aussi porte le témoignage !
Je sais le composer.

(Avec l'expression de la plus grande terreur.)

Grand Dieu ! qu'ai-je entendu ?

(Écoutant.)

« La reine veut sa mort ; le marquis est perdu !... »
Perdu !... ma mort !... O ciel ! où fuir ?... Cette fenêtre...
Le sol est à vingt pieds... Je me tuerai peut-être...
Mais c'est la seule issue ouverte à mon départ,
Je suis de ces côtés gardé de toute part :
Cette cour isolée est toujours solitaire ;
Je suis sauvé dès lors que je touche la terre !
Mais je dois craindre tout d'un pouvoir odieux.

(Allant à la fenêtre.)

Eh bien, en m'élançant, je fermerai les yeux.

(Il ouvre la fenêtre.)

Quelle que soit ma mort, puisqu'elle est décidée...
Ah ! malédiction ! la fenêtre est gardée.
Oh ! que faire, mon Dieu ?... Mon Dieu ! secourez-moi !
Je sens à chaque instant redoubler mon effroi..
Mon Dieu ! que devenir ? Si mes vœux, mes prières
Écartent de mon sein leurs armes meurtrières,

(Tombant à genoux.)

Mon Dieu, je fais ici le serment solennel
De vouer tous mes biens au culte de l'autel,
De passer désormais toute mon existence
Dans le recueillement et dans la pénitence !...

(Se relevant.)

Du moins, si, maîtrisant mon esprit agité,
J'y pouvais ramener quelque tranquillité !
Peut-être parviendrais-je à trouver une issue
Par laquelle, à leurs yeux, ma fuite inaperçue...

(Allant à la porte de la galerie aux Cerfs.)
Celle-ci !... Fermée... Oh ! je ne le pourrai pas,
Et j'entends une voix qui me dit : « Tu mourras ! »
Mourir ! je vois déjà tout ce peuple barbare,
Avide du spectacle affreux qu'on lui prépare,
Qui vient, de ses apprêts accusant la lenteur,
Au front de la victime épier la pâleur;
Spectateur coutumier de ces hideuses fêtes,
Jeter son cri de joie à la chute des têtes,
Et, toujours ramené par son attrait puissant,
Chercher sous l'échafaud la volupté du sang !
(Retombant dans son fauteuil.)
Mais non ; — rassurons-nous, car celle qui m'accuse
Comprend trop qu'à ma mort il faudrait une excuse ;
Que Charle apprendrait tout !... Mais un prudent regard
Où manque l'échafaud voit luire le poignard...
Je puis dans cette chambre obscure et retirée
Mourir, et que de tous ma mort soit ignorée.
La nuit, seul en ce lieu, sans défense surpris,
(Il détache de la muraille une cotte de mailles, et la revêt sous son pourpoint.)
Ma mort serait alors plus cruelle et plus sûre...
Je me souviens du mal que fait une blessure !
Dans un duel, un jour, un spadassin adroit
Me frappa de son fer... Ce fer entra si froid !...
Et je serais promis à ce supplice horrible !
Je sentirais vingt fois... — Oh ! non, c'est impossible !
Non... Christine ne peut me garder ce trépas ;
D'ailleurs, je l'ai prévu...
(Prenant son stylet et frappant sur sa cotte de mailles.)
                Bien ! ils n'entreront pas...
Puissé-je retarder ainsi l'heure fatale !
Me voilà plus tranquille.
(Regardant dans une glace.
                Oh ! Dieu ! que je suis pâle !...
C'est qu'il fait froid aussi. — Prompt à se consumer,
Ce feu qui s'est éteint ne peut se rallumer.
(Allant à la fenêtre.)
Le jour est ténébreux, et son soleil d'automne
Épanche sans chaleur sa clarté monotone.
Ce sol, que le printemps vit naguère si beau,

Semble comme un mourant s'approcher du tombeau.
La terre, comme nous, a son heure mortelle ;
Et son linceul de neige est froid aussi pour elle.
(Paula entre sans que Monaldeschi la voie.)
Champs paternels, villa qu'habitaient mes aïeux,
Je vous revois encor quand je ferme les yeux ;
Oh ! pourquoi, dans l'espoir d'un brillant esclavage,
Doux fleuve de l'Arno, quittai-je ton rivage ?
Sous mes lambris dorés, oui, je te regrettais !
(Apercevant Paula.)
Dieu !... — Que faisiez-vous là ?

SCÈNE II

MONALDESCHI, PAULA.

PAULA.

    Moi ? Rien ; je t'écoutais.

MONALDESCHI.

Oh ! pardonne, Paula, je t'avais oubliée.
Pourrais-tu me sauver ? A mon destin liée,
J'entrevois que l'espoir va me venir de toi.
J'avais tout oublié.

PAULA.

   Je me rappelais, moi !
Tu parlais de l'Arno, de sa rive si belle,
Et, dans tes souvenirs, ta mémoire rebelle
Ne se rappelait pas le jour où tu me dis :
« Je t'aime, ma Paula ! sois mienne, et je prédis
A ma jeune maîtresse, et bientôt mon épouse,
Un amour qui rendrait une reine jalouse ! »
Et puis tu le juras par la terre et les cieux ;
Moi, je ne jurai rien ; mais tu compris mes yeux
Plus tard, — c'était la nuit, c'était sous un ciel sombre, —
A mon tour, je jurai te suivre comme une ombre ;
Qu'à l'heure de la mort tu me trouverais là.
Lequel a mieux tenu son serment ? — Me voilà.

MONALDESCHI.

Quoi ! Paula, sans espoir faudra-t-il que je meure ?...
Qu'ai-je à vivre du moins ?

PAULA.
Nous avons un quart d'heure.
MONALDESCHI.
Un quart d'heure, ô mon Dieu !
PAULA.
Voyons, reviens à toi ;
Du courage, marquis !
MONALDESCHI.
J'en aurais aussi, moi,
Du courage, au milieu d'un combat ; quand la poudre
Quand la voix des canons grondant comme la foudre,
Le bruit du fer heurté, celui des instruments
De guerre, des blessés et des hennissements,
Au milieu des dangers vous pousse et vous enflamme,
Et d'un besoin de mort vous vient enivrer l'âme !...
J'en aurais, du courage, à la fin de mes jours,
Si Dieu dans sa clémence eût prolongé leur cours ;
Si ma tête blanchie, en arrière tournée,
Avait soixante fois déjà vu fuir l'année ;
Si je sentais de moi s'éloigner sans retour
Chacun de ces plaisirs qui nous quitte à son tour.
La mort nous trouble moins par degrés rapprochée,
Et l'âme est doucement par sa main détachée ;
Mais sentir dans son sein que le fer veut ouvrir
Une âme ardente à vivre, — et puis falloir mourir !

PAULA.
Sans doute cette mort, notre âme la repousse ;
Mais notre mort à nous ne peut-elle être douce?
Que souvent tu m'as dit, autrefois, je le sais,
Quand à l'entour de nous les deux bras enlacés,
Isolés sur la terre, en notre amour profonde,
De ce monde oubliés, nous oubliions ce monde ;
Que souvent tu m'as dit d'un doux transport saisi :
« Que je serais heureux si j'expirais ainsi !
Si je pouvais mourir alors que je la touche,
D'un poison lentement épuisé sur ta bouche,
Et passer dans tes bras, et les yeux sur tes yeux,
Du sommeil à la mort, et de la terre aux cieux !... »
Pendant ces cours instants, délire qui dévore !
Je ne disais rien, moi ! mais je suis prête encore ;

Cinq ans se sont passés, j'ai toute ma raison ;
Je suis prête, te dis-je, — et voici du poïson.
MONALDESCHI.
Du poison !... Et sais-tu quelle affreuse souffrance
Peut causer le poison ?... Non ; j'ai quelque espérance,
Elle voudra me voir avant de me frapper ;
Eh bien, si d'ici là je ne puis m'échapper,
Il me reste l'espoir que, dans cette entrevue,
Je toucherai son cœur... Mourir sans l'avoir vue
Serait au désespoir trop tôt s'abandonner :
Elle est femme, elle m'aime, elle peut pardonner.
Non, non ; plus tard, plus tard !... A mon heure dernière,
Quand le prêtre sera là, faisant sa prière,
Quand le monde pour moi n'aura plus de secours,
Alors à ce poison, crois-moi, j'aurai recours.
Donne-le-moi, Paula.
PAULA.
Quoi ?...
MONALDESCHI.
Mon esprit se trouble.
PAULA.
Le poison est caché dans cette bague double ;
Quand l'un de ces anneaux sera tari par toi,
Que je reçoive l'autre, et c'est tout ; — attends-moi
MONALDESCHI.
Ah ! Paula !
PAULA.
Maintenant, rappelle ton courage ;
Moi qui suis près de toi la plus jeune par l'âge,
Mais dont le cœur, longtemps à tous les maux offert,
Est plus vieux que le tien pour avoir plus souffert,
Je veux te consoler et calmer ta souffrance
En te parlant de mort, de ciel et d'espérance.
Notre vie ici-bas, ami, n'est qu'un chemin ;
La joie ou la douleur nous y prend par la main,
Et nous conduit au bout, où nous attend la tombe ;
Notre corps, fatigué de tout son poids, y tombe ;
Mais l'âme, toujours jeune, à sa source revient,
Et de l'éternité tout à coup se souvient !...
A moins qu'un crime affreux de son poids ne l'entraîne,
Et dans la tombe avec notre corps ne l'enchaîne !

Mais de ton crime, à toi, ne sois pas alarmé.
Tu trahis, il est vrai, qui t'avait tant aimé;
Tu déchiras le cœur qui, dans son innocence,
Faible et tendre, s'était remis en ta puissance.
Ami,... que tout s'efface et s'oublie entre nous,
Hors les jours de bonheur et de joie!... — A genoux !
En vertu du pouvoir que le malheur me donne,
Au nom du Dieu vivant, au mien, je te pardonne!
C'est un instant... Que Dieu veuille te secourir...
Plus calme maintenant, lève toi pour mourir;
Car on vient.

MONALDESCHI.
Oh ! déjà ! déjà cesser de vivre !...

SCÈNE III

Les Mêmes, SENTINELLI ; CLAUTER et LANDINI, se promenant
dans le corridor sombre qui fait l'entrée.

SENTINELLI.
C'est moi, marquis. — Eh bien, es-tu prêt à me suivre?
Sa Majesté t'attend.

MONALDESCHI.
La reine veut me voir?
Allons, je ne dois point perdre encor tout espoir!
Marchons, je vous suis.
(Reculant.)
Ah ! dans ces corridors sombres,
Paula, n'as-tu pas vu passer comme deux ombres?
Si l'on avait sur moi de sinistres desseins!
Si l'on m'attendait là !...
(Voyant luire les épées des Gardes.)
Ce sont des assassins.

SENTINELLI.
Eh bien, marquis?

MONALDESCHI.
Paula, Paula, je t'en conjure!
Cours, tombe à ses genoux, supplie, implore, adjure,
Qu'elle vienne! Dis-lui que j'attends en ce lieu...
Qu'elle vienne!... je l'en supplie au nom de Dieu.
Dis que je veux la voir, qu'il faut que je lui parle,

Que j'ai de grands secrets à révéler, que Charle
Saurait bien me venger. Non, ne dis pas cela,
Dis tout ce que tu crois qu'il faut dire, Paula;
Fais ce que tu pourras pour que son dessein change.
Pars, mon libérateur, mon seul ami, mon ange!
Ne va pas m'oublier aux mains de mon bourreau.

PAULA, sortant.

Et vous, n'oubliez pas de m'envoyer l'anneau!

SCÈNE IV

LES MÊMES, hors PAULA.

SENTINELLI.

J'attends.

MONALDESCHI.

Accordez-moi quelques minutes, comte.

SENTINELLI.

La reine veut, monsieur, une réponse prompte.
Lui dirai-je que vous hésitez à venir,
De peur que sa justice ait trop tôt à punir?

MONALDESCHI.

Non; car je ne crains rien, — rien, comte, — sur mon âme;
Mais je veux accomplir quelques soins que réclame
Le moment.

SENTINELLI.

Eh bien, soit. Marquis, accomplissez
Ces soins; mais promptement avec eux finissez;
Car elle attend.

MONALDESCHI.

Il faut que j'écrive à ma mère.

SENTINELLI.

C'est juste; — et d'un bon fils.

MONALDESCHI.

Quelle douleur amère,
Alors qu'elle saura que, loin d'elle puni,
Son fils sans la revoir est mort.

SENTINELLI.

Est-ce fini?

MONALDESCHI.

Non;... un instant encore, encore une seconde!

SENTINELLI.
Voyons, comptes-tu donc écrire à tout un monde?
MONALDESCHI.
J'achève.
SENTINELLI.
Es-tu prêt?
MONALDESCHI.
Oui... Mes gants et mon chapeau...
SENTINELLI.
Les voilà.
MONALDESCHI.
Je ne puis paraître sans manteau
Aux regards de la reine... Ainsi donc qu'il vous plaise...
SENTINELLI.
Ne vois-tu pas le tien jeté sur cette chaise?
MONALDESCHI.
Est-ce bien le mien?
SENTINELLI.
Oui, le voici. — Hâtons-nous.
MONALDESCHI, le mettant tantôt sur une épaule et tantôt sur l'autre.
Je sens trembler ma main et fléchir mes genoux.
SENTINELLI.
Qui te retient encor?
MONALDESCHI.
Cette agrafe indocile...
SENTINELLI, tirant son poignard et allant à lui.
Attends.
MONALDESCHI, reculant.
Que voulez-vous?
SENTINELLI.
La rendre plus facile...
Je veux, pour t'épargner quelque nouveau retard,
Élargir cette agrafe à l'aide du poignard.
(Il perce le manteau et l'agrafe.)
MONALDESCHI, à part, s'essuyant le front avec son mouchoir.
J'ai cru que de ma mort l'heure était avancée!
J'ai froid, et sur mon front une sueur glacée...
(Il laisse tomber son mouchoir et met le pied dessus.)
SENTINELLI.
De retarder encore aurais-tu le dessein?

MONALDESCHI, à part, immobile.

Oh! quand j'ai vu le fer se lever sur mon sein,
Je ne crus plus vivant repasser cette porte.
    SENTINELLI, s'approchant de lui.
Pour la dernière fois, faudra-t-il qu'on t'emporte?
   MONALDESCHI, approchant l'anneau de sa bouche.
Adieu donc à la vie, à l'univers adieu!
Je ne pourrai jamais...
  (Il court à une colonne dans laquelle il y a une madone.)
    Protége-moi, mon Dieu!
   SENTINELLI, le saisissant par le bras et appelant.
Allons, messieurs, à moi!

SCÈNE V

Les Mêmes, CHRISTINE, LE PÈRE LEBEL.

    MONALDESCHI.
    Du secours!... — C'est la reine!
  (Apercevant le père Lebel.)
Vous n'êtes pas seule. Ah!...
   CHRISTINE, voyant l'épée nue de Sentinelli.
    Le zèle vous entraîne,
Comte... Je n'ai pas dit...
    MONALDESCHI.
    Vous ne l'avez pas dit,
N'est-ce pas? Meurtrier infâme, sois maudit!
    CHRISTINE.
Ah! ne maudissez pas! car, si près de la tombe,
La malédiction sur qui maudit retombe.
    (A Sentinelli.)
Comte, patientez encor quelques instants,
Et, lorsqu'il sortira, frappez; il sera temps.
Remettez-nous les clefs et laissez-nous.
  (Sentinelli, Clauter et Landini sortent. La porte se referme.)

SCÈNE VI

CHRISTINE, MONALDESCHI, LE PÈRE LEBEL.

    MONALDESCHI.
    Madame,
Je ne suis point coupable, et contre moi l'on trame
Quelque complot affreux; je dois...

CHRISTINE.
                    Le meurtrier,
Marquis, lui-même a droit à se justifier;
Le juge du coupable écoute la défense,
Avant que de la mort il signe la sentence.
Parlez... De quelques pas, mon père éloignez-vous.
            LE PÈRE LEBEL.
Puisse ce malheureux fléchir votre courroux,
Madame!
                CHRISTINE.
            Que j'absolve ou bien que je punisse,
Dans tous les cas, mon père, il sera fait justice;
Reposez-vous sur moi... Nous voilà seuls, parlez,
Marquis.
                MONALDESCHI.
        Je ne le puis, si vous ne rappelez
De quel crime aujourd'hui j'ai mérité la peine.
                CHRISTINE.
Ah! votre mémoire est à ce point incertaine;
Eh bien, nous l'aiderons... Marquis, veuillez ouvrir
Cette lettre, et lisez... Vous avez cru couvrir
D'un éternel secret votre crime, peut-être?
Insensé! vous tremblez?... Ouvrez donc cette lettre.
Vous êtes innocent?... Lisez!
        MONALDESCHI, tombant à genoux.
                Je suis perdu!
        CHRISTINE, au père Lebel.
Vous le voyez, mon père, il est là, confondu,
Écrasé sous le poids de son propre anathème,
Méprisable pour tous, et surtout pour lui-même;
Car, excepté lui seul, nul ne saura jamais,
Avant sa trahison, à quel point je l'aimais.
Maintenant, le voilà suppliant et coupable!
A défaut du remords, l'épouvante l'accable.
Entre vos saintes mains je le remets... Adieu!
Préparez-le, mon père, à répondre à son Dieu.
                MONALDESCHI.
Oh! je n'ai plus d'espoir que dans votre clémence;
Comme votre pouvoir, madame, elle est immense.
Eh bien, oui, je l'avoue, oui, je fus égaré.
Par un doute cruel constamment dévoré,

J'ai, devant ce complot, senti faiblir mon âme.
Malgré mon dévouement, je prévoyais, madame,
Combien ce grand complot, ramenant de malheurs,
Pourrait faire verser et de sang et de pleurs;
Et, devant Dieu, les pleurs et le sang d'un seul homme
Sont précieux, madame, à l'égal d'un royaume!...
Et moi, j'ai cru devoir alors, comme chrétien,
Pour le bonheur de tous sacrifier le mien.
Jugez-moi maintenant.

CHRISTINE.

Vous avez l'âme grande,
Marquis! cela me touche... Il faut que je vous rende
Quelque tranquillité pour vos derniers moments;
Nul sang ne coulera dans ces grands changements.
Charles-Gustave, aux coups de la fortune en butte,
Ne meurt pas d'un complot tramé, mais d'une chute.
Le trône où je remonte est pur de sang versé:
C'est pourquoi la Gardie...

MONALDESCHI.

Oh! je suis insensé!...
Je suis un malheureux qui, tremblant, vous conjure,
En voyant ses remords, d'oublier son injure.
Commandez des tourments, je suis prêt à souffrir;
Mais je ne me suis pas préparé pour mourir.

CHRISTINE.

Comme je le devais, vous le voyez, mon père,
Je viens de l'écouter sans haine et sans colère.
Pour la seconde fois, je le condamne... Adieu!
Préparez-le, mon père, à répondre à son Dieu.

MONALDESCHI.

Je n'ai pas tout dit! Non, madame; oh! pas encore!
C'est pour vous maintenant que ma voix vous implore.
Vous voulez remonter au trône? Mais du sang
En rendra sous vos pieds le chemin plus glissant.
On dira, vous voyant assise sur ce trône,
Qu'une tache de sang rouille votre couronne.
Et puis pour vous aussi le jour se lèvera
Où, comme vous jugez, le Seigneur jugera.
Quand aux portes du ciel, par votre ange entr'ouvertes,
Vous vous présenterez les mains de sang couvertes,
Que direz-vous à Dieu, reine?

CHRISTINE.

Je lui dirai :
« J'ai défendu des rois le principe sacré ;
Mon Père, un homme fut : cet homme était perfide ;
Sa seule trahison m'a rendue homicide.
Dans mes royales mains j'ai pesé son forfait,
Et j'ai jugé, mon Dieu, comme vous l'eussiez fait. »
Voilà tout.

MONALDESCHI.

Je le vois avec douleur, votre âme
De reine est inflexible... Oh! celle de la femme
Le sera-t-elle aussi ? Je veux à vos genoux
Rappeler ces moments disparus et si doux...
Ces moments où, pour moi quittant le diadème,
Vous redeveniez femme, et me disiez : « Je t'aime. »
A vos genoux alors j'étais comme à présent,
Non pas pour implorer la vie en gémissant,
Mais pour prendre en mes mains cette main que je touche,
La poser sur mon cœur, la presser sur ma bouche,
Vous dire un mot d'amour auquel vous répondiez...

CHRISTINE.

Marquis !

MONALDESCHI

Oh! regardez !... à genoux, — à vos pieds,
Je suis comme autrefois, oubliant qu'à cette heure
Votre royale voix dit qu'il faut que je meure,
Et ne me rappelant ce que dit votre voix,
Que pour me souvenir des accents d'autrefois.
Sur mon front incliné portez l'arrêt suprême ;
Je veux le repousser avec un mot : Je t'aime !
Je t'aime !... Frappe-moi... Je t'aime !... Tiens, voilà
Mon poignard... Entends-tu ? je t'aime !... Frappe là !
C'est mon cœur ; frappe donc, et venge-toi toi-même...
Ou je vais te redire encore que je t'aime !

CHRISTINE.

Laissez-moi... laissez-moi. — Mon père !

MONALDESCHI.

Oh ! calmez-vous.
Est-ce la seule fois qu'apaisant ton courroux,
Me voyant à tes pieds, ta rigueur qui se lasse
Permet que près de toi je reprenne ma place ?...

Tu le sais, que jamais un autre sentiment
Ne fit battre ce cœur qui t'aima constamment !
Regarde-moi... L'on dit, par une pure flamme,
Que toujours dans nos yeux se reflète notre âme :
Tourne donc vers les miens tes regards soucieux,
Car je n'ai pas besoin de te cacher mes yeux !...
CHRISTINE.
Oh ! que c'est de mon cœur une indigne faiblesse !
Je voudrais résister, — et pourtant je me laisse
Entraîner malgré moi... — Je change votre sort :
Qu'un exil éternel...
MONALDESCHI.
     Oh ! j'aime mieux la mort !
Et, si c'est à ce prix que Christine pardonne,
Je refuse à mon tour les jours qu'elle me donne.
Ne te revoir jamais ? Non, j'aime mieux souffrir
Un instant que toujours... Je suis prêt à mourir.
CHRISTINE.
Eh bien, Monaldeschi, le jour encor peut naître
Où votre repentir me touchera peut-être.
Espérez... Sur le trône où m'appellent mes droits,
Si je reviens m'asseoir reine au milieu des rois,
Parmi ces courtisans empressés sur ma trace,
Mon œil avidement cherchera votre place,
Et la première alors je vous rappellerai.
Mais, vous, que ferez-vous d'ici là ?
MONALDESCHI.
     J'attendrai.
CHRISTINE.
Mais je garde quelqu'un.
MONALDESCHI.
 Qui ?
CHRISTINE.
    Paulo, ce jeune homme
Qui jadis à ma cour vous a suivi de Rome.
Nous parlerons de vous quelquefois...
MONALDESCHI, à part.
     J'oubliais
Qu'un mot d'elle me perd... Ah ! Paula, je te hais !
Toujours sur mon chemin je t'aurai donc trouvée
Pour faire évanouir ma fortune rêvée !...

Tu seras à Stockholm, comme à Fontainebleau,
Mon génie infernal... — Cet anneau, cet anneau...
    (Haut.)
Madame, permettez que, comme un témoignage
D'amitié, comme ancien souvenir, à ce page
Je renvoie un anneau longtemps par moi porté,
Et qu'il me demanda souvent.
                  CHRISTINE.
              En vérité,
Marquis, ce souvenir est celui d'un bon maître.
A qui vous désirez, je le ferai remettre...
                MONALDESCHI.
A l'instant?
                CHRISTINE.
          A l'instant... Adieu, marquis!... Sortez
Par cette galerie... Aux deux autres côtés
Vous ne trouveriez pas une si sûre voie.
Le comte vous attend et réclame sa proie.
    (Au père Lebel.)
Mon père en ce moment vos devoirs sont changés :
Vous deviez préparer à la mort... Protégez
Sa vie... Adieu !
          MONALDESCHI, lui baisant la main.
        Bientôt !..
           CHRISTINE, ouvrant la porte.
         Oui !... — Gulrick, qu'on appelle
Paulo ; — je veux le voir.
               GULRICK.
          Il est dans la chapelle,
Ici tout près... Il prie.
                CHRISTINE.
          Allez... — Oui, j'ai mieux fait;
Pourquoi punir de mort un crime sans effet;
Quand ce crime, m'eût-il ravi le diadème,
Ne me faisait qu'un tort que je me fais moi-même.
Ce pouvoir qui de loin brille de tant d'appas,
Quand je le possédais, pour moi n'en avait pas;
Et, sitôt que j'aurai ressaisi ma couronne,
Le dégoût sera là pour partager mon trône.
    (A Paula, qui entre.)
Venez.

PAULA.
Vous êtes seule?
CHRISTINE.
Oui.
PAULA, cherchant des yeux.
Seule?...
CHRISTINE.
Regardez.
PAULA.
Un prêtre est avec lui... Madame, vous gardez
Parfois à qui vous sert de sublimes spectacles.
Vous avez, je le vois, triomphé des obstacles;
C'est grand et beau.
CHRISTINE.
Paulo, le marquis m'a remis
Cette bague pour vous.
PAULA, avec joie.
Ah! donnez...
CHRISTINE.
J'ai promis
De vous le rendre... C'est l'anneau de votre maître.
PAULA.
Et vous avez voulu vous-même le remettre,
N'est-ce pas? Je rends grâce à vos soins empressés;
Oui, cet anneau m'est cher!
CHRISTINE.
Paulo, vous pâlissez?
PAULA, portant l'anneau à ses lèvres.
Non. — Sois le bienvenu, messager de la tombe.
(A Christine.)
Et maintenant, sur vous que notre mort retombe!
CHRISTINE.
Sur moi!... votre mort?... Oh! vous perdez la raison.
Qu'enfermait cet anneau, dites-moi?
PAULA.
Du poison.
Le marquis en mourant promit de me le rendre!
Cet anneau, grâce à vous, ne s'est pas fait attendre.
CHRISTINE.
Mais le marquis n'est point à la mort condamné,

A l'exil seulement... Paulo, j'ai pardonné!
Et bientôt sur le trône auprès de moi...
PAULA.
L'infâme
Nous trahit toutes deux!
CHRISTINE.
Toutes deux?
PAULA.
Je suis femme!
CHRISTINE.
Vous!... Oh! malheur à lui, car je devine tout!
(Ouvrant la porte du fond.)
Ici, comte! venez, venez; courez au bout
De cette galerie... et joignez-y le traître...
Frappez!... Pour vous tromper, il vous dira peut-être
Que j'ai tout pardonné!... mais non;... frappez toujours.
Il dira que c'est moi qui conservai ses jours;
Non, non... Que par ses pleurs ma colère abattue
Avait tout oublié. Non, non, non... Frappe et tue!
(Le poussant.)
A l'œuvre!
(A Paula.)
Pour ton mal, enfant, nous trouverons
Des secours, sois tranquille, et nous te sauverons.
Qu'on cherche des secours partout,... à l'instant même!
(Revenamt à Paula.)
Mais déjà le poison la dévore. Anathème!
(Allant à la porte de la galerie.)
S'il échappait!... Mais non... il n'échappera pas;
La justice de Dieu ralentira ses pas...
(Revenant à Paula.)
Oh! ne meurs pas, enfant!... Si jeune, si jolie!...
(Voyant les progrès du poison.)
Je vous reconnais bien, poisons de l'Italie!
Mortels!... Enfant!... Mon Dieu!... Quelqu'un accourt... Non, ri
(Elle va à la porte.)
Si!... c'est un bruit de pas.
(Au père Lebel, qui entre.)
Eh bien, mon père, eh bien,
Est-ce fini?

LE PÈRE LEBEL.
  Fini !... C'est donc vous ? O madame !
Après avoir promis de le sauver !...
       CHRISTINE.
            L'infâme !
Le sauver, lui ?... Non, non... Voyons, est-il puni ?
On tarde bien... où tout devait être fini.
       LE PÈRE LEBEL.
J'espérais donc à tort ?
       CHRISTINE.
            Mon père, il vous réclame !
J'ai condamné son corps,... allez sauver son âme,
Allez !
       LE PÈRE LEBEL.
  Adieu, madame !
       CHRISTINE.
            Adieu, mon père, adieu...
Puissiez-vous arriver encore à temps.
       MONALDESCHI, en dehors.
            Ah !...
       LE PÈRE LEBEL.
            Dieu !...
Mais non, du meurtrier la vengeance est trompée ;
Le marquis de son sein vient d'écarter l'épée.
Il fuit... Il vient à nous... La présence des rois,
Madame, sauve ceux que condamnent les lois.
       CHRISTINE, voulant se retirer.
Il ne me verra pas.
       LE PÈRE LEBEL, l'arrêtant de force.
  Il vous verra, madame.

SCÈNE VII

Les Mêmes, MONALDESCHI, SENTINELLI et les deux
Gardes.

       MONALDESCHI, blessé au cou.
A moi ! mon père, grâce !
       (Il tombe.)
       LE PÈRE LEBEL, à Sentinelli.
            Arrête, sur ton âme !
Arrête, meurtrier, ou le Dieu qui m'entend,

De sa foudre, à ma voix, peut t'atteindre à l'instant.
(A Christine.)
Il en est temps encor, madame.
MONALDESCHI, se soulevant le long des lambris.
Grâce!
PAULA, se relevant au milieu des convulsions.
Grâce!...
(Elle retombe et meurt.)
LE PÈRE LEBEL.
Il ne peut se traîner à vos pieds que j'embrasse ;
Vous le voyez, il est mourant, ensanglanté.
Au nom du Dieu vivant! que Votre Majesté
Daigne à ce malheureux accorder quelque trêve.
CHRISTINE, posant sa main sur le cœur de Paula, qui a cessé de battre
Eh bien, j'en ai pitié, mon père... Qu'on l'achève !

ÉPILOGUE

ROME

(19 AVRIL 1689)

Une chambre du palais Azzolini.

SCÈNE PREMIÈRE

CHRISTINE, couchée sur une chaise longue, ayant près d'elle une table, des papiers, une lampe, et achevant d'écrire ; BORRI, son médecin, derrière elle.

CHRISTINE.
Sur le seuil de la tombe, avant que d'y descendre,
Je signe de mes noms de Christine-Alessandre
Cette confession que je dédie à Dieu.
Rome, dix-neuf avril. — C'est mon dernier adieu
Au monde, qui bientôt va devenir mon juge ;
Je ne l'ai point trompé par un vain subterfuge :
J'ai tout dit, — tout est là, le mal avec le bien.

Qu'importe, à qui bientôt ne doit plus être rien,
Ce que dira de lui la terre qui s'efface ?
Comme Moïse, à Dieu j'ai parlé face à face ;
Par sa force mon cœur n'a point été trahi,
Car le trône pour moi fut un mont Sinaï.
Et, quand la voix de Dieu grondait comme la foudre,
Mon peuple était en bas prosterné dans la poudre,
(A Borri.)
Attendant... — Approchez. On a fait bien du bruit,
Borri, dans ce palais pendant toute la nuit.
Qu'était-ce donc ?...

BORRI.

Madame, une grande nouvelle,
Importante pour vous, pour Rome...

CHRISTINE.

Quelle est-elle ?...

BORRI.

Le roi Charles-Gustave est mourant...

CHRISTINE.

Que le ciel
Fasse descendre un ange à son chevet mortel ?

BORRI.

La Suède se souvient d'un temps qui fut prospère,
Et réclame Christine.

CHRISTINE.

Il est trop tard, mon père,
Vous le savez bien, vous... Et son fils ?

BORRI.

Sans espoir
On le voit... Il est faible, et l'on semble prévoir,
Le jour où, rejoignant le père qui succombe,
L'enfant ira dormir dans sa royale tombe.

CHRISTINE.

Mon Dieu, vous le savez, par deux fois j'ai tenté
De reprendre un pouvoir imprudemment quitté ;
Aujourd'hui, le royaume où mon espoir se fonde,
Mon Dieu, vient de vous seul, et n'est pas de ce monde.
Les noms des messagers vous sont-ils parvenus ?

BORRI.

Ce sont les fils de ceux que vous avez connus,
Oxenstiern, de Brahé... Vous pâlissez, ma fille !

CHRISTINE.
Oui, je me sens plus mal, et chaque objet vacille;
Tout mon sang vers mon cœur semble se retirer.
BORRI, faisant un mouvement pour sortir.
Alors, les messagers royaux...
CHRISTINE, le retenant.
Faites entrer.
BORRI.
Ma fille, en ce moment, vous feriez mieux peut-être
De penser au Seigneur, notre souverain maître.
CHRISTINE.
J'aurai bientôt fini.

SCÈNE II

Les Mêmes, OXENSTIERN, DE BRAHÉ, portant le manteau royal, la couronne et le sceptre ; GUÊME, STEINBERG.

CHRISTINE.
Salut, messieurs, salut!
Vous venez me trouver, et je sais dans quel but.
Je voudrais des Suédois redevenir la reine :
Dieu le sait;... mais sa main loin du trône m'entraîne,
Et ce sceptre des rois, que je trouvai si beau,
N'est plus qu'un ornement à mettre en mon tombeau.
Vous arrivez trop tard...
DE BRAHÉ.
Pour le pouvoir suprême
Il n'est jamais trop tard, madame;... car Dieu même,
Lorsqu'il s'agit d'empire, et de peuple et de rois,
Avant de les frapper, y regarde à deux fois ;
Et souvent on l'entend, quand on croit l'heure prête,
Dire au soleil : « Reviens ! » dire à la nuit : « Arrête ! »
Voilà ce que pour vous peut faire son pouvoir.
OXENSTIERN.
Madame, puissions-nous un jour encor vous voir
Au trône, où vous attend la Suède dévouée...
CHRISTINE.
A son bonheur toujours Christine s'est vouée;
Mais pour chacun il vient un moment solennel
Où l'on ne pense plus qu'au bonheur éternel.

DE BRAHÉ.

Oui ; mais laissez au moins placer sur votre tête
Cette couronne, afin que, si la mort s'apprête
A frapper ici-bas la femme seulement,
L'ange qui doit vers vous descendre à ce moment,
Voyant à votre front la marque souveraine,
Remonte demander s'il doit frapper la reine.

CHRISTINE.

Il faut pour obéir un courage bien grand ;
La couronne paraît lourde au front d'un mourant ;
Quand la tête s'incline et que la main retombe,
C'est un fardeau pesant à porter dans la tombe,
Qu'une couronne,... un sceptre... Aussi, lorsque la voix
De Dieu sur les tombeaux retentira sept fois ;
Quand les morts répondront aux paroles fatales,
Parmi les trépassés les rois seront plus pâles,
Et plus d'un paraîtra sans sceptre et sans bandeau,
Les oubliant exprès au fond de son tombeau...
Je le ferai pourtant, car mon obéissance
Ne veut pas devant Dieu douter de sa puissance.
Mais sans couronne, au moins, ne puis-je demeurer
Seule un instant encor ?...

GUÈME, montrant les Messagers.

Quand pourront-ils rentrer ?

CHRISTINE, à demi-voix, à Borri.

Combien de temps encor avant que je ne meure ?

BORRI, de même, à Christine.

Trois quarts d'heure, à peu près...

CHRISTINE.

Revenez dans une heure.

DE BRAHÉ.

Ne nous éloignons pas, nous attendrons...

(Ils sortent.)

SCÈNE III

CHRISTINE, STEINBERG.

CHRISTINE.

Restez
Auprès de moi, Steinberg !...

STEINBERG.

Oh ! madame !...

CHRISTINE.
Écoutez.
Votre reine, en mourant, vous fait une prière :
Veillez sur elle, afin qu'à son heure dernière
On ne la trouble point... Un vieillard va venir,
Dont la main est, dit-on, toujours prête à bénir !
Dont la voix consolante, à la douce parole,
Détache doucement une âme qui s'envole.
Depuis vingt ans, dit-on, ses prières pour nous
Aux marches des autels ont usé ses genoux.
Jamais, ceint du cordon, revêtu de la haire,
Pénitent plus pieux, au pied du sanctuaire,
N'a, priant, incliné pour ses frères tremblants,
Touché le saint pavé de cheveux aussi blancs !
Steinberg, je veux le voir ;... et, sans qu'il me connaisse,
A sa voix dans mon cœur que le calme renaisse.
Je l'ai fait demander... Allez, car l'heure fuit,
Et, s'il est là, qu'il soit à l'instant introduit.
Allez, et revenez surtout avant une heure,
Car je veux vous revoir avant que je ne meure...
(Steinberg sort.)

SCÈNE IV

CHRISTINE, seule.

Une heure !... une heure encore et tout s'achèvera !
Vienne donc le moment ;... mon âme quittera
Ce monde... où devant moi tour à tour j'ai vu naître
Tous ces plaisirs d'un jour que l'homme peut connaître !
Pouvoir, amour, science ; et, sans les regretter,
Moi qui les épuisai, je pourrai les quitter ;
Car j'ai trouvé toujours au fond de chaque joie
Quelque chose d'amer qui vers le ciel renvoie...
Pour guider tout un peuple en ses rudes chemins,
Le Seigneur avait mis un flambeau dans mes mains.
Je vis que ce flambeau, de sa flamme trop forte,
Brûle toujours la main de l'élu qui le porte,
Et j'approchai bientôt, voyant mes vœux déçus,
Le flambeau de ma bouche, et je soufflai dessus !
J'avais une âme jeune et pleine d'espérance ;
Elle appelait l'amour, qu'il fût joie ou souffrance ;

Mais l'amour, que mon âme exigeait, les surprit,
Et mon cœur se ferma sans que nul le comprit.
De la science alors poursuivant le mystère,
Je voulus me mêler aux sages de la terre!
Lever un coin du voile où mes yeux indiscrets
Croyaient du Créateur surprendre les secrets;
Je vis que, dans la nuit où notre esprit se plonge,
Tout était vanité, déception, mensonge!
Que sur l'éternité Dieu seul était debout,
Et qu'excepté de lui... l'on doit douter de tout.
Vienne donc le moment, je l'attends sans alarmes;
Mais, je le sens, mon Dieu! mon cœur est plein de larmes,
Car, parmi tous mes jours, un jour qui fut affreux
Y laisse un souvenir sanglant et douloureux!
Vous saviez cependant, vous, quel était son crime,
Et si c'était à moi d'épargner la victime...
D'ailleurs, une autre main...

SCÈNE V

CHRISTINE, UN VIEILLARD, à barbe et cheveux blancs; STEINBERG.

STEINBERG.
        Mon père, c'est ici.
LE VIEILLARD.
Et celle que je dois consoler?
        STEINBERG, montrant Christine.
        La voici.
LE VIEILLARD.
Quel est son rang,... son nom?
        STEINBERG.
            Tous deux sont un mystère.
Elle voudrait...
        LE VIEILLARD.
        Elle a le droit de me les taire,
            (A Christine.)
Dieu les sait, il suffit. Le ciel soit avec vous,
Ma fille!
        CHRISTINE.
    Le voilà!...
        (A Steinberg.)
        Mon ami, laissez-nous.
                (Steinberg sort.)

SCÈNE VI

CHRISTINE, LE VIEILLARD.

CHRISTINE.

Vous à qui le Seigneur a remis sa parole,
Vous dont la main bénit et dont la voix console,
Saint homme qui foulez d'un pied tranquille et sûr
Le sentier de la foi, qui pour nous est obscur ;
Qui voyez les pécheurs courbés sur votre voie,
Et qui pouvez d'un mot rendre un cœur à sa joie !
Quelque temps près de moi, marchez d'un pas plus lent,
Saint homme qui passez priant et consolant...

LE VIEILLARD.

Ne dites pas cela, femme... Je suis moi-même
Un malheureux, marqué du sceau de l'anathème !
Et celui qui m'entend venir avec effroi,
Si condamné qu'il soit, l'est encor moins que moi ;
Mais le Seigneur permet que souvent le coupable,
Cachant à tous les yeux le remords qui l'accable,
Donne, tant qu'il lui reste une voix pour bénir
Un pardon que lui-même il ne peut obtenir...

CHRISTINE.

Est-il donc un forfait que Dieu, dans sa colère,
Exclut de son pardon ?...

LE VIEILLARD.

    Il en est un !

CHRISTINE.

        Mon père !...
Il en est un ?...

LE VIEILLARD.

   Un seul... Mais pourquoi tremblez-vous ?
Votre sexe, ma fille, est consolant et doux.
Seuls, nous sommes méchants, nous... Dieu créa la femme
Comme un ange, chargé de veiller sur notre âme !
Il nous donna la force, il lui donna les pleurs
Pour qu'elle pût porter moitié de nos douleurs ;
Et, si nous l'entraînons avec nous dans l'abîme,
Dieu sait faire deux parts, de l'erreur et du crime ;
Car le Seigneur est juste.

CHRISTINE.
Oh! n'avez-vous pas dit
Qu'il est un crime, un seul, pour lequel Dieu maudit?
LE VIEILLARD.
Mais, pour un qu'il maudit, combien il en excuse,
Quand un vrai repentir s'humilie et s'accuse!...
CHRISTINE.
Que m'importe, à moitié couchée en mon linceul,
Qu'il les pardonne tous, s'il en punit un seul?
LE VIEILLARD, la regardant.
Il pardonne... l'oubli,... la colère,... l'injure,
L'adultère,... le vol,... l'envie... et le parjure!
Voilà les noms de ceux qu'à l'heure du trépas
Il pardonne.
CHRISTINE.
Et celui qu'il ne pardonne pas!
Son nom?... Que de mon sort un mot enfin décide;
Vous hésitez?... Son nom?... Je le veux.
LE VIEILLARD.
L'homicide.
CHRISTINE, tombant à genoux.
Pardon!...
LE VIEILLARD.
A cette voix, malgré moi j'ai pâli...
(Prenant la lampe et la regardant.)
Ah!... vous êtes Christine...
(Il laisse tomber la lampe. Obscurité.)
CHRISTINE.
Et vous?
LE VIEILLARD.
Sentinelli.
CHRISTINE, se dressant.
Arrière, meurtrier!...
SENTINELLI.
Moi meurtrier, madame?
Oh! si vous descendiez dans le fond de votre âme,
Là, vous entendriez la voix qui doit crier
Qui de nous deux, ô reine! est le vrai meurtrier.

CHRISTINE.

De nous deux ?... Et qui donc a frappé la victime ?
L'avez-vous oublié ?...

SENTINELLI.

Qui commanda le crime ?
L'oubliez-vous aussi ?... Madame, le forfait
N'est pas toujours compté pour celui qui le fait.
Que si vous l'espériez, vous vous êtes trompée,
Car vous fûtes le bras ; je ne fus que l'épée !...

CHRISTINE.

C'est juste, et nous pouvons, meurtriers chancelants,
Toucher nos froides mains, mêler nos cheveux blancs ;
Car le même forfait rend nos têtes tremblantes,
Et c'est du même sang que nos mains sont sanglantes...
Eh bien, qu'avez-vous fait depuis ce jour fatal ?

SENTINELLI.

Moi ?... J'ai voulu d'abord revoir le sol natal ;
D'oublier le passé j'avais quelque espérance :
Insensé !... Nous étions tous les deux de Florence ;
Là, sa jeunesse avec la mienne avait passé,
Nous nous étions aimés à Florence... Insensé !...

CHRISTINE.

Et vous l'avez quittée ?...

SENTINELLI.

Oui, je crus que peut-être
Le repos dans mon cœur à Stockholm pouvait naître ;
J'arrivai... De nouveau mes vœux furent trahis.
Le repos !... A Stockholm, nous nous étions haïs !...

CHRISTINE.

Vous partîtes bientôt ?...

SENTINELLI.

Oui, je revins en France
Nul ne m'y reconnut, tant deux ans de souffrance
M'avaient changé... J'allai droit à Fontainebleau
Et me dis étranger, voulant voir le château.
Mon guide froidement me raconta le crime,
Le nom de l'assassin,... celui de la victime ;...
Je vis la galerie aux Cerfs,... le corridor,
Et le parquet, de sang humide et rouge encor.

CHRISTINE.
Et vous avez osé, sans craindre que ses voûtes,
Reconnaissant vos pas, ne s'écroulassent toutes
Sur vous?... et d'un œil sec vous avez pu souffrir
Cet aspect?
SENTINELLI.
D'un œil sec?... J'espérais en mourir.
CHRISTINE.
Continuez...
SENTINELLI.
Ma vie est un pénible rêve
Depuis lors... Un instant Dieu ne m'a point fait trêve;
Je portais le remords!... sous son poids j'ai fléchi,
Et puis rapidement mes cheveux ont blanchi.
CHRISTINE.
C'est comme moi...
SENTINELLI.
Souvent j'avais entendu dire
Que celui qu'à bon droit le monde peut maudire,
A la prière, au jeûne, alors qu'il a recours,
En eux contre ses maux peut trouver un secours.
J'essayai... Chaque jour, j'invente des supplices,
Je déchire mon corps sous le crin des cilices
Dans mes brûlantes nuits, de mon lit élancé,
Je cherche le repos sur le marbre glacé;
Puis je veux retrouver ma chambre solitaire,
Et j'y frappe mon front meurtri contre la terre.
CHRISTINE.
Et, dans la solitude, à chaque bruit trompeur,
Lorsque revient la nuit, qu'éprouvez-vous?
SENTINELLI.
J'ai peur.
CHRISTINE, se rapprochant.
C'est comme moi...
SENTINELLI.
Je vis, silencieuse et sombre,
Une novice, un jour, passer ainsi qu'une ombre,
Je la suivis des yeux en me disant: « Voilà
Que du tombeau vengeur sort l'ombre de Paula!... »
La pauvre enfant! son âge était si loin du nôtre...
S'il vivait, il serait de notre âge.

CHRISTINE.
            Qui?...
    SENTINELLI.
                    L'autre!...
Maintenant qu'en nos cœurs, qui vont refroidissant,
Le feu des passions n'allume plus le sang,
Que de l'autre horizon nous regardons la vie,
Comme notre amitié de haine fut suivie,
Peut-être que, de nous le ciel ayant pitié,
A notre haine eût fait succéder l'amitié.
Peut-être, au lieu de deux que le hasard rassemble,
Dans ce même palais serions-nous trois ensemble :
A cette même place, où sans lui nous voilà ;
Vous, où vous êtes ; moi, comme je suis ;... lui, là !...
Lui, serrant votre main, et moi, serrant la sienne.
            CHRISTINE.
O vous qui l'appelez, tremblez-vous pas qu'il vienne ?
Que son ombre levant la pierre des tombeaux...?
    (Avec effroi.)
Sentinelli !
            SENTINELLI.
        Christine...
        CHRISTINE, tombant sur la chaise.
            Apportez des flambeaux...
Je me meurs...
    (Steinberg et Ebba entrent, portant des flambeaux.)

SCÈNE VII

Les Mêmes, STEINBERG, EBBA.

    EBBA, du fond.
    Ma mère !...
        CHRISTINE, les mains sur ses yeux.
                Ah ! quelle terreur étrange !
            EBBA.
Ma mère !...
            CHRISTINE.
        Cette voix,... est-ce la voix d'un ange
Qui m'annonce l'instant de l'éternel adieu,

Et qui vient me chercher pour me conduire à Dieu ?
Dois-je me réjouir, ou faut-il que je pleure ?...

EBBA.

Non, ma mère, c'est moi ; j'ai pensé qu'à cette heure,
Où tant d'indifférents autour de vous viendront,
Vous chercheriez mes mains pour poser votre front.
Ai-je eu tort ?

CHRISTINE.

Chère Ebba ! voici que tout s'achève.
Je voudrais voir encor le soleil qui se lève.
Ouvre, j'ai besoin d'air...

(Ebba ouvre toutes les fenêtres; on voit, d'un côté, les campagnes de Rome ; de l'autre, la Cour pontificale, qui attend le moment d'entrer avec les Messagers suédois.)

Maintenant, conduis-moi.

(Se soulevant.)

Je voudrais voir le ciel... En m'appuyant sur toi,
Je puis aller encor jusqu'à cette fenêtre...
Ah ! qu'il est triste et beau, ce jour qui vient de naître !

(Elle tombe sur des coussins.)

Qu'il est doux au mourant, ce ciel brillant et pur,
Lorsqu'il devine Dieu par delà son azur...

EBBA.

Ma mère !

CHRISTINE, affaiblie.

Oh ! si la mort, sans douleur, sans secousse,
Pouvait venir ainsi, qu'elle paraîtrait douce !...
Paula !... Monaldeschi !... Sentinelli !... Mon Dieu,
La couronne,... Stockholm... J'ai froid !... Ma fille,... adieu !...
Pourquoi donc votre main est-elle si glacée ?...
Oh ! ne me quittez pas !.. Vous m'avez donc laissée
Mourir seule ?... Je meurs !... Je la vois, elle est là...
La mort !

EBBA.

Ma mère !

CHRISTINE.

Adieu !...

EBBA.

Seigneur, recevez-la !

CHRISTINE.

Peut-être...

(Elle meurt.)

EBBA, se relevant.

Et maintenant, à tous ouvrez la porte.

(Les trois Messagers suédois entrent avec la Cour de Rome. De Brahé met à Christine la couronne sur la tête et le sceptre dans la main; Oxenstiern jette sur elle le manteau royal.

UN HUISSIER, au Peuple.

Christine-Alessandra, reine de Suède, est morte.

POST-SCRIPTUM

En supposant que le drame qu'on vient de lire ait eu un succès, ce que les uns nient, ce que les autres affirment, et ce que l'auteur ignore, trop intéressé qu'il est dans la question pour essayer de la résoudre; en supposant, dis-je, que ce drame ait réussi, l'auteur est avant tout persuadé que les acteurs ont joué d'une manière si remarquable, qu'ils ont droit de réclamer les trois quarts du succès en litige : sa conscience veut donc qu'avant tout il leur fasse leur part; ce qui restera sera pour lui, le costumier, les machinistes, le souffleur, etc.

Au milieu d'un ensemble remarquable, quatre rôles principaux, remplis par mesdemoiselles Georges et Alexandrine Noblet, MM. Ligier et Lockroy, ont surtout impressionné le public par la supériorité avec laquelle ils ont été joués.

Mademoiselle Georges, si belle dans la tragédie antique, n'avait point encore donné de gage au drame moderne; mais elle avait beaucoup joué Corneille, et, si la certitude de la trouver à la fois tragique et naturelle manquait, du moins l'espérance était là. — Et tout ce qu'on espérait a été réalisé. L'auteur n'a donc qu'un regret, plus encore pour elle que pour lui : c'est que le public n'ait pas eu la patience d'écouter l'épilogue, sans lequel la pièce ne lui paraît pas complète, et qui renfermait une scène où mademoiselle Georges aurait, il en est sûr, plus que compensé, par l'admirable talent qu'elle y déployait, l'ennui que ce même public semble avoir plutôt craint qu'éprouvé réellement. Aujourd'hui donc, le drame moderne a dans nos deux premières actrices, Georges et Mars, deux soutiens qui le feront triompher ; et ce qui prouve à la fois leur talent et sa puissance, c'est qu'en leur laissant à toutes deux leur type primitif et original, il a rendu mademoiselle Georges comédienne et mademoiselle Mars tragédienne : chacune d'elles a passé par la route que l'autre avait battue.

Mademoiselle Noblet se trouvait dans une position plus heureuse, car il y a quelque chose de plus difficile que d'apprendre, c'est d'oublier. Les leçons de Firmin avaient déjà détruit en elle le chant et la déclamation du Conservatoire : le contre-poison avait été administré à temps. — Aussi, dans son jeu, nulle trace de travail ; tout est charme, grâce et poésie, soit qu'ardente elle supplie, que menaçante elle effraye, ou que, pâle et fantastique comme une ombre, elle entre sans bruit pour écouter des souvenirs où elle n'est pour rien, ou apporter un poison qu'elle doit partager. L'auteur ne sait, au reste, s'il lui doit encore quelque chose, le public s'étant chargé de sa dette et l'ayant acquittée.

Quant à Ligier, c'est bien l'homme de fer du moyen âge, à la cuirasse d'acier et au justaucorps de buffle, au bras nerveux et à l'œil ardent. Avec une littérature large et forte, s'ouvre à lui un large et fort avenir. Plus heureux que Talma, il aura ce que Talma espérait. Il a recueilli une bonne partie de son héritage, et cependant il était déjà riche.

Près de sa figure basanée et sévère, on n'oubliera pas la figure pâle et poétique de Lockroy : chargé du rôle sinon le plus important, du moins le plus difficile de l'ouvrage, il lui fallait faire accepter à tout un public habitué à voir mourir des héros en héros, l'agonie lâche et vile, mais historique, de

Monaldeschi; il lui fallait tour à tour, comme un serpent, ramper, mordre, et mourir foulé aux pieds. — Toutes ces nuances ont été comprises, parce que, outre le comédien, il y a en lui l'homme d'esprit et le poëte : et l'essai de la *vérité vraie*, fait aux yeux du public, et accepté par lui, aura un résultat réel pour l'acteur comme gloire, — pour nous tous comme conquête.

Puis, maintenant, une poignée de main amicale et franche à ces jeunes hommes qu'on disait turbulents et railleurs, pour lesquels on a essayé d'inspirer tant de craintes à l'auteur, et que cependant il a voulu voir assister à sa première représentation, en leur ouvrant des portes larges et libres. Ils ont compris qu'il n'était pas juste d'opposer nos gloires séculaires aux essais d'un jeune homme de vingt-six ans; ils ont approuvé ou désapprouvé franchement certaines parties de son ouvrage; mais ils n'ont pas une seule fois humilié une idée neuve, fût-elle étrange, par un rire bas et stupide, car l'œuvre de la conscience a été jugée avec conscience. Entre lui et eux, c'est *au revoir*.

ALEX. DUMAS.

FIN DU TOME PREMIER

TABLE

	Pages
COMMENT JE DEVINS AUTEUR DRAMATIQUE.	1
LA CHASSE ET L'AMOUR.	35
LA NOCE ET L'ENTERREMENT.	69
HENRI III ET SA COUR.	115
CHRISTINE.	199

F. Aureau et Cie. — Imp. de Lagny.

www.ingramcontent.com/pod-product-compliance
Lightning Source LLC
Chambersburg PA
CBHW071523160426
43196CB00010B/1637